4 Li 7 42

Paris
1880

Demay, Germain

Le costume au moyen-âge d'après les sceaux

LE COSTUME
AU MOYEN AGE
D'APRÈS LES SCEAUX

PAR

...

Sous-chef de la section historique aux Archives nationales

PARIS
5, RUE DES GRANDS-AUGUSTINS, 5
1880

LE COSTUME

AU MOYEN AGE

D'APRÈS LES SCEAUX

TYPOGRAPHIE DE A. PILLET ET D. DUMOULIN
RUE DES GRANDS-AUGUSTINS, 5, A PARIS

SCEAU DE CHARLES V, DIT LE SAGE (1337-1380)

TYPE DE MAJESTE

Sous un petit dais d'architecture, le roi, assis sur un pliant orné de têtes de dauphins et recouvert d'une draperie, tient le sceptre et le bâton de justice. Charles V est représenté couronné, revêtu d'une dalmatique d'apparat et du manteau royal. Ses pieds reposent sur deux lions couchés.

La légende signifie : Charles, par la grâce de Dieu, roi des Français.

(Collection des Archives nationales.)

LE COSTUME

AU MOYEN AGE

D'APRÈS LES SCEAUX

PAR

G. DEMAY

ARCHIVISTE AUX ARCHIVES NATIONALES

PARIS
LIBRAIRIE DE D. DUMOULIN ET Cie
5, RUE DES GRANDS-AUGUSTINS, 5
—
1880
Tous droits réservés.

INTRODUCTION

Ornement tiré du manuscrit latin n° 8846, à la Bibliothèque nationale, xii° siècle.
Le sujet central est la traduction de cette parole : « Dieu a tout fait avec ordre, poids et mesure. »

INTRODUCTION

Initiale du xii° siècle, d'après le manuscrit n° 65 de la Bibliothèque de Soissons.

VANT d'aborder, dans ses détails, l'étude du costume d'après les sceaux, il nous paraît indispensable de faire connaître la nature spéciale des monuments qui nous ont fourni les matériaux de ce travail.

Il faut donc commencer par expliquer ce que l'on entend par un sceau et l'extrême importance que le moyen âge attachait à son emploi, c'est-à-dire à son apposition.

Nous n'avons pas la prétention de faire ici un cours de sphragistique et encore moins celle d'écrire un traité complet. Certains côtés de cette science intéresseraient médiocrement nos lecteurs. D'ailleurs ceux qui seraient tentés d'approfondir la matière trouveront dans les livres de Mabillon, Heineccius, Muratori, dom Toustain et Tassin, etc., aux siècles derniers ; de MM. Natalis de Wailly, Douët d'Arcq, etc., nos contemporains, tout ce qu'on peut dire sur les sceaux au point de vue de la diplomatique. Ce premier chapitre contiendra forcément quelques détails techniques. Ils ont été abrégés autant qu'il était possible. Mais le sujet est si peu connu, qu'il a semblé difficile d'exposer plus sommairement, sous peine d'obscurité, ces notions préliminaires.

Les sceaux une fois présentés, nous examinerons leur imagerie dans ses rapports avec le costume royal, le costume féminin, le costume de guerre et d'apparat, civil et religieux. Quelques pages seront consacrées à l'étude du blason. Les armoiries sont tellement liées à l'habillement des dames, et surtout des chevaliers, qu'on ne saurait omettre de parler d'une science qui se rattache en outre à l'histoire des grandes familles anciennes.

Ornement tiré du manuscrit n° 251 de la Biblioth. de Laon, xiii° siècle.

DÉFINITION DU SCEAU

SA RAISON D'ÊTRE — SES DIFFÉRENTS NOMS

L'ORIGINE du sceau remonte à la plus haute antiquité. Les textes bibliques en constatent déjà l'usage. L'Égypte des Pharaons nous a transmis des papyrus portant des traces évidentes de sceau. Les Grecs et, après eux, les Romains donnèrent aux contrats la double consécration de leur signature et de leur anneau, et nous retrouvons ce double usage encore observé par les Carolingiens.

De ces deux éléments d'authenticité, le moyen âge n'a conservé généralement que le sceau. Bien peu de personnes, en effet, en dehors des gens d'église ou de robe, savaient alors écrire, et le soin de signer laissé à la main du rédacteur de l'acte n'offrait plus qu'une garantie tout à fait illusoire. Aussi dut-on de bonne heure attribuer complètement au sceau l'autorité qu'il avait jusque-là partagée avec la signature. Voulait-on attester la véracité d'un acte écrit, assurer sa validité, on le scellait, on le munissait d'un sceau.

La reproduction en cire ou en métal d'un objet propre et spécial à celui qui s'en sert, fixée à un acte pour l'authentiquer, est ce qu'on appelle un sceau. La personnalité et la permanence, c'est-à-dire l'usage répété, voilà ses caractères essentiels.

Cet objet qui doit donner l'empreinte, ce type générateur du sceau consiste d'ordinaire en une matrice fabriquée pour cette unique fonction; quelquefois on a pris une pierre gravée, plus rarement une pierre précieuse. La matrice comporte presque toujours une inscription, une légende expliquant dès le premier mot sa raison d'être, son but ; le nom et les qualités de son possesseur viennent ensuite.

Les premières matrices ont été des anneaux; de là, le plus ancien nom des sceaux, *annulus*. On les a ensuite successivement appelés : *bulle, signum, sigillum, seel, scel, seiel, saiau, sceau*.

MATIÈRE DES SCEAUX

Il y a des sceaux de métal et des sceaux de cire. Pour les sceaux de métal, auxquels est réservée la dénomination particulière de bulles, on a employé l'or, l'argent et le plomb.

Sceaux d'or. — Les sceaux d'or qui, suivant la tradition, figurèrent dans des occasions solennelles au bas des actes des empereurs d'Orient et d'Occident, des papes et des doges, sont devenus fort rares de nos jours. Les Archives nationales à Paris n'en possèdent que dix. Sur ce nombre, quatre proviennent de l'empereur Frédéric II; deux de Charles IV, de Bohême; le

Fig. 1. — Sceau d'or de l'empereur Frédéric II, roi des Romains. 1219. Frédéric, en costume d'apparat, est assis sur un trône de riche architecture à dossier fleuronné. Il tient le sceptre et un globe crucifère. La légende signifie : « Frédéric, par la grâce de Dieu roi des Romains, toujours auguste, et roi de Sicile. »

Fig. 2. — Contre-sceau de l'empereur Frédéric II, roi des Romains. La légende signifie : « Rome, tête du monde, tient les rênes de l'univers. » Le monument est un type d'architecture du douzième siècle.

septième est de Baudouin II, empereur de Constantinople; le huitième, du doge Gradenigo; le neuvième, de l'empereur Ferdinand; le dixième, de Henri VIII, roi d'Angleterre, ratifiant le traité de Boulogne.

Les Archives du département du Nord en comptent seulement quatre : deux, du même empereur Frédéric, ont un module plus grand que ceux des Archives nationales, avec la même représentation ; le troisième figure au bas du diplôme par lequel Henri, son fils, abolit la commune de Cambrai; le quatrième reproduit l'effigie de l'empereur Charles IV, de Bohême.

Il ne faudrait pas que ce mot de sceau d'or éveillât des idées de splendeur, de magnificence exagérées. Le métal est bien d'or, mais le sceau consiste presque toujours en deux feuilles très minces dont le relief peu saillant s'obtenait par le procédé de l'estampage. Ces feuilles ont ensuite été rapprochées et soudées de façon à former une boîte légère à l'intérieur de laquelle on a introduit un gâteau de cire destiné à la soutenir, à la protéger contre de faciles déformations.

Le sceau de Henri VIII, en or massif, se fait remarquer par une fabrication toute différente. Il n'a pas été frappé, il a été fondu et ciselé. Aussi est-ce plutôt une œuvre de fantaisie qu'un véritable sceau. Les divers genres de travail qu'il a subis ont altéré sa forme primitive, l'identité de type n'existe plus; créé pour une occasion exceptionnelle, il n'a pas la permanence; les qualités constitutives du sceau lui manquent.

Sceaux d'argent. — Nous ne connaissons qu'un

Fig. 3. — Sceau d'argent de Rodrigo Diaz de Los Canberos. Treizième siècle.

Fig. 4. — Contre-sceau de Rodrigo Diaz.

seul sceau d'argent. Ce type, d'une facture barbare, formé de deux lames de métal estampées et soudées par le bord, appartient au seigneur navarrais Rodrigo Diaz de Los Canberos. La charte qui le porte constitue une curiosité historique digne d'être citée. Le seigneur Rodrigo y atteste avoir entendu Alphonse VIII, roi de Castille, déclarer à son lit de mort que si son fils Henri décédait sans postérité, la Castille revenait de droit au descendant du roi de France. Il invite en conséquence Louis VIII à envoyer aussitôt son fils prendre possession du royaume, lui promettant le secours de son épée et l'assistance d'autres seigneurs.

SCEAUX DE PLOMB. — L'or et l'argent n'ont jamais été utilisés que bien rarement et par exception; il n'en est pas de même du plomb. Le prix modique de la matière, sa nature malléable, la certitude de sa durée, ont contribué à en répandre l'usage. C'est surtout dans les pays méridionaux, où l'existence des sceaux de cire pouvait être compromise par la chaleur du climat, que l'on rencontre les bulles de plomb.

Fig. 5. — Bulle de Sixte-Quint à l'effigie de S. Pierre et de S. Paul.

Tous les papes, depuis Deusdedit, en 614, ont fait usage de ce métal. Les empereurs d'Orient, les rois de Chypre, d'Espagne, de Portugal, de Sicile, les doges, les princes d'Orange, les comtes de Toulouse, les Hospitaliers, s'en sont servis. Il accompagne également des chartes émanées de seigneurs, d'évêques ou d'abbés d'Italie et de Provence.

Sceaux de bronze. — Quant aux bulles de bronze citées par les auteurs, rien ne prouve qu'elles aient jamais scellé des pièces. On n'en a jamais vu de fixées à des actes ; leur existence nous paraît donc tout au moins problématique.

Sceaux de cire. *Cire vierge.* — La cire vierge, plus ou moins jaunie par le temps ou par la cuisson, a été la première employée. C'est avec cette cire que nos rois des deux premières races ont plaqué leurs diplômes. On rencontre toutefois pendant cette période quelques sceaux d'une couleur rougeâtre ; la charte d'Offa, roi des Merciens, en offre un exemple.

Cire blanche. — En 1030, le sceau de Robert, roi de France, nous présente le premier type de cire colorée avec une substance blanche.

Cire rouge. — Les cires rouges commencent avec Louis le Gros, à la fondation de l'abbaye de Saint-Victor, en 1113, avec Étienne de Senlis, évêque de Paris.

Cire verte. — Les cires vertes apparaissent aux chartes de Galeran II, comte de Meulan, de Maurice de Sully, vers 1165.

Cire de la chancellerie. — Tandis qu'au treizième siècle on se sert indistinctement des couleurs précédentes en y ajoutant les teintes jaunes, brunes, roses, noires et quelquefois, mais fort rarement, les bleues, la chancellerie de France sous le roi Jean règle l'emploi de ses cires sur l'importance des affaires expédiées. Les ordonnances, les édits, les actes à effet perpétuel seront dorénavant scellés de cire verte sur lacs de soie rouge et verte; les actes à effet transitoire, en cire blanche sur queue de parchemin. Sans être établi aussi régulièrement, l'usage des couleurs de la chancellerie date de plus loin. Philippe-Auguste, en 1202, 1209, 1216, saint Louis et Philippe le Hardi ont usé fréquemment de cire verte sur lacs de soie rouge et verte.

Ajoutons que si des grands feudataires suivent dans certaines circonstances les errements de la chancellerie, la couleur de la cire, pas plus pour eux que pour les particuliers, n'a jamais aucune signification.

Cire vermeille et rose. — Au quatorzième siècle et aux siècles suivants, on voit se répandre l'usage de la cire vermeille. La chancellerie l'applique aux affaires du Dauphiné et à celles d'Italie.

Certains établissements religieux semblent s'être adonnés à des teintes spéciales. L'abbaye de Cysoing scelle en cire blanche, l'abbaye de Vaucelles montre une préférence pour la cire rosée.

Cire noire. — La cire noire est une rareté que l'on rencontre dans les sceaux des ordres militaires religieux.

Cire bleue. — Beaucoup de sigillographes parlent de cire bleue sur la foi les uns des autres et sans en avoir jamais vu. Les Archives nationales n'en possèdent qu'un seul exemple. Il est fourni par une charte de Enrique Perez de Ferana, seigneur espagnol, en 1276. Le sceau qui l'authentique est rond, en cire bleue, et porte un loup passant à gauche en cire noire, dans une cuvette de cire rouge.

Composition des cires. — L'on n'est pas encore bien fixé sur la composition des cires. Si nous en jugeons par leur

Fig. 6. — Sceau de Enrique Perez de Ferana, 1276.

état actuel, les recettes ont dû être très variées et souvent défectueuses; mais l'on sent qu'il devait entrer, dans toutes, deux substances indispensables : l'une destinée à colorer, l'autre à donner la solidité. Les comptes de l'archevêché de Rouen jettent un peu de lumière sur cette question en nous donnant la proportion des matières employées pour le sceau de l'officialité : 50 livres de cire mélangées de 2 livres de vert-de-gris et de 16 livres de poix blanche.

CONSERVATION DES SCEAUX DE CIRE

Il a fallu que l'on fût bien séduit par la facilité d'opérer avec la cire, par l'économie qu'elle procure, pour se décider à confier la validité d'un écrit souvent important à une matière offrant si peu de résistance. Aussi, malgré l'addition des parties résineuses propres à la durcir, s'est-on ingénié à multiplier les précautions pour assurer sa conservation.

SCEAUX A COLLET. — L'on a d'abord essayé de protéger le sceau par un épais rebord ou collet que l'on formait en relevant autour de la légende l'excès de cire qui débordait sous la pression de la matrice.

SCEAUX VERNIS. — La surface de l'empreinte s'enduisait quelquefois d'un vernis qui devenait très dur en se desséchant. On le trouve appliqué sur les sceaux des premiers Capétiens dès l'an 1060. Plus la cire était friable, à couches mal liées, plus l'enduit offre d'épaisseur. C'est pour cette raison qu'une forte couche de peinture recouvre les sceaux de l'abbaye de Saint-Vaast, à Arras, de l'abbaye de Marquette, à Lille. On a consolidé par le même procédé la cire feuilletée de l'abbaye de Notre-Dame-des-Prés, à Douai. La mauvaise cire blanche du prieuré de Longueville, dans la

Seine-Inférieure, présente des empâtements de couleur rouge ou verte sous lesquels la légende et l'image disparaissent.

Cire pétrie avec des poils, de la ficelle. — Pour obvier, en cas d'accident, à la séparation et à la perte des fragments, la cire a été quelquefois pétrie avec des poils, avec de la ficelle. Un sceau de Guillaume de Tancarville, préparé avec de la ficelle, se trouve dans le fonds de l'abbaye de Boscherville, à Rouen.

Cuvettes. — Lorsque la mode des cires vermeilles est venue, on les a placées au fond de solides cuvettes en cire ordinairement vierge, quelquefois rouge ou verte, ainsi que cela se voit dans la plupart des sceaux des cardinaux, des dignitaires et officiers du Saint-Siège, chez les empereurs d'Allemagne, etc.

Chemises. — L'on a songé aussi à habiller les sceaux de chemises en étoffe ouvertes par le bas, et ce moyen de conservation a donné les meilleurs résultats. Dans l'abbaye de Froidmont, à Beauvais, ils sont revêtus d'une chemise feutrée ; à l'abbaye du Gard, à Amiens, la chemise est en toile. Les religieux de Vaucelles avaient introduit un certain luxe dans l'emploi de ces chemises : ils enveloppaient leurs sceaux dans des sachets en étoffe de prix, sur laquelle sont reproduits par le tissage ou la peinture des figures héraldiques ou des ornements empruntés à l'industrie du Levant.

Sceaux cousus dans du parchemin. — Un autre usage assez répandu était de coudre les sceaux dans une bourse de parchemin, après les avoir entourés d'étoupe ou de papier. Ce mode de conservation, des plus défectueux, ne nous a guère transmis que des débris.

Cire plaquée étalée en croix. — Les sceaux plaqués du quatorzième et du quinzième siècle sont loin de posséder la solidité des types plus anciens. Leur cire de couleur vermeille est cassante et sans épaisseur ; pour mieux la fixer au parchemin, on l'étalait au loin en forme de croix afin d'obtenir une plus grande surface d'adhérence. Un mandement de Charles V sur les aides, en 1378, présente ce mode de scellé.

Tresses de parchemin, de paille, de jonc, de cordelette. — D'autres fois ces mêmes sceaux plaqués ont été cerclés de torsades de parchemin cousues à la pièce ou de tresses en paille, en jonc, en cordelette. Une lettre de Charles VI, relative à une concession d'eau aux Célestins de Paris, possède un sceau muni d'une torsade en parchemin ; la réception d'un aveu par la Chambre des comptes, en 1411, est

TISSUS DU TREIZIEME ET DU QUATORZIÈME SIÈCLE

SERVANT A ENVELOPPER LES SCEAUX

Ces bourses faites d'étoffes précieuses reproduisent, par le tissage ou la peinture, des figures héraldiques ou des ornements empruntés à l'industrie du Levant.

plaquée de trois signets protégés par des tresses de paille.

Boites de fer-blanc. — Vers le quinzième siècle, certains établissements religieux, des cardinaux, quelques évêques et abbés, des universités, ont imaginé d'encastrer leurs sceaux dans des boîtes de fer-blanc. Ce procédé a détruit beaucoup de types et n'en a pas conservé un seul. Les sceaux de l'abbaye du Câteau, qui en avait adopté l'usage, ne présentent plus que des ruines. Cependant ce mode a persisté jusqu'à nos jours. Les sceaux apposés sur les actes de nos derniers rois sont tous enchâssés dans des boîtes de fer-blanc.

Boites en bois. — Plus tard sont venues les boîtes en bois, employées avec succès en Allemagne, sur les bords du Rhin, à Montbéliard.

Boites en ivoire, en argent, en vermeil. — Enfin, dans des temps plus modernes, des souverains étrangers ont scellé dans des boîtes en ivoire, en argent, en vermeil. Maximilien, électeur de Bavière, donne son adhésion au traité de Westphalie par un sceau contenu dans une boîte en ivoire. Une boîte en métal doré renferme, en 1770, le sceau de l'empereur Joseph II.

FORME DES SCEAUX

LES sceaux affectent deux formes principales bien tranchées : la forme ronde et celle dite en ogive. Disons tout de suite, pour bien déterminer cette seconde manière d'être, que la figure géométrique du sceau dit en ogive est obtenue par l'intersection de deux circonférences égales.

A la forme ronde et à l'ogive il faut ajouter les suivantes, en observant que les premières sont les plus fréquemment employées :

L'ovale, la forme en écu, la polygonale, la forme en losange ; il existe aussi des sceaux en étoile, en trèfle, festonnés, carrés, rectangulaires, en poire.

SCEAUX RONDS. — Les plus anciens types conservés aux Archives nationales, les sceaux des Mérovingiens, sont ronds. Cette forme, abandonnée par les Carolingiens, a été reprise et conservée par les rois de la troisième race, à l'exception pourtant du roi Robert. Les papes, les rois étrangers, les grands feudataires, dauphins, ducs, comtes et marquis, les chevaliers, les villes, l'ont adoptée. Les premiers sceaux ecclésiastiques étaient de forme circulaire, les sceaux des dames assises ou à cheval le sont également.

SCEAUX EN OGIVE. — Dès le douzième siècle, les cardinaux, les évêques, les monastères, les abbés et abbesses, tous les religieux en un mot, choisissent la forme ogivale. C'est aussi la forme des sceaux des dames représentées debout. Tout en persistant jusqu'à la décadence du sceau, l'ogive n'a pas toujours conservé les mêmes proportions. Il ne sera donc pas inutile de faire remarquer ici que plus l'ogive est ample, surbaissée, plus sa date est ancienne ; elle tend à s'allonger, à s'amaigrir, à devenir plus effilée à mesure qu'elle devient plus moderne.

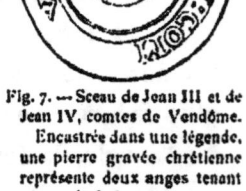

Fig. 7. — Sceau de Jean III et de Jean IV, comtes de Vendôme. Encastrée dans une légende, une pierre gravée chrétienne représente deux anges tenant une croix latine.

SCEAUX OVALES. — La forme ovale s'applique spécialement aux sceaux dont l'empreinte est fournie par une pierre gravée. Les sceaux de cire des rois carolingiens et de beaucoup d'autres personnages le démontrent. Mais ce que nous venons de dire ne reste exact que jusqu'au quinzième siècle, car, à partir du seizième, les sceaux ecclésiastiques abandonnent souvent l'ogive pour prendre la forme ovale.

Fig. 8. — Roy Diaz de Oyon (Navarre).

SCEAUX EN ÉCU. — La forme en écu paraît assez fréquente dans le midi de la France, en Artois, en Flandre. Le type de

Mathilde, comtesse de Flandre, en 1189, fournit un exemple de sceau en écu triangulaire. La figure d'écu arrondi par le bas (fig. 8) appartient plus particulièrement aux pays méridionaux.

Fig. 9. — Sceau en losange de la ville de Dunwich (Angleterre), treizième siècle. Nef à trois châteaux, manœuvrée par des matelots en chaperon. La légende latine signifie : « Sceau de la ville de Donewi. »

Sceaux polygonaux. — Les sceaux à cinq, à six, à huit côtés se rencontrent un peu partout. C'est ainsi que le sceau de la commune de Rieux, en 1308, présente la figure d'un hexagone.

Sceaux en losange. — Les sceaux en losange ne sont pas non plus très rares. La France, l'Angleterre, l'Espagne et la Navarre ont fait usage de cette disposition. Le sceau de la ville de Dunwich, au treizième siècle, affecte la forme d'un losange (fig. 9).

Fig. 10. — Ferrand Juanez de Valverde.

SCEAUX FESTONNÉS, EN ÉTOILE, TRÉFLÉS, CARRÉS OU LOSANGÉS, A APPENDICES. — Des dignitaires espagnols,

Fig. 11. — Diego Arela, alcade de Tolède.

des seigneurs navarrais, emploient des sceaux orbiculaires bordés de quatre, six ou huit festons; des sceaux en étoile ou tréflés, ou participant de ces deux dispositions; des sceaux carrés ou losangés présentant sur

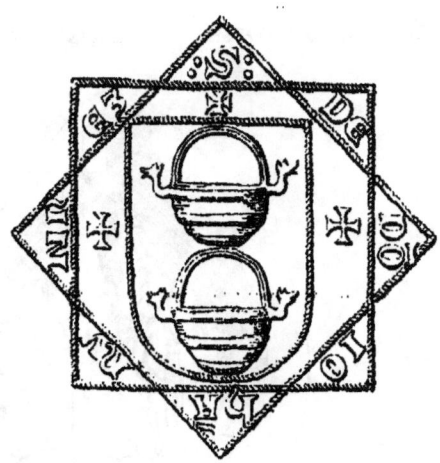

Fig. 12. — Don Johan Nuñez, seigneur navarrais.

chacun de leurs côtés un appendice demi-circulaire, c'est-à-dire quadrilobés.

Fig. 13. — Abbaye de Tournus.

SCEAUX RECTANGULAIRES. — Le sceau de Baudouin, comte de Mons, est en cuvette rectangulaire; celui de l'abbaye de Tournus dessine un rectangle cintré par le haut.

SCEAUX PIRIFORMES. — Liébert, évêque de Cambrai

Fig. 14. — Chapitre de Notre-Dame de Noyon. 1174.

en 1057, le chapitre de Notre-Dame de Noyon, en 1174, se servent de sceaux en forme de poire.

Les règles qui déterminent les formes principales des types n'échappent pas à la loi commune; elles se compliquent de nombreuses exceptions. Le sceau du roi Robert est en ogive; un des sceaux du comte de Flandre Thierri d'Alsace est également ogival; ceux de plusieurs seigneurs présentent la même anomalie. La première femme de Philippe de Valois, Jeanne de Bourgogne, la comtesse de Bar Yolande de Flandre, d'autres dames debout, usent de types circulaires. Certains sceaux ecclésiastiques sont ronds. On rencontre des pierres gravées rectangulaires, polygonales, etc. Dans quelques provinces, comme en Normandie, on ne reconnaît plus de règle fixe, surtout dans les sceaux des classes inférieures.

DIMENSIONS DES SCEAUX

La dimension des sceaux a varié d'âge en âge, elle s'est augmentée avec le temps. Le diamètre des plus grands sceaux mérovingiens dépasse à peine trente millimètres. Les sceaux des Carolingiens mesurent en moyenne jusqu'à quarante-cinq millimètres ; chez les rois de la troisième race, le diamètre commence par soixante-dix millimètres et continue progressivement : le type de saint Louis compte quatre-vingts millimètres; celui de Charles VI, quatre-vingt-dix-sept; de Henri II, cent quinze. Les sceaux des souverains étrangers, des grands personnages, suivent la même progression. Ceux des rois d'Angleterre ont même atteint des proportions beaucoup plus vastes : le sceau d'Édouard IV porte cent quinze millimètres de diamètre; celui d'Élisabeth, cent quarante-cinq; celui de la reine Anne, cent soixante-dix-sept. Les bulles des papes depuis le douzième siècle ont, au contraire, gardé la même taille.

Quant aux règles que l'on voudrait établir sur le rapport entre la dimension du sceau et la qualité des personnes, elles ne reposent sur rien de bien précis. On a pu dire cependant que l'étendue du sceau augmente avec la puissance, la qualité ou la prétention de son propriétaire, et citer à l'appui de cette assertion des chartes de Flandre des treizième et quatorzième siècles, où cette sorte de hiérarchie en rapport avec la dignité et l'âge semble avoir été observée. Ainsi le sceau de Gui de Dampierre, comte de Flandre, mesure quatre-vingt-douze millimètres de diamètre; celui de Robert de Nevers, son fils aîné, quatre-vingt-trois; les types de ses autres fils vont en décroissant par rang d'âge : Guillaume, soixante-quinze; Baudouin, soixante-quatre; Jean de Namur, cinquante-sept; Gui de Richebourg, cinquante-deux. Mais dans une autre charte de 1304, Jean de Namur scelle d'un sceau plus grand que ceux de ses frères aînés.

APPOSITION DU SCEAU

ONSIDÉRÉS au point de vue de leur apposition, les sceaux se divisent en deux catégories : ils sont plaqués ou pendants.

SCEAUX PLAQUÉS. — Les sceaux métalliques ont toujours fait partie de la seconde classe. Ceux de cire ont d'abord été plaqués; ils occupent ordinairement la droite au bas de l'acte où ils étaient fixés de la manière suivante : on pratiquait au parchemin une incision cruciale dont on rabattait les angles afin que la cire chaude pressée par la matrice pût passer au dos de la pièce, où on la rivait en l'aplatissant. Quelquefois l'incision en croix était bridée par de petites bandes de parchemin entre-croisées pour mieux retenir la cire. Ce mode de scellé est resté en vigueur jusque sous Louis le Gros.

Les sceaux plaqués que l'on rencontre aux treizième et quatorzième siècles n'ont eu que des destinations spéciales. Ils servaient à clore des lettres missives, à des mandements royaux sur les Aides, à certaines lettres patentes, à certifier des actes émanant des gens des Comptes ou de commissaires extraordinaires, etc. La capitulation de Vitry et des forteresses voisines, en 1424, présente vingt-six sceaux plaqués, alignés sur deux rangées avec le sceau de la prévôté de Vitry posé au-dessous.

Le sceau plaqué apparaît encore aux seizième et dix-septième siècles ; c'est sa décadence. La matrice a été appliquée sur un papier sous lequel on a préalablement glissé un gâteau de cire pour soutenir l'empreinte et la rendre adhérente à l'acte. Le sceau est en papier; le papier reçoit directement l'impression, la cire est devenue l'accessoire.

Fig. 15. — Sceau plaqué de Louis le Gros. Louis VI, en costume royal, revêtu d'un manteau court comme l'ancien sagum, assis sur un pliant à têtes de lion, tient d'une main le sceptre et, de l'autre, un fleuron en forme de trident terminé par des perles.

Sceaux pendants. — Le premier sceau pendant de nos rois se rencontre en 1118, sous Louis le Gros. Ce n'est pas que ce nouveau système d'attache n'ait été employé avant cette époque. Richard, archevêque de Bourges, se sert d'un sceau pendant en 1067; les rois d'Angleterre en ont de plus anciens encore; mais l'usage des sceaux pendants ne se généralise en France qu'à partir de Louis le Gros et de Louis VII, son successeur.

Les sceaux pendants étaient ordinairement retenus à la charte par un lien passé dans une légère incision horizontale ou une petite ouverture pratiquée au bas du parchemin et sur son repli.

Lanières de cuir. — Pour les premières attaches, on s'est servi de doubles lanières de cuir blanc, plates ou tressées.

Fils de soie, de chanvre, de laine; tissus. — Bientôt après l'on rencontre des fils de soie, de chanvre, de laine, en nature ou tissés. Un diplôme d'Étienne de Senlis, évêque de Paris, semble établir vers 1138 la transition entre les lanières de cuir et ces nouvelles attaches; le sceau qui l'authentique est suspendu par des lanières de cuir blanc entremêlées de fils de chanvre rouge et vert. Le sceau de Louis le Jeune, en 1139, 1145, est porté par des flocs de soie verte. Vers 1154, 1157, apparaissent les cordelettes tressées, les ganses bariolées.

Doubles queues de parchemin. — C'est dans les

chartes des sires de Fougères, en 1163, de Raoul, comte de Clermont, en 1183, que se présentent les premières doubles queues de parchemin.

Simples queues. — Les simples queues commencent à se montrer aux chartes d'Eudes, duc de Bourgogne, en 1205, de Philippe-Auguste, en 1216. Ces simples queues ne consistent plus, comme les attaches précédentes, en un lien de cuir, de fil ou de parchemin traversant l'acte et dont les deux bouts viennent se rejoindre dans le corps du sceau; elles font partie intégrante de l'acte. Pour sceller sur simple queue, on fendait le bas de la pièce horizontalement et dans une certaine longueur, de façon à détacher du parchemin une petite patte pendante, à l'extrémité libre de laquelle on apposait le sceau.

On a souvent profité des queues de parchemin pour y transcrire, en signe d'approbation, les ratures ou les surcharges contenues dans les chartes. On y répète aussi quelquefois la somme spécifiée dans un acte de vente. C'est ainsi que dans une cession d'une portion de rente, faite en 1304 par le sire de Ghistelles, la double queue porte trois fois de suite la somme de 75 livres restant à la disposition du vendeur (fig. 17).

Au commencement du treizième siècle, les lanières de cuir, tout à fait abandonnées, ont cédé la place à d'autres attaches plus légères et plus élégantes, queues de parchemin, flocs, lacs, tresses ou cordons. A partir

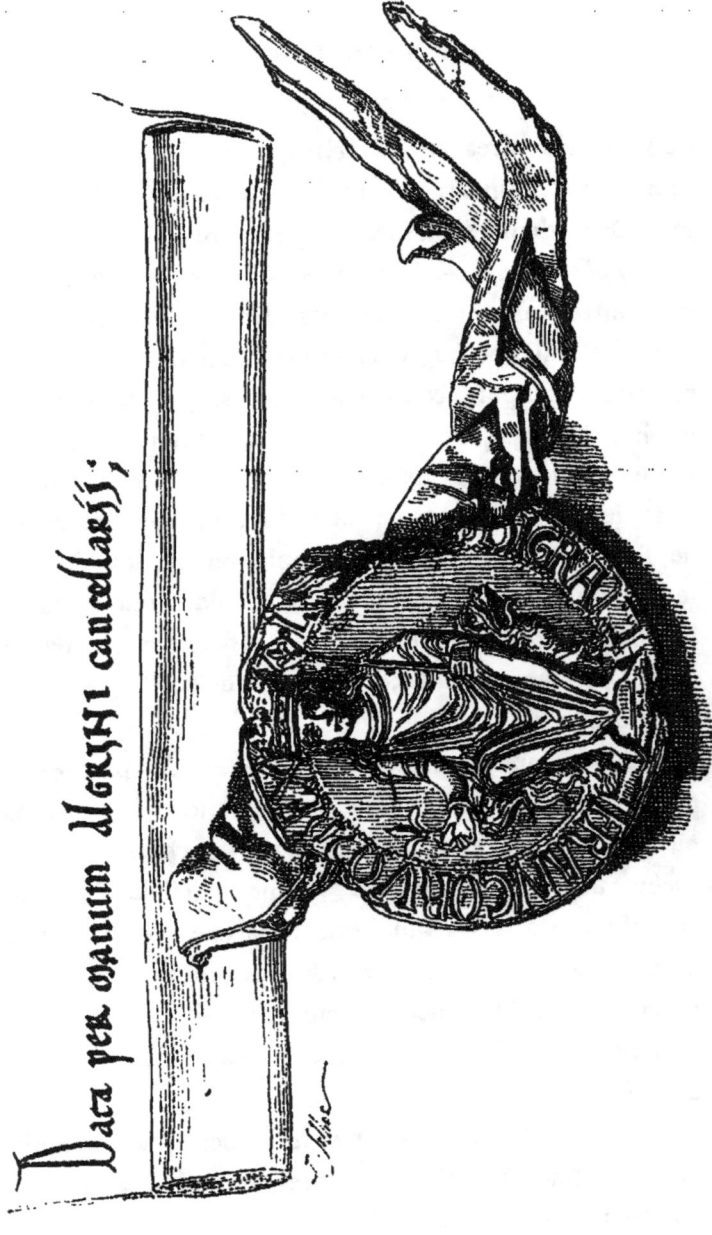

Fig. 16. — Type de sceau attaché au parchemin par des lanières de cuir blanc, tressées, douzième siècle. — Louis VII couronné, en manteau royal, tient d'une main le sceptre et de l'autre un pliant à têtes de lion. Il est assis sur un pliant à têtes de lion. L'inscription qui se lit sur le parchemin signifie : « Donné par la main d'Algrin, chancelier. » Celle qui entoure la figure de Louis VII se traduit : « Louis, par la grâce de Dieu, roi des Francs. »

de cette époque le chanvre, la soie surtout, prennent les couleurs les plus brillantes et sont tissés des plus ingénieuses façons. Il nous vient d'Orient des rouges éclatants, des bleus célestes au ton chaud. Les pays du Midi traduisent sur les ganses leurs blasons d'or et de gueules. Ce sont des rubans échiquetés de bleu, de jaune, de blanc et de brun; des cordelettes blan-

Fig. 17. — Cession d'une portion de rente par le sire de Ghistelles, scellée du sceau du Châtelet.

ches, chinées, mouchetées ou componées. Des lacs de soie rose attachent, en 1219, le sceau de Simon, archevêque de Bourges; la ville de Pontoise a des torsades de soie violette; l'empereur Frédéric, le chapitre de Saint-Aignan, en 1244, emploient des flocs de soie bleue; les comtes de Flandre préfèrent les tresses de soie verte, tandis que les comtes de Toulouse recherchent les cordons de soie rouge étranglés de distance en distance par des fils d'or.

Un ruban de fil liséré de brun, componé de blanc

et de bleu, retient, en 1309, le sceau de la ville de Cahors. En 1374, le Châtelet scelle avec de longs flocs de soie rouge, jaune et bleue; Pierre, comte d'Alençon, se sert des mêmes couleurs en torsade.

L'abbaye de Cercamp suspend les sceaux à des ganses plates de couleurs variées, tressées de fils d'or. Le duc de Saxe emploie le jaune et le noir; le marquis de Brandebourg, la soie noire tissée d'argent; Maximilien, électeur de Bavière, en 1648, la soie bleue mêlée du même métal; l'empereur Joseph II, en 1770, des cordelettes de fil d'or.

Mais l'attache la plus curieuse, découverte par M. Léopold Delisle et conservée aux Archives du Calvados, se voit au bas d'un acte de Richard Cœur-de-Lion. Sur un lacs de soie verte, et tissée dans le corps même de l'étoffe, est écrite cette devise d'amour : « Jo suis druerie — ne me dunez mie — ki nostre amur deseivre — la mort p...... » (Je suis un gage d'amour, ne me donnez pas; qui notre amour sépare, la mort p......).

Pourquoi cette devise amoureuse se trouve-t-elle au bas d'une donation en faveur du connétable de Normandie et de Gile, sa femme? C'est un fait qui, selon nous, attend encore son explication.

Sceau attaché au milieu de l'acte. — L'usage était de fixer les sceaux pendants aux bords des actes et habituellement au bord inférieur. Nous n'avons rencontré qu'une seule exception à cette pratique. Dans une charte de 1105, conservée aux Archives de la Somme, fonds de Saint-Fuscien, le sceau de Godefroi, évêque d'Amiens, avait été suspendu au milieu du corps de la pièce.

Entre autres particularités, on pourrait encore citer celles où une double queue de parchemin porte un sceau à chacune de ses extrémités, où plusieurs sceaux ont leurs attaches passées dans la même ouverture. Il suffira de les avoir mentionnées.

DU SOUS-SCEAU

Il n'est pas rare de rencontrer dans les juridictions laïques ou religieuses de Flandre ou de Normandie deux sceaux fixés à la suite l'un de l'autre sur la même queue. Ainsi tel acte qui est muni du sceau de l'officialité de Cambrai ou de Tournay, porte immédiatement au-dessous de celui-ci et sur la continuation de son attache le signet de l'official. Tel autre, revêtu du scel d'une prévôté, porte en sous-sceau le signet du garde du scel de cette même prévôté.

Si les types avec un sous-sceau sont assez communs, il est plus exceptionnel d'en rencontrer avec deux sous-sceaux. Ce cas se présente dans plusieurs actes des Guillemins de Walincourt. Le sceau du provincial de l'ordre, celui du prieur et celui des Guillemins figurent échelonnés à la suite l'un de l'autre sur le même ruban de soie verte.

CHARTES A PLUSIEURS SCEAUX

Le nombre des sceaux appendus à une charte pouvait être considérable. Si le bord inférieur de l'acte ne suffisait pas pour les recevoir en une seule ligne, on les y attachait sur plusieurs rangées, ou bien on envahissait les deux bords adjacents et quelquefois les quatre côtés. C'est à partir des premières années du treizième siècle qu'apparaissent ces pièces à sceaux multiples, sceaux dont le nombre va en grandissant dans les deux siècles qui suivent. L'acte renfermant les garanties qui furent fournies, en 1214, à Philippe-Auguste par Jeanne, comtesse de Flandre, après la bataille de Bouvines, est muni de quinze sceaux sur simple queue ; l'arrêt portant la déchéance de Pierre, duc de Bretagne, en 1230, comprend trente sceaux garnissant le bas et les deux côtés de la sentence ; l'ordonnance de saint Louis sur les juifs, de la même date, compte trente-neuf sceaux attachés sur ses trois côtés. Cinquante-neuf sceaux répartis sur les quatre bords du parchemin sanctionnent, en 1425, la coutume de Lorraine.

La soumission des gens de Grammont qui, en 1380,

avaient suivi le parti des Gantois contre le comte de Flandre, porte soixante-huit sceaux. Les six expéditions du traité d'acquisition de la seigneurie de Malines, conservées aux Archives du département du Nord, contiennent chacune cent sceaux, tous placés au bas de l'acte sur quatre rangées parallèles. Lorsque Jacqueline de Bavière quitta son deuxième mari pour épouser le duc de Glocester, Philippe le Bon provoqua sa déchéance et se fit déclarer gouverneur et héritier du Hainaut par deux chartes solennelles, l'une scellée de cent soixante-douze sceaux suspendus au bas du titre sur onze rangées horizontales, l'autre scellée seulement de cent dix.

Il est fort difficile, comme on peut le comprendre, de se reconnaître dans une pareille multiplicité d'attaches. Aussi certains scribes prennent-ils quelquefois la précaution d'écrire à côté des rubans ou sur les queues des parchemins les noms des possesseurs des sceaux; ils les ont d'autres fois représentés par un signe ou par un dessin. Dans une charte de l'abbaye d'Ourscamps, appartenant aux Archives de l'Oise, le sceau de Suger, abbé de Saint-Denis, est indiqué par une tête de moine figurée à côté de son attache.

DE LA PRÉSÉANCE DU SCEAU

DANS les chartes scellées de plusieurs sceaux, la place occupée par chacun d'eux ne lui était pas assignée au hasard. Elle était subordonnée à des lois de préséance, à des règles de cérémonial que nous allons faire connaître.

La place d'honneur se trouvait à l'extrême gauche, ou bien au milieu.

Place d'honneur à gauche. — Si le personnage le plus marquant prenait la première place de gauche, celui qui l'approchait le plus en dignité scellait immédiatement à sa droite; le plus considérable après celui-ci venait ensuite, et ainsi en continuant jusqu'à la fin, de sorte que le plus humble occupait l'extrême droite.

La charte de la capitulation de Lille, en 1304, donne un remarquable exemple de cette disposition :

$$1-2-3-4-5-6-7-8-9-10$$

1er Charles, fils du roi de France, comte de Valois et d'Anjou, occupe l'extrême gauche.
2e Louis, fils du roi de France, comte d'Évreux, se range à sa droite.
3e Jean, duc de Bourgogne, prend la droite du comte d'Évreux; puis successivement :
4e Robert, duc de Bretagne, chambrier de France;
5e Amédée, comte de Savoie;
6e Jean, comte de Dreux;
7e Gaucher de Châtillon, comte de Porcien, connétable de France

8° Jean de Chalon, sire d'Arlay;
9° Ithier de Nanteuil, prieur de Saint-Jean-de-Jérusalem en France;
10° Jacques, sire de Béon.

Place d'honneur au milieu. — Lorsque le plus grand personnage tenait la place du milieu, le plus grand après lui se rangeait à sa gauche et le plus considérable après celui-ci prenait sa droite; le suivant en dignité retournait à la gauche, celui qui venait ensuite allait à droite, et ainsi jusqu'aux deux extrémités de gauche et de droite, où se trouvaient les personnes les moins élevées.

L'ordonnance de saint Louis sur les juifs, en 1230, scellée de vingt sceaux, nous aidera à faire comprendre cette autre disposition.

20—18—16—14—12—10—8—6—4—2—1—3—5—7—9—11—13—15—17—19

GAUCHE   AU MILIEU   DROITE

1ᵉʳ Le roi saint Louis.

2° Philippe de France, comte de Boulogne.	3° Thibaud IV, comte de Champagne et de Brie.
4° Hugues X de Lusignan, comte de la Marche et d'Angoulême.	5° Hugues IV, duc de Bourgogne.
	7° Amauri VI, comte de Montfort et connétable de France.
6° Robert de Courtenay, bouteiller de France.	9° Raoul d'Issoudun, fils du comte d'Eu.
8° Henri II, comte de Bar-le-Duc.	11° Hugues de Châtillon, comte de Saint-Pol.
10° Enguerrand III, sire de Coucy.	
12° Jean, comte de Chalon.	13° Guillaume de Linières.
14° Érard de Brienne, sire de Ramerupt.	15° Archambaud IX, sire de Bourbon.
16° Guillaume, seigneur de Dampierre.	17° Jean de Braine, comte de Vienne et de Mâcon.
18° Jean de Nesle.	19° Gui de Dampierre, seigneur de Saint-Just.
20° Guillaume de Vergy.	

Que les actes émanent de juridictions laïques ou d'autorités religieuses, qu'ils aient un caractère privé ou représentent seulement des intérêts de famille, ces deux règles de la préséance sont généralement observées.

Ainsi le bailli d'Amiens scelle au milieu, les deux auditeurs du roi se rangent l'un à gauche et l'autre à droite.

Dans une charte de 1290, Gui de Dampierre, comte de Flandre, se place à l'extrême gauche; Isabelle, sa femme, se range à son côté; et en suivant vers la droite, Robert de Nevers, son fils aîné, et après lui Guillaume, fils puîné.

Les trois fils du premier mariage de la comtesse de Flandre Marguerite suspendent leurs sceaux dans l'ordre de leur naissance : l'aîné, Guillaume de Dampierre, à gauche; Gui, son frère, au milieu, et Jean, le plus jeune, à droite.

DU CONTRE-SCEAU

DE même que les monnaies et les médailles sont frappées des deux côtés et présentent ainsi un avers et un revers, de même beaucoup de sceaux portent deux empreintes : l'une à la face, et l'autre au dos.

Cette deuxième représentation imprimée au dos d'un sceau est ce que l'on appelle un contre-sceau. En un mot, le contre-sceau est le revers d'un sceau. On a même conservé, par analogie, le nom de revers à tous les contre-sceaux des sceaux de métal. Quelques auteurs l'ont étendu aux contre-sceaux de cire égalant en dimension les sceaux qu'ils accompagnent.

Le contre-sceau a été l'objet de nombreux travaux. On a cherché son âge, discuté les motifs qui en ont fait admettre l'usage. On a étudié sa forme, sa dimension ; il a été considéré dans ses différents rapports avec le sceau qu'il accompagne ; on s'est demandé si les sceaux plaqués avaient porté des contre-sceaux, etc. Nous allons essayer de répondre à ces diverses questions.

Toutes les bulles connues ayant une face et un revers, rechercher l'origine de ce revers serait remonter aux premiers âges du sceau. Nous ne nous occuperons donc que du contre-sceau proprement dit, le contre-sceau de cire.

Ancienneté du contre-sceau royal en France. — Louis VII est le premier roi de France qui se soit servi d'un contre-sceau. Son mariage avec Éléonore lui suggéra sans doute l'idée de paraître en duc d'Aquitaine au revers du sceau de majesté traditionnel (fig. 18). Il ne faisait que suivre en cela l'exemple de Guillaume le Conquérant, qui avait donné pour revers au sceau du duc de Normandie le type du nouveau roi d'Angleterre. Mais Guillaume n'inaugura pas le contre-sceau royal dans ce pays. Son prédécesseur, Édouard le Confesseur, l'avait employé avant lui.

Les contre-sceaux des évêques commencent avec le

Fig. 18. — Louis VII, roi de France, en duc d'Aquitaine.
Il est vêtu du grand haubert, habillement de mailles qui le couvre de la tête aux pieds, et coiffé d'un casque conique à nasal.

douzième siècle, ceux des seigneurs vers la fin de ce même siècle. Hugues, archevêque de Rouen, possède un contre-sceau dès 1129 ; Henri, évêque de Bayeux, en 1165 ; Hugues, abbé de Corbie, en 1173.

CAUSES DE L'ADOPTION DU CONTRE-SCEAU. — Les causes les plus rationnelles de l'adoption des contre-sceaux pour les sceaux de cire paraissent être les suivantes : l'imitation des monnaies, des médailles ou des bulles ; le besoin d'annoncer une dignité nouvelle, une augmentation de puissance ; les exigences de la légende ; une difficulté de plus à opposer aux faussaires, qui entamaient ordinairement par la surface sans empreinte le sceau qu'ils voulaient transporter à une autre charte. Le contre-sceau de Richard, évêque de Winchester, en 1174, dit dans sa légende : *Sum custos et testis sigilli.* (Je suis le gardien et le témoin du sceau.)

FORMES DU CONTRE-SCEAU. — La forme du contre-sceau peut compter un aussi grand nombre de variétés que celle du sceau : elle est ronde, en ogive, ovale, polygonale, et de plus elle reste complètement indépendante de la forme du type que le contre-sceau complète. De sorte qu'un sceau ogival peut avoir un contre-sceau rond, ovale ou rectangulaire, comme ils peuvent être tous deux de même figure.

COULEUR DU CONTRE-SCEAU. — Il n'en est pas de même de sa couleur ; la même cire qui a servi pour le sceau a formé le contre-sceau. Cependant le sceau équestre appendu au testament de Charles, duc de Lorraine, en 1424, est de cire verte, tandis que le contre-sceau est en cire vermeille. On remarque également dans un accord de 1354 un sceau d'Amédée, comte de Savoie, en cire verte, portant un contre-sceau de cire rouge.

Dimension du contre-sceau. — La dimension du contre-sceau égale quelquefois la grandeur du sceau, comme dans l'exemple de Louis VII, duc d'Aquitaine, et dans celui de Guillaume de Normandie, déjà cités. Mais généralement le contre-sceau est plus petit que le sceau.

Rapports du contre-sceau avec le sceau. — Tantôt le contre-sceau par sa représentation ou sa légende forme un type isolé, capable par lui seul d'authentiquer un acte, tantôt il est uni au sceau par des liens indissolubles, comme, par exemple, lorsqu'il en continue la légende. Ainsi l'inscription latine du sceau de Philippe d'Alsace dit : *Sceau de Philippe, comte de Flandre;* le contre-sceau ajoute : *et de Vermandois.* Celle de la ville de Lille : *Sceau des échevins de Lille;* le contre-sceau poursuit : *et des jurés.*

Nous pourrions citer des sceaux de femmes posés au revers du sceau de leur mari, comme celui d'Éléonore, femme de Mathieu, comte de Beaumont, ou celui de la femme de Raoul de Fougères, en 1162; mais, bien que l'acte et même la légende du second leur appliquent le nom de *contra-sigillum*, il semble difficile de regarder ces types exceptionnels comme des contre-sceaux.

Sceaux plaqués avec contre-sceaux. — D. Érasme Gastola a publié un certain nombre de sceaux de princes lombards plaqués et portant des contre-sceaux. Mabillon, dans son voyage en Italie, déclare en avoir rencontré deux. Nous ajouterons à ces témoignages celui du sceau de Robert le Frison, consul de Flandre en 1076, conservé aux Archives du département du Nord. Il est plaqué et porte en contre-sceau une tête d'homme de profil, tournée à droite, avec une chevelure frisée, tenant à la bouche un appendice à trois branches terminées chacune par une perle.

Noms du contre-sceau. — Les principaux noms du contre-sceau ont été : *sigillum secretum, sigillum secreti, contra sigillum, sigillum minus, contre-scel, sceau du secret, secret;* on l'a aussi appelé par extension *clavis* ou *custos secreti, clipeus, scutum, écu, consilium, custodia veritatis, testis, fides, nuntius.* Aux Archives de la Manche, sur un contre-sceau de Gui de Laval, au douzième siècle, on lit : *anti sigillum*, et sur le contre-sceau d'Arnoul VI, comte de Looz, en 1293, on rencontre *subsigillum.*

DE L'AUTHENTICITÉ DU SCEAU

LORSQUE nous avons, en commençant, essayé de faire ressortir le véritable caractère du sceau, nous avons dit que son but était de donner l'authenticité. Ce but se trouvait en effet si bien atteint, que la seule présence du sceau au bas d'un acte tenait lieu de l'intervention des témoins, comme le prouvent les formules consacrées : *Teste sigillo,* — *Tesmoing mon scel ci mis.*

Le sceau était même plus qu'un témoin. Le mot *sigillum*, appliqué maintes fois, au douzième siècle et aux siècles précédents, à l'acte lui-même et au sceau dont on le munissait, établit sans conteste que le sceau devenait le représentant de la personne qui s'en servait.

Mais un acte muni d'un sceau unique offrait trop de prise à l'habileté des faussaires. D'autre part, le contractant pouvait n'être connu que dans une circonscription de peu d'étendue. C'est pourquoi l'on jugea nécessaire d'ajouter au sceau de certaines garanties, de l'entourer pour ainsi dire de témoins. Les diplômes royaux importants, les privilèges, devaient être scellés dans les cours plénières ou dans l'assemblée des grands officiers de la couronne. Pour les chartes

Fig. 19. — Attestation de l'authenticité du sceau de Gui de Ribercourt, chevalier. 1261.

A tous chiaus qui ches presentes letres verront et orront : Je Wis de Ribercourt, chevaliers, fas a savoir que ch'est mes propres seaus qui pent a che présent escrit et veil espresseement que toutes le letres que jo en ai seelées et que j'en seelerai jamais soient fermes et estables sans nul rapel. Che fu fait en l'an de l'incarnation nostre Segnieur mil. ii. lxvi el mois de Jenvier.

particulières, cette formalité s'accomplissait en public, devant des ecclésiastiques, des seigneurs.

Attestation d'authenticité. — D'ordinaire, le personnage qui scelle atteste lui-même son sceau. Dans les cas où l'authenticité, tout en restant la même en principe, perdait de sa valeur par le peu de notoriété du contractant, celui-ci avait recours au sceau du grand feudataire dont il relevait, à celui de sa commune, de l'évêque, d'une abbaye voisine, d'une juridiction civile ou ecclésiastique, et en faisait accompagner le sien. En 1363, la cour du comte de Clermont atteste l'authenticité du sceau d'un écuyer nommé Guillaume de Cramoisy. La ville de Douai confirme, au mois de janvier 1381, les sceaux du bailli et des hommes du château de Douai.

Sceaux déposés dans les abbayes. — Quelquefois on déposait dans les abbayes un acte scellé pour servir à la confrontation d'actes scellés du même sceau. L'abbaye de Saint-Sauveur, dans la Manche, fournit des exemples de pareils dépôts.

Concession des sceaux publics. — Au commencement du quatorzième siècle, nous assistons à la réglementation de l'authenticité; nous voyons concéder des sceaux publics destinés à donner cette authenticité et à devenir en même temps une source de revenus sous le nom de droits et émoluments du sceau.

Degrés d'authenticité des sceaux du même personnage. — Si le même personnage possédait plusieurs sceaux, l'authenticité réservée au sceau principal était contestable pour les autres types. Les rois de France qui, depuis Philippe de Valois, indépendamment du grand sceau et du « sceau en l'absence du grand », se servaient de cachets et de sceaux secrets, furent eux-mêmes soumis à cette restriction. Nous pourrions même citer des lettres de rémission de 1349, frappées de nullité quoique scellées du grand sceau ; seulement le sceau royal était de cire blanche quand il aurait dû être de cire verte. Une ordonnance de 1358, datée de Compiègne, tranche la question d'authenticité en faveur du grand sceau royal et déclare nulles les lettres patentes scellées du sceau secret, si ce n'est dans les cas de nécessité ou pour les affaires concernant l'hôtel du roi. Voilà bien l'authenticité attribuée au grand sceau ; mais les termes de cette ordonnance, en réservant les cas de nécessité ou d'absence, démontrent que sa présence n'a jamais été rigoureusement indispensable.

Authenticité provisoire du contre-sceau. — Un contre-sceau n'avait pas le degré d'authenticité du sceau ; son efficacité n'était, pour ainsi dire, que provisoire. Henri de Vergy, sénéchal de Bourgogne, appliquant seulement son contre-sceau à une charte de 1246, promet de le remplacer par son type authentique aussitôt qu'il l'aura à sa disposition.

Insuffisance de certains sceaux. — Enfin il est des sceaux tout à fait insuffisants par eux seuls à sanctionner des actes ; tels sont ceux de beaucoup de femmes en Normandie, principalement dans le pays correspondant à notre département de l'Eure. Le texte de la légende, ainsi conçue : *Seel de sa femme,* ou *sigillum uxoris ejus,* établit surabondamment que de tels sceaux ne pouvaient avoir de valeur qu'accompagnés de celui du mari.

Sceaux perdus ou détruits. — Après cet aperçu sur la vertu donnée à un acte par l'apposition du sceau, il sera facile de deviner le sort réservé à cet acte lorsque le sceau venait à être perdu ou brisé. Il était déclaré nul et sans valeur. Aussi Joinville vante-t-il très haut la générosité de saint Louis laissant à Renaud de Trie le comté de Dammartin, lorsque ses conseillers et le sénéchal lui-même, appliquant la loi à la charte de donation qui ne possédait plus qu'un fragment du sceau, engageaient le roi à reprendre le comté.

Dès qu'un accident avait détruit un sceau, on recourait à une juridiction pour le faire constater et en obtenir que l'acte fût maintenu valable. Le samedi 3 octobre 1433, la prévôté de Senlis fut appelée à certifier l'authenticité d'une pièce dont le sceau venait d'être détruit.

Attaches n'ayant jamais porté de sceaux. — On a rencontré cependant des actes anciens avec des attaches qui n'avaient jamais porté de sceaux, et dont la valeur était néanmoins incontestable. Mais alors quelques nœuds particuliers, une inscription spéciale sur ces liens, une mention dans le corps de l'acte, leur redonnaient d'une autre manière l'authenticité que l'absence du sceau semblait leur refuser.

Marque des doigts remplaçant une image gravée. — Quelquefois l'empreinte seule des doigts remplaçait l'image gravée d'un sceau. Nous lisons dans le registre du Trésor des chartes coté JJ 170, n° 108 : « Et scellées en cire vermeille *où la jointe de l'un de ses dois fut emprainte* sans autre signet »; tandis que dans certaines circonstances on accompagnait le sceau d'un symbole particulier, de poils de barbe, d'un fétu.

Nous ajouterons encore que l'authenticité donnée aux actes par le sceau les suivait jusque dans leur transcription. Les copies où l'on rencontre la reproduction exacte du texte des légendes suivie de la description détaillée des types ne sont pas rares. Il est même des *vidimus* qui reproduisent, par le dessin ou la peinture, les sceaux des titres vidimés. Dans le registre du Trésor des chartes coté JJ 56, n° 85, contenant l'approbation par Philippe le Long de la fondation du prieuré de Saint-Louis de Poissy, établi par son père, on voit dessinés au bas de la transcription les sceaux des trois grands dignitaires de la couronne témoins de la dotation : Louis de Bourbon, chambrier, Henri de Sully, bouteiller, et Gaucher de Châtillon, connétable.

DE L'EMPRUNT DU SCEAU

Il arrivait quelquefois, au moment de passer un acte, que le contractant ne possédait pas de matrice de sceau ou ne l'avait pas sur lui. Le même fait pouvait se présenter chez un des témoins appelés. Alors le contractant ou le témoin empruntait le sceau d'un parent ou d'un ami, d'un établissement religieux voisin, d'une juridiction ou d'un autre témoin. En 1242, Bérenger de Puységur emprunte le sceau du seigneur de Lunel ; la dame de Chaumont, en 1243, scelle du sceau de Pierre des Barres, chevalier, son fils.

Lorsque le sceau d'un des témoins avait été emprunté, l'acte portait deux sceaux pareils, celui du témoin et celui de l'emprunteur, comme cela se voit au traité du mariage projeté entre Claude de France, fille de Louis XII, et Charles de Luxembourg; Laurent de Blioul, un des trois plénipotentiaires, emprunte le sceau d'un de ses collègues, Charles de Ranchicourt, qui se trouve ainsi deux fois au bas de l'acte. Dans une ratification du traité de Guérande, un des cinq procureurs du duc de Bretagne scelle quatre fois, une fois pour lui et trois autres fois pour trois écuyers.

L'emprunt du sceau était toujours mentionné dans les titres importants; dans les actes de petite valeur on négligeait souvent cette formalité. Le fonds des comtes d'Artois, aux Archives du Pas-de-Calais, contient un bon nombre de quittances scellées de sceaux dont l'emprunt n'est pas spécifié.

DU CHANGEMENT DE SCEAU

LE changement d'état amenait le changement de sceau. Un écuyer, un damoiseau devenu chevalier prenait un nouveau type. Un évêque changeant de siége changeait également de sceau.

En 1247, le vicomte de Béziers Trencavel, forcé d'abandonner au roi saint Louis sa vicomté de Béziers et tout ce qu'il possédait dans le diocèse et les environs, est contraint en même temps de renoncer à son premier sceau, où il était qualifié de vicomte de Béziers et de seigneur de Carcassonne.

En attendant la fabrication d'un type approprié à une nouvelle situation, on employait l'ancien sceau ; mais il n'offrait pour les titres importants qu'une garantie passagère. On rencontre sous Louis le Hutin des ordonnances royales scellées du sceau qu'il employait avant son avènement, transcrites et munies du nouveau sceau du roi.

Les sceaux des écuyers, des damoiseaux qui aspiraient à devenir chevaliers, perdaient par cette seule idée de changement futur une partie de leur force, et l'on exigeait d'eux dans les actes l'engagement de les sceller à nouveau lorsqu'ils seraient chevaliers.

D'autres causes que le changement d'état pouvaient amener le renouvellement du sceau. Elles seront exposées à l'article du renouvellement des matrices.

MATRICES DE SCEAUX — LEUR MATIÈRE

LES matrices des sceaux étaient d'or, d'argent, de bronze, de fer, d'étain, d'acier, d'ivoire ; il y en avait aussi en pierres précieuses.

Le prieuré de la Saussaie, près Villejuif, qui jouissait du privilège d'hériter des matrices des sceaux royaux à la mort du souverain, va nous donner les premiers renseignements sur leur matière. On lit dans une quittance fournie à la Chambre des comptes par la prieure de la Saussaie « pour les sceaux[1] d'or et d'argent, avec les chaisnes tous cassés, demourés du trespassement du roy Charles, nostre sire, derrenièrement trespassé. Ce est assavoir : les deux sceaux du secret, l'un d'or et l'autre d'argent avec les chaisnes. *Item* le grand scel de la chancellerie avecques le contre-scel, les chaisnes et le coffre en quoy on le mettoit. *Item* le scel et le contre-scel des grands jours de Troyes avecques la chaisne. *Item* le scel, contre-scel à tout la chaisne de l'échiquier de Rouen, tous d'argent. Lesquelles choses nous appartiennent, à cause des droits que nous avons acoustumé de prendre en la cour du roy, nostre sire, à cause de nostre fondation royale. »

Le riche inventaire des meubles de Charles V, à la Bibliothèque nationale, contient l'énumération de trente-huit matrices de sceaux. On y remarque plus particulièrement : « le signet du roy, qui est de la teste d'un roy sans barbe et est d'un fin rubis d'Orient, et est celui de quoy le roy scelle les lestres qu'il escript de sa main; — un signet d'or où a ung ruby taillé à une teste de roy, et est le signet dont le roy Charles signait les lettres des généraulx. — *Item* deux signets pendant à une chaisne d'or dont il y a en l'ung ung saphir entaillé à un K environné de fleurs de lys, et

[1]. Nous croyons devoir avertir le lecteur que, dans les citations, le mot *sceau* est employé pour *matrice de sceau*. Au moyen âge, le même terme s'appliquait à l'objet produit, le sceau, et à celui qui servait à le produire, la matrice. On dit encore de nos jours « le Garde des sceaux ».

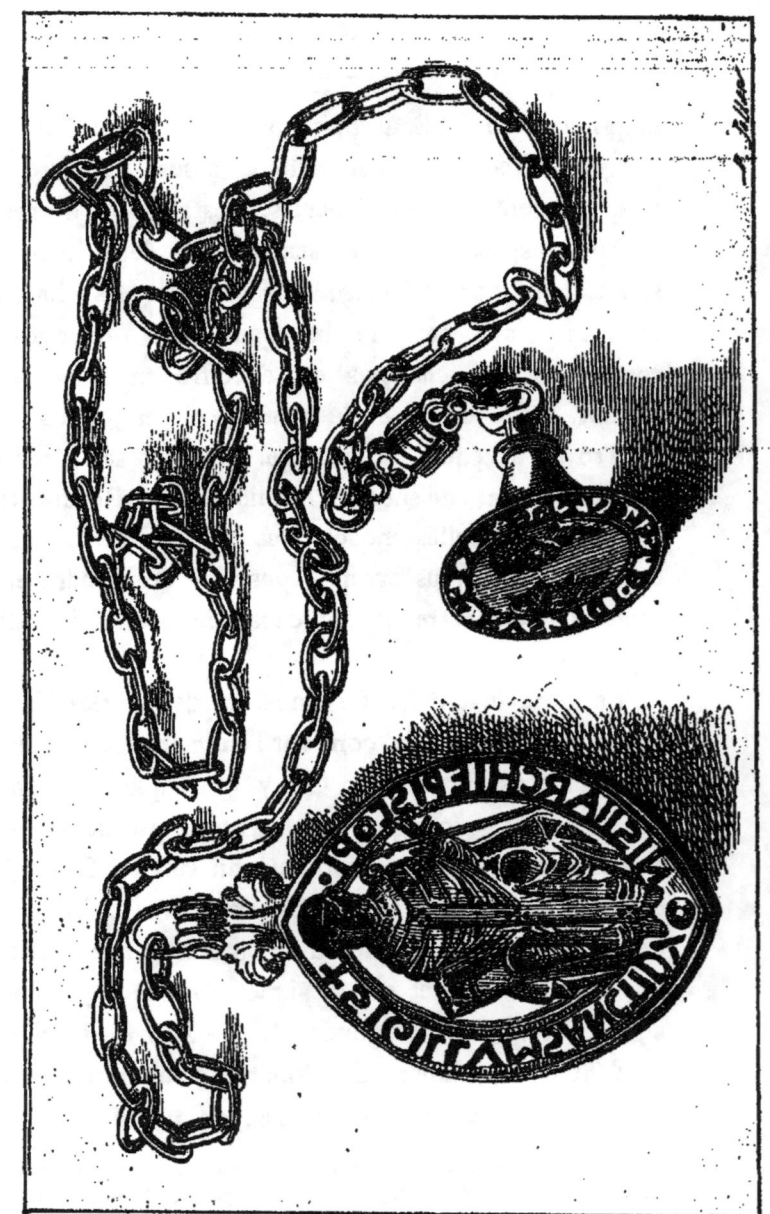

Matrice en argent du sceau et du contre-sceau de l'abbaye de Saint-Denis, en usage dès le douzième siècle.
Le sceau représente l'abbé de Saint-Denis en costume épiscopal. Sur le contre-sceau figurent les deux compagnons de saint Denis : saint Rustique et saint Éleuthère. — Collection des Archives nationales.

l'autre a un saphir auquel est entaillé *ung roy à cheval armoyé de France.* »

Un inventaire des joyaux du duc de Berri, de l'an 1412, mentionne un signet d'or sur lequel était *le visaige de monseigneur contrefait au vif.*

On conserve au musée de Berne les matrices d'or de Charles le Téméraire et du grand bâtard Antoine, ramassées sur le champ de bataille de Granson. Les matrices des signets et sceaux secrets des ducs de Bourgogne de la deuxième race sont presque toujours d'or ; tandis que pour leurs grands types, pour ceux de leurs États de Flandre, le métal est d'argent. Les matrices des grands sceaux de la ville de Saint-Omer, du conseil d'Artois, de la prévôté de Mons, sont également en argent. On peut voir dans la collection des Archives nationales les matrices en argent dont usait l'abbaye de Saint-Denis dès le douzième siècle.

Liévin van Lathem grava deux sceaux en étain destinés à Marguerite d'Autriche, sœur de l'archiduc Philippe, en 1500. Il exécuta aussi un sceau d'étain pour l'archiduc Charles, reconnu majeur en 1515, en attendant que le grand sceau fût fabriqué.

Les deux grands sceaux de l'archiduc d'Autriche pour les actes, commissions et dépêches, étaient fournis en 1519 par des matrices en étain.

François Caluwart tailla, vers 1621, 1622, un grand et un petit cachet d'acier aux armes de l'infante Isabelle.

Le bronze et le cuivre constituent les matières ordinairement mises en œuvre pour la fabrication des matrices. L'ivoire, au contraire, se rencontre fort rarement. L'échantillon le plus curieux peut-être de cette variété a été trouvé dans la Somme, à Amiens. L'artiste a fouillé les deux faces de l'ivoire, et chacune d'elles représente le même personnage avec une qualité différente. Il a figuré d'un côté, Foulques, archidiacre d'Amiens; de l'autre, le même Foulques lorsqu'il fut élevé à l'épiscopat de ce diocèse. Le texte de la légende, la forme des lettres qui la composent, le style de la gravure, le nom de l'évêque, tout concourt à fixer la date de cette matrice au commencement du onzième siècle.

FORME DES MATRICES

OUT ce que nous avons dit sur les différentes formes des sceaux s'applique nécessairement aux instruments qui les ont engendrés.

Ceux-ci offraient de plus une poignée qui a varié avec les temps et avec leur destination particulière.

Les premières matrices, les plus anciennes, étaient enchâssées dans un anneau. On disposait comme les coins des monnaies celles qui devaient supporter le choc du marteau pour frapper des sceaux métalliques.

Quelques-unes sont munies d'une anse; d'autres présentent simplement à leur bord un appendice percé d'un trou où l'on passait une chaîne ou un lien pour les suspendre; chez certaines, la poignée consiste en une lame soudée perpendiculairement à leur surface libre. Dans les types plus petits, tels que les contre-sceaux, elles se terminent en une poignée conique ou en pyramide, percée à son sommet d'une ouverture circulaire ou tréflée. Les matrices les plus modernes portent une douille destinée à recevoir un manche.

Les matrices doubles, c'est-à-dire les matrices accompagnées d'un type à contre-sceller, si elles étaient d'or ou d'argent, comportaient une chaîne de même métal qui les tenait réunies. Celles de bronze se couplaient avec une lanière de cuir ou des rubans pareils à ceux dont il a été parlé à l'occasion des attaches des sceaux.

DE LA GARDE DES MATRICES

La garde et l'emploi des matrices des sceaux publics étaient confiés à des personnes d'une probité et d'une loyauté reconnues.

C'était un grand dignitaire de la couronne, le chancelier, qui avait la garde du grand sceau royal. Le roi conservait près de lui ses cachets et signets privés.

L'inventaire des meubles de Charles V dit : « Signets estans ou coffre de cypraes dont le roy porte la clef. » En Angleterre, le chancelier ne se dessaisissait jamais du sceau royal : maître Roger, vice-chancelier de Richard Iᵉʳ, ayant péri dans un naufrage proche l'île de Rhodes, on trouva le sceau royal suspendu à son cou. Le sceau privé de Henri VIII était gardé par Jean Russell, chevalier de la Jarretière.

Le garde des chartes de la grande église de Constantinople portait sur sa poitrine le sceau du patriarche.

Dans les chapitres, dans les abbayes, c'était également au chancelier qu'était attribuée la conservation du sceau. Chaque juridiction, bailliage, prévôté ou vicomté, avait son gardien du scel ; dans certains tribunaux ecclésiastiques, on l'appelait *sigillifer*.

Les chevaliers, les bourgeois conservaient toujours leurs matrices avec eux : le châtelain de Coucy, atteint à la croisade d'une blessure mortelle, jette son signet à la mer.

Le maire de la ville d'Amiens portait à la ceinture les sceaux de sa ville : « A Euvrarde, ouvrière de broudure, pour son salaire et labeur d'avoir fait et ouvré de broudure une bourse pour les sceaulx de la ville que porte à son chaint le majeur d'Amiens... » (Comptes de la ville, 1384-1385.) C'était en effet dans des bourses qu'on enfermait d'ordinaire les matrices de sceaux.

Dans un registre de l'argenterie de la reine, en

1403, nous trouvons que Jaquette d'Espinay, boursière, fournit deux bourses à mettre les sceaux du dauphin et de madame de Bretagne.

Les comptes de l'argenterie du roi Jean, 1352-1355, mentionnent des achats de soie, d'or de Chypre, de velours bleu et de camocas livrés à Pierre des Barres, orfèvre, pour confectionner deux *tasses*, c'est-à-dire deux bourses : l'une pour le chancelier de France, et l'autre où l'on enfermait le scel secret. A celle-ci brillait une perle vermeille. Un peu plus loin, une aune de fin velours azuré, une demi-livre d'or de Chypre et une demi-livre de soie de couleur ardente sont employées à fabriquer quatre bourses à mettre les sceaux du secret du roi, du dauphin, du duc d'Orléans et du comte d'Anjou, cette dernière suspendue à une chaîne d'argent.

La perte ou le vol d'une matrice pouvait exposer son propriétaire à de terribles conséquences. Ayant tout à redouter d'actes scellés sans sa participation, il s'empressait de révoquer le sceau perdu par un acte dressé à la chancellerie, au Châtelet ou devant une autre juridiction. Il avait aussi recours à une déclaration publique dans laquelle il annonçait la perte de la matrice, en donnait la description, recommandant de ne pas ajouter foi aux lettres qui en seraient désormais scellées. La première déclaration était suivie d'une seconde relative au nouveau type remplaçant la matrice perdue.

Voici la dénonciation de la perte des sceaux de la ville de Paris : « Vendredi 10 décembre 1417, maître Jehan le Bugle, ou nom et comme procureur de la ville de Paris, vint en la chambre de Parlement dénuncier et signifier que le jour précédent les seaulx de ladicte ville de Paris avoient esté perduz par larrecin, et que ce n'estoit pas l'intention de la ville de adjouter foy désormais à ce qui seroit fait soubz le scellé des ditz seaulx depuis le dit larrecin, et perte dessuz diz. Mais feroit faire autres seaulx nouveaux differens à ceulx qui ont esté perduz. »

DU RENOUVELLEMENT DE LA MATRICE

LORSQU'UNE matrice avait été brisée par accident, usée par le service ou contrefaite, lors même qu'elle avait subi un changement par suite d'un simple caprice, son renouvellement exigeait à la fois de la publicité et des précautions. De la publicité, afin qu'on sût bien quel était le nouveau type auquel on devait désormais se fier; des précautions, qui consistaient à mettre l'ancienne matrice hors d'état d'être employée.

Des avertissements de sceau renouvelé se rencontrent dans les chartes de seigneurs dès le douzième siècle. Plus tard ces déclarations eurent lieu devant des juridictions, et la cérémonie du brisement de l'ancienne matrice, de sa *cancellation,* se passait en public ou devant des témoins : « Le 21 juillet 1329, fut apporté en jugement pardevant nous, bailli d'Amiens, par le bailli du chapitre d'Amiens, le sceau dont ces présentes lettres sont scellées, et a esté le vieux sceau froissé et rompu en nostre présence. » Jean de Vaux, graveur de sceaux à Paris, grava en 1361, pour Louis de Male, un nouveau sceau secret dont le comte commença à se servir le 21 septembre, et le même jour *le viés scel secré fu cassés et brisiés* à Audenarde, en présence du connétable de Flandre, de Sohier de le Beke, chancelier, et de Marc de Galeel, chambellan. Le 4 juillet 1436, Jean Heylen, graveur de sceaux, se transporta à Lierre, où les États lui ordonnèrent d'ajouter un S sur le grand sceau du duc pour indiquer le mot *sigillum,* et là il brisa en leur présence l'ancien sceau de Brabant, fait en 1430. Le 23 octobre, en 1524, au palais de Malines, en présence de Marguerite d'Autriche, gouvernante des Pays-Bas, de plusieurs chevaliers de la Toison d'or et de membres du conseil privé, furent cassés le sceau et le contre-sceau dont on avait scellé les actes en Brabant depuis l'émancipation de l'archiduc Charles et avant son élévation à la dignité impériale, et l'orfèvre Henri van der Moelen présenta à la princesse ceux qu'il avait gravés pour les remplacer. Marguerite les remit de la part de l'empereur Charles V au chancelier Jérôme van der Noot, lui ordonnant *en user léaulment et deuement.*

On peut voir dans les archives de la ville de Douai plusieurs types de matrices de la ville, cancellées.

De nos jours encore, lorsqu'un pape meurt, on brise solennellement l'anneau du pêcheur.

DES MATRICES
APRÈS LA MORT DE LEUR POSSESSEUR

POUR éviter la fraude après la mort, l'usage commandait de briser les matrices de sceaux ou de les enfermer dans les tombeaux.

Les bulles des papes étaient rompues publiquement; les types des abbés, cassés en plein chapitre ou devant le maître-autel après la grand'messe. Le sceau de Guillaume de Toucy, évêque d'Auxerre, en 1182, fut enterré avec lui après avoir été brisé à coups de hache.

Nous avons déjà dit qu'avant d'être remis au prieuré de la Saussaie les types des rois de France devaient être déformés ou rompus. Cette précaution ou plutôt ce devoir n'a pas toujours été bien accompli. Sully raconte dans ses *Mémoires* qu'à la mort de Henri IV le chancelier conserva le sceau et scella pendant plus de cinq ans de fausses lettres patentes.

DES MATRICES FAUSSES

Les mobiles qui guidaient les faussaires d'autrefois étaient assez puissants pour que rien ne fût négligé dans l'exécution des matrices fausses. Gravées avec autant de soin et de talent que les vraies, elles auraient peut-être encore plus de prix pour nous si nous savions les reconnaître. Nous ne le pouvons pas. Seulement les registres criminels du parlement de Paris nous apprennent que la falsification du sceau était l'objet d'une répression sévère. On infligeait au coupable une amende énorme et le bannissement perpétuel. Un chevalier nommé Bouchard de Poissy est condamné, en 1356, pour avoir fait fabriquer un faux sceau, au bannissement de la ville et prévôté de Paris et à une amende de 4,000 livres, somme considérable pour le temps.

De nos jours, les musées et les collections particulières sont tributaires des faussaires modernes. Les matrices fausses ne sont plus gravées, elles sont tout simplement fondues sur des cires originales ou surmoulées. Aussi, pour quiconque a l'habitude des procédés de la fonte, la fraude est-elle grossière et facile à reconnaître. Le grain du sable qui a servi à la confection du moule reste très apparent sur le bronze; les fonds sont arrondis, ils ont perdu leur fermeté primitive, on n'y distingue pas la netteté du coup de burin; de plus, le métal, en se refroidissant, subit un retrait, de sorte que, si l'on a la faculté de comparer la matrice fondue avec un sceau original en cire, on constate que la prétendue matrice se trouve plus petite que l'épreuve qu'elle a la prétention d'avoir produite. C'est le contraire qui devrait avoir lieu.

Nos lois n'ont pas de peines pour ces nouveaux contrefacteurs. Les acheteurs sont trompés, et des fondeurs qui se sont livrés à la reproduction non avouée de bronzes anciens ont pu arriver à la fortune par une industrie qui mériterait une répression sévère.

DES GRAVEURS

ET DE LA FABRICATION DES MATRICES

Les orfèvres du moyen âge présentent en germe dans leurs œuvres les qualités que nous admirerons quelques siècles plus tard chez les orfèvres italiens. Travailleurs consciencieux, ils s'étudiaient à acquérir les connaissances applicables aux diverses branches de leur industrie, traçant ainsi la voie à leurs successeurs de la Renaissance. Ils dessinaient, composaient, étaient fondeurs, ciseleurs, repousseurs; ils gravaient aussi les sceaux. Dédaigneux de s'affubler de la qualité d'artistes, négligeant même de nous transmettre les signes de leur individualité, ils se sont contentés, sous le nom modeste de *tailleurs de sceaux*, de nous léguer une foule d'objets d'art pleins de goût et de finesse, et dont quelques-uns peuvent passer pour de petits chefs-d'œuvre. Ils ne possédaient pas cependant les ressources dont nos graveurs modernes disposent. Le balancier n'était pas à leur service, et tandis que les artistes de nos jours taillent leur modèle en relief d'après une maquette sculptée, les anciens tailleurs de sceaux se trouvaient réduits à graver en creux d'après un dessin de leur invention ou fourni par quelque enlumineur en renom.

C'est ainsi que Jean van Nymmegen gravait, en 1499, le sceau de Brabant sur le patron dessiné par Liévin van Lathem; que Jean van der Perre tailla les sceaux renouvelés à l'occasion de la majorité de l'archiduc, d'après les patrons de Jean van den Wyck, dit van Battel, peintre d'armoiries en renom à Malines. A la même époque, Jean de Bruxelles, peintre, fournissait des patrons pour le sceau de Charles-Quint. On lit également dans la relation du voyage d'Albert Durer à Bruxelles que ce maître fit le patron du sceau de van den Perre.

L'excellent ouvrage de M. Pinchart, *Recherches sur les graveurs des Pays-Bas,* auquel nous empruntons ces détails, nous donne d'autres noms de tailleurs de sceaux.

Le plus ancien de cette série, Jean de Vaux,

demeurant à Paris, exécutait, en 1361, le nouveau sceau secret de Louis de Male.

Jean Heylen grava, de 1425 à 1436, les sceaux de Brabant, celui de la Toison d'or. C'est à Corneille de Bont que l'on doit, en 1477-1478, les sceaux de Marie de Bourgogne, fille de Charles le Téméraire : seule ou avec son mari. Les œuvres de cet artiste sont marquées d'une moucheture d'hermine, par allusion à son nom qui en flamand signifie *hermine*.

Gaspar de Backère est l'auteur du sceau de Philippe le Beau, en 1483.

De 1500 à 1515, on confiait à Liévin van Lathem la gravure en étain des types de Marguerite d'Autriche, de l'archiduc Charles. En 1519, Pierre Huzuweel taillait aussi dans l'étain deux sceaux pour l'archiduc Ferdinand d'Autriche.

Adrien Reyniers, enlumineur, fit en 1555 le patron du sceau de Philippe II pour le Brabant; Sébastien Poyelle dessina un autre patron pour le contre-sceau, et Thomas van Gheer les grava. A la même date, l'orfèvre Gilles Horrion était en réputation à Bruxelles.

En 1582, Jacques Yonghelinck exécuta le sceau du Brabant sur le dessin de Floris Borel, orfèvre et graveur de sceaux à Anvers.

Vers 1621-1622, François Caluwart fut chargé de tailler deux cachets d'acier aux armes de l'infante Isabelle.

D'autre part, M. le marquis de Laborde, dans sa

Notice des émaux du Louvre, mentionne un extrait des Comptes royaux où Jean de Tournay figure en 1326 comme graveur de sceaux. Les comptes des ducs de Bourgogne du même auteur nous donnent les noms de Jean Mainfroy, qui fabriqua, en 1416, le signet d'or du duc; de Robert de Gouy, qui tailla, en 1419-1420, le grand sceau et son contre-sceau; d'Ernoul Clotin, orfèvre et valet de chambre de Philippe le Bon, qui exécuta le signet d'or du duc, ainsi que la chaîne armoriée qui le retenait; de Jean de Lombèque, demeurant à Bruxelles, à qui furent commandés, en 1467-1468, la nouvelle légende du sceau de la Toison d'or, ainsi que les sceaux, pour le Brabant, de la fille de Charles le Téméraire, Marie de Bourgogne.

Divers registres de comptes conservés aux Archives nationales nous font connaître encore d'autres noms: Jean de Saint-Mor, scelleur, grava en 1349, pour le duc de Normandie, un sceau et contre-sceau à sceller les sentences de l'Échiquier; Pasquier Bonivon ou Bouvion, de Paris, exécuta en 1398, par le commandement de la reine, deux sceaux d'argent pour le bailliage de Montargis; le registre qui renferme cette mention nous apprend de plus qu'un autre orfèvre de Paris, Mathelin Neveu, avait forgé et fourni la masse de ces deux sceaux; Pierre Huré, orfèvre de Paris, forgea et tailla lui-même, en 1404, deux paires de sceaux d'argent aux armes de la reine, pendant chacun à une grande chaîne du même métal, pour les bailliages de Melun et de Crécy; Arnoul de Bremel, graveur de sceaux à Paris, livra au duc d'Orléans, en 1404-1405, trois sceaux d'argent avec les chaînes et les contre-sceaux, l'un pour les Grands-Jours, l'autre pour le bailliage de Coucy, le troisième pour le bailliage de Soissons. Le même graveur fournit, à la même date, deux sceaux et contre-sceaux de laiton pour les tabellionages de Soissons et de Ham. Les registres du Parlement mentionnent, en 1413, J. de Dieppe, graveur de sceaux au Palais. On voit enfin par les comptes de l'Hôtel que J. l'Essayeur, orfèvre de Charles, duc d'Orléans, confectionne, en 1455-1456, un signet d'argent taillé aux armes du duc.

Nous avons pensé qu'il était convenable, avant de terminer cette introduction, de rappeler les noms trop peu connus de ces artistes modestes et tout récemment tirés de l'oubli, auxquels nous devons une des branches les plus florissantes de l'art du moyen âge.

Ornement tiré du ms. n° 70 de la Biblioth. de Laon.
xiiᵉ siècle.

LE COSTUME

AU MOYEN AGE

D'APRÈS LES SCEAUX

Ornement tiré du manuscrit latin n° 8846, à la Bibliothèque nationale, xiii° siècle.

Initiale du xiii° s., d'après le ms. n° 13 de la Bibliothèque de Laon.

Dans les pages qui précèdent, nous avons étudié les sceaux au point de vue de la matière, de la forme, de la dimension, de la couleur. Nous les avons considérés dans leurs rapports avec les actes. Le moment est venu d'examiner les sujets que l'on y voit figurés.

L'imagerie des sceaux affecte la plus grande variété : les uns représentent des rois, des seigneurs à cheval en costume de guerre ou de chasse, des dames, des ecclésiastiques de tout rang, séculiers ou réguliers; d'autres nous offrent des emblèmes héraldiques, des monuments, des attributs de métier, des objets mobiliers. Certains mettent sous nos yeux des légendes pieuses, des martyres; quelques-uns portent l'empreinte de pierres gravées, antiques, de la décadence ou appartenant au moyen âge. Enfin, on rencontre encore, à côté d'ornements de pure fantaisie, des dessins d'animaux et de plantes, empruntés à la faune ou à la flore de ces temps éloignés.

Nous ne devons nous occuper ici que des sceaux fournissant des éléments à l'étude du costume, que des types à personnages. En les passant avec soin en revue, en mettant en lumière ce qu'ils enseignent, nous espérons montrer combien les sceaux méritent de fixer l'attention, et faire sentir qu'il n'est pas possible de donner une histoire complète du costume sans les avoir consultés. Où pourrait-on du reste trouver, ailleurs que sur les sceaux, une si grande quantité d'exemples joignant à l'exécution la plus précise et la plus délicate l'inappréciable avantage de porter avec eux une date certaine?

Ornement tiré du ms. n° 230 de la Biblioth. de Laon,
xiii° siècle.

Ornement tiré du manuscrit latin n° 8846, à la Bibliothèque nationale, xii° siècle.

COSTUME ROYAL

ou

DE MAJESTÉ

Initiale du xii° s., ms. n° 108, à la Bibl. de Laon.

ÉROVINGIENS. — La représentation barbare des souverains de la première race consiste en une tête ordinairement vue de face, à longs cheveux partagés sur le milieu du front, avec peu ou point de barbe ; une croix l'accompagne de chaque côté (fig. 21).

CAROLINGIENS. — Les Carolingiens ont imité dans leurs intailles un type très antérieur à leur époque, ou se sont servis de pierres antiques. Le type qui leur est propre nous les montre en buste de profil, les cheveux courts, le manteau agrafé sur l'épaule, la tête laurée. Zuentebold, roi de Lorraine, est le seul qui ait ceint le diadème.

Lorsque les Carolingiens ont confié à des pierres anciennes le soin de confirmer leurs diplômes, leur choix ne s'est pas égaré. Ils se sont adressés aux divinités de l'Olympe, aux empereurs romains. Charlemagne emploie la figure de Marc-Aurèle et, après son couronnement, l'empreinte d'un Jupiter Sérapis ; Pépin Ier, roi d'Aquitaine, emprunte la tête d'Auguste ; Louis le Débonnaire scelle avec un buste de Commode ;
Lothaire Ier se sert de l'effigie d'Alexandre Sévère.

Fig. 21. — Childebert III. 695-711.

Fig. 22. Charlemagne, 774. Pierre gravée antique représentant le buste de Marc-Aurèle.

Fig. 23. — Louis le Débonnaire, 810. Pierre gravée antique représentant le buste de Commode.

CAPÉTIENS. — Avec les Capétiens va paraître le type dit *de majesté*. A l'exception de Robert, vu seulement à mi-corps, les sceaux représentent ces rois en entier, assis de face sur un trône, revêtus de deux tuniques, le manteau royal attaché sur l'épaule, couronnés, tenant le sceptre.

La Chevelure. — Les cheveux, courts chez Robert,

Henri Ier, Philippe Ier et Louis le Gros, deviennent longs et flottants sur les épaules dans les types de Louis VII, de Philippe-Auguste, de Louis VIII. Ils diminuent ensuite de façon à ne pas dépasser la naissance du cou chez saint Louis, Philippe le Hardi, jusqu'à Henri II et ses successeurs, qui reprennent l'usage des cheveux courts.

La Barbe. — Les premiers Capétiens, Robert, Henri Ier, Philippe Ier, portent toute la barbe. Raccourcie chez Louis VI, elle paraît rasée chez Louis VII, l'est complètement chez Philippe-Auguste et tous les autres souverains, jusqu'à l'avènement de Henri II qui la remet en faveur.

L'Habillement. — L'habillement apparent des rois de la troisième race se compose d'une tunique ou robe de dessous, d'une autre tunique ou dalmatique posée sur la précédente, et d'un manteau.

Henri Ier, Philippe Ier, Louis VI portent une dalmatique à manches étroites allant jusqu'au poignet, à jupe descendant à mi-jambes et retenue par une ceinture. Elle cache entièrement la robe de dessous. Le manteau court, le *sagum*, est attaché sur l'épaule droite par une agrafe de perles ou de pierreries disposées quelquefois en fleuron.

Chez Louis VII, Philippe-Auguste (fig. 24) et Louis VIII, la dalmatique reste la même, seulement sa jupe est fendue sur les côtés et laisse voir la tunique de dessous qui, plus longue, descend sur les pieds.

Le manteau, devenu plus ample et bordé d'un large galon d'or qu'on appelait *orfroi*, est retenu sur l'épaule par un nœud de l'étoffe.

Sur les sceaux de saint Louis, de Philippe le Hardi, la dalmatique prend des manches larges, qui ne dépassent pas la moitié de l'avant-bras. La jupe, ornée d'une riche bordure, s'arrête à mi-jambes et laisse voir la robe de dessous, dont les manches étroites atteignent le poignet, et dont le bas tombe jusqu'aux pieds. Le manteau devient la chlamyde antique. Bordé d'un large galon fleurdelysé, il est attaché sur l'épaule droite par un fermail en fleur de lys, ou par une agrafe ornée d'une grosse perle ou d'une pierre fine.

Fig. 24. — Philippe-Auguste, 1180.

Sous les règnes suivants, la dalmatique s'allonge de telle sorte que, descendant presque aussi bas que la robe chez Philippe le Bel, elle la cache entièrement chez les successeurs de ce roi, et ne laisse voir que le bout des manches. De plus, la ceinture disparaît; le vêtement devient ample et flottant. Voici comment est inventoriée une dalmatique du roi Charles V : « Ung dalmatique de satin azuré à fleurs de lys d'or, orfroisié à perles tout autour, et doublé comme dessus (de satin vermeil), fermant sur les deux espaulles à quatre gros boutons de grossettes perles, et en chascun d'iceulx, a ung chaston d'un ballay d'Orient ou mylieu. »

A partir de Charles VIII, le costume royal s'enrichit d'un camail d'hermine posé sur le manteau.

Enfin, sous Louis XII, François I" et Henri II, les manches de la dalmatique se raccourcissent et ne dépassent pas le milieu du bras.

Malgré l'usage si fréquent au moyen âge de porter des agrafes, des fermaux précieux, des bijoux artistement travaillés, le costume de nos rois a gardé, sur les sceaux,

Fig. 25. — Saint Louis, 1240.

une grande sévérité. Le type de majesté de Charles VII présente seul un ornement particulier. On distingue sur la poitrine du souverain un joyau en forme de quintefeuille ou d'étoile à pointes arrondies.

La couronne. — La couronne royale est ouverte et rehaussée de quatre fleurons ou fleurs de lys. Très simple chez Robert, Henri I", elle s'enrichit ensuite de perles, de pierreries ou d'un travail plus précieux chez Philippe I", Louis VI, Louis VII, Philippe-Auguste, saint Louis, etc. Dans la couronne de

Philippe le Long, les fleurons sont séparés chacun par un appendice muni d'une perle; quatre fleurons plus petits, au lieu de perles, accompagnent les quatre grands fleurons de la couronne de Charles V.

En l'absence du grand sceau, les souverains ont employé un sceau plus petit, où la couronne royale se trouve reproduite dans des proportions plus grandes et avec des détails d'ornementation que l'on ne rencontre pas dans les types *de majesté*. C'est sur le sceau de régence qui servait pendant la deuxième croisade de saint Louis qu'est figurée la couronne dont nous donnons ici le croquis.

Fig. 26. — Sceau de régence. Deuxième croisade de saint Louis, 1270.

Le sceau de régence de Philippe le Hardi représente également en plus grand la couronne de France. Dans un type de Louis XI, pour servir en l'absence du type *de majesté*, la couronne est rehaussée de huit fleurs de lys, séparées chacune par un élégant appendice trifolié, tandis que sur les autres sceaux du roi la couronne comporte seulement quatre fleurons, accompagnés chacun d'un fleuron plus petit.

Sous Henri II la couronne royale est fermée.

Les images fournies par les sceaux ne peuvent nous donner que des idées d'ensemble. La petite dimension de ces monuments n'a pas permis aux graveurs de reproduire en détail l'orfèvrerie et les bijoux qui décoraient la couronne de nos souverains. Heureusement, les comptes sont plus explicites; quelquefois même ils réussissent à satisfaire entièrement notre curiosité. Tel est l'Inventaire des meubles de Charles V, de l'an 1380, dont nous extrayons ce qui suit :

« La très grant, très belle et la meilleure couronne du Roy, laquelle il a fait faire. En laquelle a quatre grans florons et quatre petiz, garniz de pierrerie. Et en chacun des grans florons, c'est assavoir : au maistre floron, endroit le chappel, a ung très grant ballay carré, acosté de deux grans saphirs, et aux quatre coings du dit ballay carré a, en chascun, une très grosse perle; et au dessus du dit ballay, a ung autre ballay carré au dessus duquel a deux perles et ung dyamant ou mylieu, et au dessus, ung autre ballay long sur le ront, où au dessus a pareillement deux perles et ung dyamant. Et ou mylieu du dit floron, a un grant saphir à huit costés, au dessus duquel a ung dyamant. Et ou chef du dit floron, a ung gros ballay cabouchon et, aux deux costez, deux balays carrez à l'environ desquels a quatre grosses perles. Et aux costez du dit saphir, a en chascun costé, troys balays à ung dyamant et troys perles entre deux. Et en chacune pointe de dessoubz, la dicte fleur de lys a une troche de troys perles et ung dyamant ou mylieu. Et ou chef du dit floron, a une troche de cinq très grosses perles et ung dyamant ou mylieu. Et ou petit floron de la dicte couronne, a au chappel ung très grant saphir acosté de quatre balays, au dessus duquel saphir a ung ballay carré, et ou mylieu du dit floron, ung gros ballay cabouchon à l'entour duquel a troys saphirs et quatre perles. Et au chef du dit floron, a une troche de troys perles et ung dyamant ou mylieu. Et ainsi se poursuivent tous les dits florons en nombre de pierrerie. Et oultre, a au chappel huit bastonnetz dont en chacun a quatre grosses perles.

« Et est l'aumuce de la dicte couronne de veluiau azuré, sur laquelle a une croisiée d'or garnie de pierrerie, c'est assavoir : de huit balays, huit saphirs et de trente six perles. Et au dessus, a un très grant et très gros saphir où dessus a rivé une très grosse perle. Et sur le veluiau de la dicte aumuce, a douze fleurs de lys d'or cousues. »

Le sceptre et le bâton de justice. — Le roi Robert n'a pas de sceptre, à moins qu'on ne veuille donner ce nom au double fleuron qu'il tient de la main droite; le sceptre de Henri Ier consiste en un bâton surmonté d'une croix.

Philippe Ier et Louis VI tiennent un sceptre fleuronné; sur les sceaux de Louis VII, de Philippe-Auguste et de Louis VIII, il est terminé par un petit fleuron enchâssé dans un losange orné d'une pommette à chacun de ses angles. A partir de saint Louis, le sceptre redevient fleuronné, c'est-à-dire se termine par un fleuron libre, fleuron de fantaisie variant dans ses détails et dans sa proportion. Cette dernière forme va continuer ainsi pendant une longue série de rois. Seulement, dès le sceau de Louis le Hutin, le sceptre aura pour pendant le bâton de justice. Tandis que les

Fig. 27. — Louis le Hutin, 1315.

rois précédents tenaient, dans la main qui ne portait pas le sceptre, un monde, un trident à pointes surmontées de troches de perles, un fleuron ou une fleur de lys, Louis le Hutin et ses successeurs auront le bâton de justice.

Parmi les habits et joyaux ordonnés pour le sacre

des rois de France et remis en garde à l'abbaye de Saint-Denis par le roi Charles V, le 7 mai 1380, on remarque « ung ceptre d'or pour tenir en la main du Roy, pesant environ neuf marcs, dont le baston est taillé à compas de neus et de fleurs de lys; et est la pomme du dit baston, taillée de haulte taille d'estore de Charlemaigne, garny de troys ballays, trois saphirs,

Fig. 28. — Henri Ier, 1035.

troys troches, dont en l'une a quatre grosses perles et ung dyamant ou mylieu. Et au dessus et au dessoubz de la dicte pomme, a sezes perles et sur la dicte pomme, a un lys esmaillé d'esmail blanc, sur lequel lys est assis en une chayère d'or saint Charles qui fut empereur de Romme. Et sur le devant de sa couronne, a ung petit ruby d'Orient, et le fruitelet de la dicte couronne est d'une grosse perle. Et est le dit ceptre en ung estui brodé de veluiau azuré semé de fleurs de lys et garny d'argent doré. »

Le trône. — L'imagerie des trônes commence en 1035. A cette date, le sceau de Henri Ier représente ce roi sur un trône d'architecture, sorte de banc garni d'un coussin, muni d'un dossier triangulaire et d'un marchepied.

Ce modèle n'a eu qu'une fort courte durée. Dès 1082, sous Philippe Ier, le trône consiste en un siège pliant, en forme d'X, à têtes et à pieds d'animaux ; les pieds du roi reposent sur un tapis ou sur un escabeau treillissé à fleurs. Telle est en général la manière dont le trône est figuré sur les sceaux royaux

Fig. 29. — Louis XII. 1498.

jusqu'à Charles VII, sauf quelques modifications ou embellissements qui vont être mentionnés. Ainsi, les bras du pliant royal sont ordinairement décorés de têtes de lion, mais on rencontre des têtes de chien, de dragon, dans les trônes de saint Louis, de Philippe le Hardi. Pour le siège d'apparat du roi Jean, on a employé des aigles, sans doute par allusion à l'aigle de saint Jean. Des têtes de dauphin ornent le pliant de Charles V, celui de Charles VII. Le trône de Charles VI a des bras terminés par une fleur de lys sortant de la corolle d'un lis naturel. Sous Philippe le Bel, le siège se couvre d'une draperie, d'un poêle,

Fig. 30. — Charles VII, 1444.

et il en sera désormais toujours recouvert. Une tapisserie à compartiments fleurdelysés est tendue derrière les trônes de Philippe le Long et de Philippe de Valois. Dès le roi Jean, deux lions couchés, sur lesquels reposent les pieds du souverain, remplacent l'escabeau ; un petit dais d'architecture est placé au-dessus de sa tête. La tenture, semée de France, que l'on a vue commencer avec Philippe le Long, vient, sous Charles VII, rejoindre le dais et former ainsi un pavillon qui, sous Louis XII (fig. 29) et Henri II, sera soutenu par deux anges.

A partir de Louis XI, le pliant à têtes d'animaux disparaît. Les bras du trône présentent l'aspect de deux bornes recouvertes d'une draperie. C'est par exception que l'on trouve quelquefois un banc en forme de stalle couronnée d'un dais, fermé de trois côtés par une boiserie délicatement sculptée, tantôt pleine, tantôt à colonnettes à jour. Ces trônes figurent particulièrement sur les sceaux ordonnés en l'absence du grand sceau *de majesté*. On pourra les étudier dans les types de Charles VII (fig. 30), de Louis XI et de Charles VIII.

Ornement tiré du ms. n° 64 de la Bibl. de Soissons, XIIIᵉ siècle.

Ornement tiré du Psautier de saint Louis, manuscrit du XIIIe siècle, à la Bibliothèque nationale.

VÊTEMENT FÉMININ

Initiale du Psautier de saint Louis, manuscrit du XIIIe siècle, à la Bibliothèque nationale.

ES sceaux des dames appartenant à la noblesse fournissent seuls des notions sur le vêtement féminin. Le type qu'ils représentent, le même pour tous les rangs, depuis la souveraine jusqu'à la femme du simple gentilhomme, se rapporte à la tenue de cérémonie. Ce chapitre aura donc pour objet le costume d'apparat et ses modifications.

Les dames sont figurées ordinairement debout, quelquefois à cheval, très rarement assises, vêtues de deux robes ou, pour parler plus exactement, de deux tuniques et d'un manteau, coiffées à la mode du temps, gantées, tenant une fleur à la main ou un oiseau de vol sur le poing. Les reines, toujours debout, portent la couronne et le sceptre; c'est leur seul caractère distinctif.

Les deux Tuniques. — Les deux tuniques se passaient l'une sur l'autre; la tunique de dessous, par conséquent, ne paraît que lorsque la façon de la tunique de dessus le permet.

Dans les plus anciens types, de 1140 à 1230, la tunique de dessus est un *bliaud* très étroit, ajusté à la forme de la poitrine, des hanches et des bras. Une ceinture le retient quelquefois à la taille; sa jupe retombe jusqu'à terre. Les manches, à partir du poignet, se continuent en une longue pièce d'étoffe descendant presque aussi bas que la jupe. La tunique de dessous, le *chainse*, est complètement cachée.

Fig. 51.
Adèle de Champagne,
troisième femme de
Louis le Jeune, 1190.

Ainsi est habillée Mahaut, comtesse d'Évreux, en 1140-1180, — Élisabeth, comtesse de Flandre, en 1170, — Éléonore de Vermandois, comtesse de Beaumont, en 1177, — Adèle de Champagne, troisième femme de Louis le Jeune, en 1190, — Marie de France, veuve de Henri Iᵉʳ, comte de Champagne, en 1193, — Héla, vicomtesse de Châtellerault, en 1220. — On remarquera les manches de la comtesse d'Évreux, dont les extrémités sont relevées en anse de nœud coulant.

Vers 1230, le bliaud est remplacé par le *surcot*, vêtement sans manches, fendu de chaque côté pour laisser passer les bras, et fermant sur les épaules par des boutons. Le surcot n'a pas de ceinture. Sa jupe tombe jusqu'à mi-jambes et laisse voir, à partir de là, une tunique de dessous, appelée *cotte*, très ample et fort longue, mais à manches étroites. Marie, comtesse de Ponthieu, en 1230, — Mahaut, comtesse de Boulogne, en 1236, — et Alix, comtesse de Duras, en 1261, — ont porté cet habillement, dont on ne trouve plus de traces sur les sceaux à partir de 1275.

Fig. 32. — Mahaut, comtesse d'Évreux, 1140-1180.

Dès 1233, une nouvelle mode commence. Le surcot devient plus étoffé du corsage et de la jupe, ses manches plates s'arrêtent au poignet sans le dépasser ; une ceinture le noue à la taille. Le nouveau surcot cache entièrement la tunique de dessous. Il se montre pour la première fois dans le type d'Alix, comtesse de Mâcon, — continue avec Mahaut, comtesse de Boulogne, en 1239,

Fig. 33. — Marie, comtesse de Ponthieu, 1230.

— Laurette de Dampierre, fille du duc de Lorraine, en 1256, — Marie de Brabant, deuxième femme de Philippe le Hardi, en 1278, — et disparaît en 1290.

A cette dernière date, un autre changement s'opère. Les dames revêtent deux surcots, et celui de dessus, tout en restant ajusté des épaules, devient ample et flottant du bas. La jupe tombe librement sans ceinture et traîne jusqu'à terre. Ses manches larges ne dépassent pas le coude, tandis que les manches étroites du surcot de dessous viennent aboutir au poignet. C'est la *cotardie,* que l'on voit sur les sceaux de Jeanne de Châtillon, veuve de Pierre d'Alençon, en 1290, — d'Isabelle de Pacy, en 1313, — d'Alix de Nesle, femme de Jean de Chalon, en 1314, — de Blanche de Navarre, deuxième femme de Philippe de Valois, en 1368.

Fig. 34.
Alix de Nesle,
femme de Jean
de Chalon, 1314.

Au milieu du quatorzième siècle, les manches de la cotardie deviennent pendantes à partir du coude, tantôt très longues, tantôt finissant au-dessus du genou (fig. 36). Dans certains modèles, la jupe prenant encore plus d'ampleur, les dames relèvent ses plis d'une main ou les portent sous leur bras, et ce geste communique à leur maintien une noblesse élégante. Le costume de Jeanne de France, duchesse de Bourgogne, en 1340, — de Jeanne de Bourgogne, première femme de Philippe de

Valois, en 1344, — d'Yolande de Flandre, duchesse de Bar, en 1373, — appartient à ce genre d'habillement.

Ajoutons que, selon l'usage général au moyen âge, ces cotardies se doublaient de menu vair et se bordaient de fourrures plus précieuses.

Mais un autre surcot bien différent s'était produit à la même époque. La fente du surcot du treizième siècle, destinée d'abord au passage des bras, puis agrandie de façon à laisser voir la riche ceinture qui se portait sur la cotte, ne suffisait pas à la coquetterie féminine. Les dames du quatorzième siècle voulurent montrer mieux et plus que la ceinture. La fente de leur surcot devint une large

Fig. 35.
Yolande de Flandre,
duchesse de Bar, 1373.

Fig. 36.
Yolande de Flandre,
duchesse de Bar, 1373.

échancrure par où l'on pouvait apercevoir un corsage très ajusté et dessinant les formes avec exactitude. La partie supérieure du surcot ainsi entr'ouvert se recouvrait d'une petite mante de fourrure fendue sur les côtés. Ces détails se remarquent sur les sceaux de Jeanne de France, duchesse de Bourgogne, en 1340, et de Jeanne de Clermont, comtesse d'Auvergne, en 1386.

Ces deux formes de vêtement durent jusqu'à la fin du quatorzième siècle, moment où les dames qui ne sont pas souveraines cessent d'être figurées sur les sceaux.

L'ouverture de la tunique autour du cou, l'encolure, est d'ordinaire taillée en rond, quelquefois ouverte en cœur comme sur les sceaux de Blanche de Navarre, en 1210, — d'Yolande de Bretagne, en 1259, — de Jeanne de Thocy, femme de Thibaud II, comte de Bar, en 1267, — ou coupée en carré comme dans le type de Jeanne de France, reine de Navarre et comtesse d'Évreux, en 1336. C'était sur le devant de l'encolure et pour fermer la fente du corsage que les dames plaçaient le bijou appelé *fermail* ou *afiche*, sorte de broche incrustée de pierreries dont les types de Marguerite, vicomtesse de Thouars, en 1227, — de Mathilde, femme d'Alfonse, comte de Boulogne, en 1239, — de la reine Blanche, mère de saint Louis, en 1248, — de Jeanne de Châtillon, comtesse d'Alençon, en 1271, offrent des exemples variés.

Fig. 37.
Marguerite,
vicomtesse de
Thouars, 1227.

Les sceaux ne comportent pas les détails qui nous indiqueraient la nature des tissus, leur qualité et leur ornementation. Mais ils nous montrent certains surcots d'apparat brodés d'armoiries. En 1233, Marguerite de Quincy, comtesse de Winchester, revêt un surcot armorié de *mâcles;* Marie de Crécy,

Fig. 38.
Marguerite de Quincy,
comtesse de Winchester, 1233.

femme de Milon de Noyers, s'habille, en 1284, d'un surcot chargé d'*une aigle;* Isabelle de Beaumont, en 1290, est vêtue aux armes de sa famille : *le gironné au lambel;* Jacqueline, femme de Gui le Bouteiller, en 1297, porte les armes de son mari et les siennes : *un écartelé plein, parti de trois bandes sous un chef au lambel.*

Quant aux autres ornementations moins spéciales, elles sont fort rares. Nous ne pouvons citer qu'un corsage enrichi de broderies, celui de la femme de Guillaume de Pierre-Pertuse, en 1240.

Fig. 39. Jacqueline, femme de Gui le Bouteiller, 1297.

Fig. 40. — Mahaut, comtesse de Boulogne, 1239.

LA CEINTURE. — Au moyen âge comme de nos jours, la ceinture avait pour but de serrer la tunique à la taille. Mais, à cette époque, l'utilité n'était qu'accessoire et la ceinture servait surtout de prétexte au déploiement du plus grand luxe, à l'étalage de la fortune. Dans son testament de 1349, en faveur des carmes de Paris, la reine de France Jeanne mentionne : « Nostre ceinture en laquelle nous fumes sacrée, toute de balais et esmeraudes et à perles ». Les sceaux reproduisent fort simplement ce riche détail du costume féminin. On remarque cependant dans le type de Mahaut, femme d'Alfonse, comte de Boulogne, en 1239, la ceinture brodée d'une serpentine et dont l'extrémité retombe jusqu'au bord de la jupe. L'aumônière de la comtesse y est suspendue sur la hanche gauche. On y accrochait aussi d'ordinaire les patenôtres, transformées alors en bijoux à la mode.

Le Manteau. — Jusqu'à la fin du douzième siècle, les dames portent la chape, manteau attaché devant

Fig. 41.
Adèle, comtesse de Soissons, 1186.

la poitrine où une agrafe maintient les deux bords rapprochés. Il est plus court que le reste de l'habillement. Seule, Adèle de Soissons, en 1186, revêt l'ancienne chlamyde, attachée sur l'épaule à la façon des hommes.

A partir de 1210, les bords du manteau, distants l'un de l'autre, sont retenus par un cordon assez lâche que la dame tend d'une main. L'attache qui sert à maintenir le manteau de Marguerite de Valois, comtesse de Blois, en 1316, est arrêtée au bord de l'étoffe par une fleur d'orfèvrerie qui rappelle le nom de la comtesse, une marguerite. La longueur de ce manteau égale celle de la tunique. On voit que cette chape ne rappelle plus que de loin le vêtement ecclésiastique dont elle tire pourtant son nom et son origine.

L'usage est encore au quatorzième siècle de porter,

sur le surcot échancré, un manteau formé de deux pièces : l'une sur le devant, très petite, descendant un peu plus bas que la poitrine; l'autre, plus longue, tombant par derrière. Les deux pièces se réunissent sur chaque épaule, laissant le bras tout à fait libre et découvert. La duchesse de Bourgogne, Jeanne de France, en 1340, et Jeanne de Clermont, comtesse d'Auvergne, en 1386, semblent parées de cette petite mante qu'on appelait le *corset fendu*.

Fig. 42.
Perrenelle de Maubuisson,
1247.

Les manteaux étaient doublés de fourrure, le plus souvent de menu vair, rarement d'hermine. Celle-ci

se rencontre plus particulièrement chez les dames de Bretagne, désireuses de rappeler dans leur costume les armes de ce duché. On croit déjà reconnaître du vair à la doublure du manteau d'Adèle de France, en 1187; il est très distinct à partir de 1226. Perrenelle de Maubuisson (1247), en écartant le pan de son manteau, semble vouloir nous montrer le vair qui le double.

Fig. 43.
Yolande de Bretagne,
fille de Pierre Mauclerc,
1259.

LES GANTS. — Les sceaux représentent les dames gantées. Le gant, indispensable surtout pour la main qui portait l'oiseau, était, d'après les comptes, où il est appelé *gant* d'*oiseau, gant fauconnier*, de peau résistante, de chamois ou de daim. Il montait presque jusqu'au coude. On en rencontre des exemples très nets sur les sceaux d'Yolande de Bretagne, fille de Pierre Mauclerc (fig. 43), en 1259, — de Marguerite des Barres, femme de Jean Chabot, en 1289, — d'Isabelle de Beaumont, en 1290.

La Coiffure. — Dans les types les plus anciens, dès 1140, les dames portent leurs cheveux séparés sur le milieu du front et tombant le long des épaules en deux grosses tresses, une de chaque côté. Telle est la coiffure d'Éléonore de Vermandois, en 1177, dont les tresses descendent jusqu'à mi-jambes, — d'Héla, vicomtesse de Châtellerault, en 1220, — de Béatrix, comtesse de Chalon, en 1223. — Ce genre de coiffure a duré jusqu'en 1240, mais il s'est continué dans les types des reines. Marguerite de Provence, veuve de saint Louis, porte en 1294 deux tresses pendantes sous une couronne à quatre fleurons.

Fig. 44. — Béatrix, comtesse de Chalon, 1223.

L'artiste qui voudra reproduire une scène de cette époque ne devra pas perdre de vue que les femmes n'avaient pas le droit, au moyen âge, d'entrer la tête nue dans une basilique; elles devaient la couvrir du pan de leur manteau ou d'un voile. La coiffure en cheveux n'est donc en usage que dans le monde. Il est bon d'ajouter encore que, jusqu'au moment de leur mariage, les jeunes filles laissent leurs cheveux flotter en liberté sur les épaules.

Dès 1214, les dames se coiffent d'une petite toque ou mortier garni d'un ruban qui passe sous le menton. C'est le *chapeau;* tantôt très bas et très plat, tantôt élargi du fond, quelquefois élevé et à cannelures ou à godrons comme un bonnet de juge. On le pose d'abord sur les tresses. Mais bientôt les cheveux sont relevés en deux chignons, un de chaque côté, ou en un seul chignon par derrière, et pris dans une coiffe couverte d'une résille nommée *crépine.* La crépine se fixait à la coiffe au moyen d'un *tressoir* enrichi, pour les privilégiées de la fortune, de perles et de pierres précieuses. La reine Jeanne d'Évreux, femme de Charles le Bel, s'exprime ainsi dans son testament : « Nos tressons d'orfaverie qui sont de rubis d'Alexandrie, d'esmeraudes et de perles. » Des modèles variés du chapeau se voient sur les sceaux d'Élisabeth, comtesse de Flandre, en 1170, — d'Élisabeth, comtesse de Chartres, en 1218, — d'Alix, comtesse d'Eu, en 1219, — d'Adèle de Nanteuil, en 1228, — de Mahaut, comtesse de Bourgogne, en 1237, — d'Alix, comtesse de Duras, — de Jeanne de Chà-

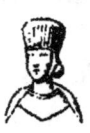

Fig. 45. Adèle de Nanteuil, 1228.

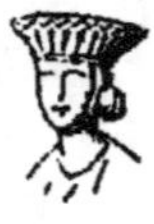
Fig. 46. Mahaut, comtesse de Bourgogne, 1237.

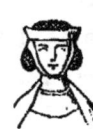

Fig. 47. Jeanne, dame de Château-villain, 1261.

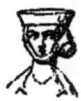

Fig. 48. Jeanne, comtesse de Bar, 1267.

teauvillain, en 1261, — et de Jeanne de Thocy, comtesse de Bar (fig. 48), en 1267.

Le chapeau est porté pendant tout le treizième siècle, soit seul, soit combiné avec un voile qu'on appelait le *couvre-chef*.

La coiffure en voile commence à paraître sur les sceaux en 1224. Elle consiste en une pièce d'étoffe légère, posée sur la tête et tombant en plis sur les épaules. Cette mode existe encore en 1376. On en remarque de bons spécimens dans le type de Marguerite de Constantinople, comtesse de Flandre, en 1244, et dans celui de Laurette de Dampierre, en 1256.

Fig. 49.
Marguerite de Constantinople, comtesse de Flandre. 1244.

Voici des exemples de coiffure où le couvre-chef se combine avec le chapeau : Alix de Bretagne, en 1257, — Jeanne de Vierzon, en 1274, — Marguerite des Barres, en 1289, — Sédille, dame de Chevreuse, en 1290, — Marguerite de Sicile, en 1296, portent ce voile posé sur le chapeau.

Fig. 50.
Alix de Bretagne,
1257.

Nous ne quitterons pas le treizième siècle sans parler d'un arrangement qui semble particulier aux dames veuves. Il consiste en ce que la pièce de linge qui couvre les épaules, entoure le cou et encadre le visage des veuves, la *guimpe*, vient se rattacher de chaque côté de la coiffure, d'où quelquefois ses extrémités retombent en voile sur chaque épaule. Cette particularité se remarque sur les sceaux de Marguerite, veuve de Simon de Verneuil, en 1277, — de Jeanne de Châtillon, veuve de Pierre d'Alençon, en 1290.

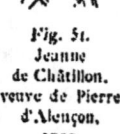
Fig. 51.
Jeanne de Châtillon, veuve de Pierre d'Alençon, 1290.

Enfin, dans les mauvais temps, le *chaperon* était appelé à protéger les différentes coiffures qui viennent d'être énumérées. A cet effet, on munissait certains surcots d'un chaperon. Le surcot ainsi additionné s'appelait une *huque*.

Les sceaux du quatorzième siècle présentent, à sa seconde moitié surtout, une coiffure figurée par un simple diadème orné de perles ou de bijoux. C'est le *chapeau d'orfèvrerie*, le *chappel d'or* qui se portait déjà du temps de saint Louis.

Fig. 52.
Jeanne de France, duchesse de Bourgogne.
1340.

Il se met d'abord par-dessus le couvre-chef, comme dans le type de Jeanne de France, duchesse de Bourgogne, en 1340. Puis, lorsque les dames prennent, vers la fin de ce siècle, la mode de

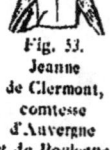
Fig. 53.
Jeanne de Clermont, comtesse d'Auvergne et de Boulogne,
1386.

natter leurs cheveux sur les joues en les relevant derrière l'oreille, le chapeau d'orfèvrerie se pose sur la coiffure en cheveux. C'est ainsi qu'est représentée Jeanne de Clermont, comtesse d'Auvergne et de Boulogne, en 1386.

Nous lisons dans les comptes d'argenterie du roi Jean : « à Jean Luissier pour la vente d'un chappel d'or, garni de douze balais, de vingt esmeraudes, de seize diamans et de quarante grosses perles, 1,560 livres; à Benoît Girard pour la vente d'un cercle d'or garni de pierreries, 4,000 escus. »

Les reines gardent toujours sur les sceaux la couronne et le sceptre. Déjà nous avons eu l'occasion d'étudier, au chapitre des rois, ces attributs du rang suprême. Les couronnes et les sceptres des souveraines n'ont rien à leur envier en richesse. On en jugera par la description que nous a laissée dans son testament la reine Jeanne d'Évreux : « C'est assavoir : une couronne à cinc grans florons et à cinc petiz; ou cors de chascun grant floron, a une grosse esmeraude et quatre balais entour et quatre dyamans, et au dessus ou floron, a quatre balais et cinc esmeraudes, et huit perles et deux dyamans ou pié du dit floron. Et en chacun des petiz florons, a entour deus grans balais et quatre esmeraudes et douze perles en trois, et dessus, a deus balais et quatre esmeraudes, et trois perles dessus en haut. Et y a sur le tout, soixante balais, soixante dix esmeraudes que grans que petites, trente dyamans et cent et quinze perles. Et poise la dite couronne sur le tout, or et pierreries : cinc mars, quinze estellins. — *Item* : nostre fleur de lys d'or (c'est le fleuron du sceptre) que nous eusmes à noz noces et à nostre couronnement, où il a seize balais, quatorze esmeraudes et vint et cinc perles. »

L'imagerie des sceaux représentant les femmes

avec des vêtements qui tombent sur les pieds, il nous serait difficile de nous rendre un compte exact de leur chaussure, si nous ne savions par d'autres témoignages qu'elles chaussaient un soulier léger, découvert d'empeigne, et dont le quartier élevé présentait deux appendices qui venaient s'attacher sur le cou-de-pied. Elles portaient aussi des bottes, comme nous l'apprennent les comptes de la reine Isabeau de Bavière, en 1389 : « pour avoir fourré de rays des bottes de cuir blanc ».

Vers la fin du treizième siècle, les tailleurs de sceaux ont figuré les dames debout sous un léger édifice gothique. Cet encadrement, composé, dès le principe, de deux colonnettes soute-

Fig. 54. — Jeanne de France, reine de Navarre et comtesse d'Évreux. 1336.

nant un arc brisé en trèfle, s'est ensuite compliqué d'élégants motifs empruntés à l'architecture du temps. Aux simples colonnettes ont succédé des édicules de fantaisie, composés de plusieurs étages et quelquefois habités par des anges. Le sceau de Jeanne de France, reine de Navarre et comtesse d'Évreux, en 1336, donnera une idée de ce riche et délicat travail de gravure.

Le type des dames assises n'offre rien de particulier; on ne le rencontre plus passé le douzième siècle.

Les dames à cheval sont vêtues comme les dames debout, mais le costume est plus court. Elles montent une haquenée dressée à cette allure qu'on appelle l'amble ; un chien de chasse les accompagne. Le sceau d'Alix, comtesse de Duras, en 1261, nous offre un des types les plus complets de dame à cheval. Coiffée d'un chapeau à mentonnière, les cheveux relevés en chignon, la comtesse est revêtue d'une cotte et d'un surcot à jupe courte, fendu à la place des manches. De la main droite elle tient les rênes, et de la gauche, gantée, donne l'essor à son faucon vers un oiseau qui s'envole. Le cheval, au poitrail orné de pendeloques, marche un amble allongé ; la couverture de la selle est découpée en lanières qui flottent. Sous le cheval, un lévrier poursuit un lièvre. Le sceau d'Alix, duchesse de Brabant, vers 1260, tout en donnant les détails figurés dans le type de la comtesse de Duras, présente un

Fig. 55. — Alix, duchesse de Brabant. 1260.

meilleur ensemble et plus d'action. Nous préférons le reproduire ici. On remarquera que la duchesse de Brabant porte la *huque*, sorte de surcot garni d'un chaperon.

Nous ne devons pas garder le silence sur une selle de femme que nous n'avons encore rencontrée qu'une fois sur les sceaux. Une *sambue* en forme de gaine, fendue sur le devant et soutenant par derrière le dos et les épaules, emprisonne jusqu'aux hanches le bas du corps de la dame de Pierre-Pertuse, en 1240. Les représentations équestres de dames durent une centaine d'années, de 1172 à 1278. Elles

Fig. 56.
La dame de Pierre-Pertuse.
1240.

ne reparaissent plus qu'avec les archiduchesses d'Autriche, au quinzième siècle.

On ne saurait refuser aux graveurs du moyen âge de brillantes facultés d'exécution. Ils savent traiter les détails avec une finesse exquise, tout en conservant leur valeur relative. Ils ont encore l'action, le mouvement, le sentiment du geste précis qui convient aux personnages.

Quelques-uns, mieux doués, semblent avoir entrevu un art plus élevé. Préoccupés par-dessus tout de l'ensemble et de ses justes proportions, ceux-ci ont recherché l'harmonie des contours, la grâce et la souplesse de la pose, qualités presque inconnues à leur époque. Le lecteur jugera d'après ce dernier croquis si l'auteur anonyme du sceau de Jeanne de Sainte-Croix, en 1286, appartient à ce groupe d'artistes privilégiés.

Fig. 57.
Jeanne, dame de Sainte-Croix, 1286.

Ornement tiré du Psautier de saint Louis, manuscrit du XIIIᵉ siècle, à la Bibliothèque nationale.

HABILLEMENT CHEVALERESQUE

Les pages qui vont suivre ont pour objet le costume de guerre et d'apparat sous lequel les seigneurs terriens avaient l'habitude de se faire représenter. Une série de sceaux qui reproduisent l'homme d'armes depuis la conquête de l'Angleterre, par Guillaume de Normandie, jusqu'aux premières années du seizième siècle, nous fournira les éléments de ce travail. Nous allons donc examiner successivement les diverses parties de l'habillement chevaleresque pendant cette longue période ; *armes défensives* : armure de corps, ailette, heaume ou casque, bouclier, éperons ; *armes offensives* : épée, lance ; sans oublier le *harnachement* du cheval.

Mais, avant d'entrer en matière, il ne sera pas inutile de rappeler le but que nous nous sommes

Initiale du XIIIᵉ s., d'après la *Vie de saint Denis*, manuscrit latin nº 1098, à la Bibliothèque nationale.

proposé. Quelque variés et nombreux que soient les renseignements apportés par les sceaux, nous ne prétendons nullement donner ici une histoire complète de l'habillement. Notre ambition tend surtout à faire entrer dans le domaine de l'archéologie, au moyen de monuments figurés à date certaine, de nouveaux éléments d'étude et de critique.

D'autres pourront tirer de ces recherches des conséquences plus générales ; pour nous, renfermé dans la sigillographie, notre rôle se bornera à enregistrer ce qu'elle enseigne.

L'ARMURE

§ 1. ONZIÈME ET DOUZIÈME SIÈCLES

LE plus ancien habillement de guerre représenté sur les sceaux ne diffère pas de celui que l'on voit figuré dans la tapisserie de Bayeux. Le privilégié à qui sa naissance assignait la profession des armes et donnait le droit de combattre à cheval, revêtu de l'armure complète, *le chevalier* porte à cette époque une tunique descendant au-dessous du genou, munie d'un capuchon pouvant se rabattre sur la tête, à manches s'arrêtant au poignet. Cette tunique, faite de peau ou d'étoffe de plusieurs doubles, est renforcée de plaques de métal ou d'anneaux cousus sur elle très près les uns des autres, ou de bandes ferrées formant treillis ; alors elle s'appelait la *broigne* ; d'autres fois elle est recouverte de mailles de fer entrelacées : dans ce cas c'est le *haubert*. La jupe, fendue devant et derrière jusques au haut des cuisses, descendait au-dessous du genou, et d'ordinaire une ceinture la serrait à la taille ; le capuchon défendait le cou, la tête et le bas du visage. La première tunique en recouvrait une seconde, le *bliaud*, fendue comme elle, mais plus ample et d'étoffe plus légère et plus souple. Enfin le vêtement apparent du chevalier se complète par des chausses d'une nature d'abord indistincte, mais armées dès 1163 comme la première tunique. C'est ce que démontreront les sceaux de Raoul de Fougères, en 1163, — de Robert de Vitré, vers 1158.

BROIGNE. — Gui de Laval, en 1095, porte une

Fig. 58. — Gui de Laval, 1095.   Fig. 59. — Raoul, comte de Vermandois, 1116.

broigne sans ceinture et dont le bout des manches s'évase en entonnoir pour la liberté du mouvement du poignet, précaution qui indique le peu de souplesse du vêtement. La garniture de fer consiste en plaques rondes, clouées à côté les unes des autres. — A la date de 1116, Raoul, comte de Vermandois (fig. 59), revêt une broigne treillissée en losange, à manches très larges. Gui de Chevreuse, en 1151, est armé d'une broigne quadrillée, à manches étroites s'évasant au poignet comme celles de Gui de Laval.

Haubert. — Plus rare d'abord que la broigne, d'une difficulté plus grande de fabrication, le haubert devait être porté seulement par de hauts personnages, par les chefs. Il avait sur la broigne l'avantage de mieux protéger le corps, que ses mailles entrelacées couvraient d'un réseau continu, impénétrable à la lance. Aussi la broigne est-elle délaissée vers le milieu du douzième siècle, tandis que le haubert se perfectionne et persiste à ce point que nous le verrons encore en usage au milieu du quatorzième siècle.

Fig. 60.
Thibaud, comte de Blois, 1138.

Parmi les nombreux monuments sigillographiques où l'on remarque ce vêtement défensif, nous citerons les sceaux de Guillaume le Conquérant, en 1069, — d'Hervé de Donzy, vers 1150, — de Thibaud, comte de Blois, en 1138, — de Guillaume, comte de Nevers, en 1140, — de Henri II, duc de Normandie, en 1151,

— de Bouchard de Montmorency, en 1177, — de Pierre de Courtenay, comte de Nevers, en 1184.

BLIAUD. — Caché d'abord par la première tunique, le bliaud commence à la dépasser au début du douzième siècle. On le rencontre pour la première fois sur le sceau de Thierri d'Alsace, comte de Flandre, en 1128, et mieux encore sur celui de Guillaume II, comte de Nevers, en 1140. La cotte armée s'arrêtant au genou, le bliaud descend jusqu'à mi-jambe.

Fig. 61. — Guillaume, comte de Nevers, 1140.

Chez Gui de Chevreuse, en 1151, le bliaud atteint le niveau des pieds; il le dépasse, en 1160, sur le sceau d'un seigneur nommé Raoul.

Quelques années plus tard, ce vêtement semble prendre modèle sur la robe des dames. Des manches d'une longueur démesurée s'échappent du poignet en flottant, les pans de la jupe ne s'arrêtent plus dans leur dimension exagérée. C'est ainsi que sont représentés Galeran, comte de Meulan, en 1165, et Conon, seigneur de Pierrefonds, en 1171. Les manches extravagantes sont bientôt délaissées, mais l'on conserve encore pendant quelque temps les

Fig. 62. — Galeran, comte de Meulan, 1165.

jupes flottantes comme en témoignent les sceaux de Gui de Garlande, en 1170, — de Robert Ier, comte de Dreux, en 1184, — de Mathieu de Montmorency,

Fig. 63. — Richard Cœur-de-Lion. 1195.

en 1193, — de Richard Cœur-de-Lion, en 1195, — d'Arthur Ier, duc de Bretagne, en 1202, — de Jean de Montchevreuil, en 1203.

§ 2. DE 1200 A 1350

GRAND HAUBERT. — Dès la fin du douzième siècle, on abandonne la lourde cotte ferrée. L'armure de mailles, seule, sans doublure, forme le vêtement extérieur. Ses manches, au lieu de se terminer au poignet, se continuent en une poche enveloppant la main jusqu'au bout des doigts, le pouce seul restant isolé; à la coiffe, aussi de mailles, s'ajoute une calotte de fer, la *cervelière*, destinée à protéger le crâne; cachée sous le capuchon, une *gorgerette*, cravate en mailles ou en plaques de fer cousues sur du cuir ou de l'étoffe, augmente la défense du cou; la jupe, fendue comme il a été dit, finit au genou. Des chausses auxquelles étaient ajoutées des chaussures, également de mailles, venaient se fixer sous la jupe du haubert, au niveau de la ceinture, complétant ainsi un réseau de fer enveloppant entièrement l'homme de guerre. Tel est le *grand haubert*. Il se passait

Fig. 64.
Arthur, duc de Bretagne, 1202.

sur un habillement rembourré ou matelassé, nommé le *gamboison*, qu'il cachait complètement. La partie du grand haubert qui défendait les cuisses et les jambes recouvrait des chausses d'étoffe résistante ou de cuir.

Cette nouvelle armure, ou plutôt cette transformation du haubert du douzième siècle, se remarque sur les sceaux de Philippe d'Alsace, en 1170, — de Mathieu de Montmorency, en 1193, — de Richard Cœur-de-Lion, en 1195 (fig. 63), — de Thibaud III, comte de Champagne, en 1198. Elle est très nettement accusée dans les types d'Arthur Ier, duc de Bretagne, en 1202,

— de Jean de Beaumont, en 1217, — de Bernard V, comte de Comminges, en 1226, — de Robert de Pissy, en 1230.

Cotte d'armes. — Presque aussitôt après son apparition, le grand haubert est recouvert d'une cotte de toile ou de soie, sans manches, ordinairement serrée à la taille par un cordon ou par une ceinture, quelquefois flottante, surtout au quatorzième siècle, à jupe fendue devant et derrière, dépassant toujours la jupe du grand haubert et même, dans les types les plus anciens, descendant plus bas que les pieds.

Fig. 65.
Louis, fils de Philippe-Auguste, 1214.

La cotte d'armes est le plus souvent unie. C'est ainsi qu'on la voit représentée sur les sceaux de Gaucher de Joigny, en 1211, — de Louis, fils de Philippe-Auguste, en 1214, — d'Enguerran de Coucy, en 1223, — de Baudouin, comte de Guines, en 1235, — d'Alfonse, comte de Poitiers, en 1254, — de Pierre, comte d'Alençon (fig. 66), en 1271, — de Jean de Brienne, bouteiller de France, en 1288, — de Robert, comte de Flandre, en 1309, et ainsi jusqu'en 1348.

Quelquefois la cotte est ornée des armoiries du chevalier. Le premier exemple de cette variété se trouve, en 1225, sur le sceau de Savary de Mauléon ; sa cotte porte *un lion à la bordure besantée ;* — celle

Fig. 66. — Pierre, comte d'Alençon. 1271.

de Henri d'Avaugour, en 1231, porte *un chef*. — La cotte de Philippe, fils aîné de saint Louis, en 1267,

Fig. 67.
Savary de Mauléon. 1225.

Fig. 68.
Philippe, fils aîné de saint Louis. 1267.

est *semée de fleurs de lys*. — Celle d'Artaud de Roussillon, en 1270, porte *un échiqueté ;* — celle d'Othon, comte de Bourgogne, en 1294, *un billeté au lion;* — celle de Gui de Châtillon, en 1327, *trois pals de vair sous un chef;* — celle de Charles, dauphin de Viennois, en 1352, *de France, écartelé de Dauphiné.*

Lorsque, au commencement du quatorzième siècle, l'usage s'introduit d'attacher l'épée à l'armure par une chaîne, la cotte présente sur le devant de la poitrine une ouverture pour le passage de celle-ci, détail très distinctement indiqué sur les sceaux d'Othon, comte de Bourgogne, en 1302, — de Robert, comte de Flandre, en 1309, — de Louis Ier, comte de Flandre, en 1322, — de Guillaume, comte de Hainaut, en 1341, — d'Eudes, duc de Bourgogne, en 1348.

Fig. 69.
Louis Ier, comte de Flandre. 1322.

RONDELLES, GENOUILLÈRES. — Jusques en 1300, les sceaux représentent l'armure telle que nous venons de la décrire : haubert, cotte d'armes unie ou armoriée. En 1301, de nouveaux éléments viennent s'y ajouter : des rondelles sont appliquées aux genoux, des plaques de métal défendent le devant de la jambe. Le sceau de Jean de

Fig. 70.
Jean de Chalon, 1301.

Chalon nous initie le premier à ces perfectionnements.

Othon, comte d'Artois, porte, en 1302, non pas des rondelles comme Jean de Chalon, mais une genouillère, sorte de boîte en métal garantissant à la fois le genou et le jarret.

En 1352, une plaque protégeant le dessus du bras se montre sur le sceau de Charles, dauphin de Viennois ; elle est maintenue sur la maille par deux courroies ; l'épaule du dauphin est également défendue par une pièce composée de trois petites plaques oblongues.

Fig. 71.
Othon, comte d'Artois, 1302.

Fig. 72. — Charles, dauphin de Viennois. 1352.

§ 3. DE 1350 A 1500

HAUBERGEON. — Vers le milieu du quatorzième siècle, la mode des habits courts pour le costume de ville amène une révolution semblable dans l'armure. Le haubert est mis de côté et remplacé par le *haubergeon*, chemisette de mailles très fines, descendant jusqu'à mi-cuisse.

CAMAIL. — Il n'y a plus de capuchon. Un *camail* de mailles lacé au bassinet (fig. 73) défend les épaules, le cou et le bas du visage. Le gamboison est rejeté.

Pourpoint. — A la cotte d'armes légère, flottante, succède le *pourpoint* collant, sans manches, à plastron rembourré, plus court que le haubergeon. Les membres sont enveloppés dans des boîtes de fer se fermant par des charnières ou des courroies. Les extrémités sont défendues par des plaques articulées à recouvrement : gantelets à doigts séparés pour les mains, solerets de fer pour les pieds. A partir de ce moment, la *ceinture de chevalerie,* dont la présence sur les sceaux n'avait encore pu être affirmée, figure dans toute sa richesse au-dessus de la bordure du pourpoint, au niveau des hanches. Louis de Châtillon, comte de Blois, — Philippe de Rouvre, duc de Bourgogne, — et Louis II, comte d'Étampes, inaugurent, en 1361, ce nouveau costume, que l'on retrouve encore en 1485, chez Louis, duc d'Orléans, et même sur des sceaux du seizième siècle.

Fig. 73.
Tabellionage
de Pont-à-Mousson,
xv⁰ siècle.

Fig. 74. — Philippe de Rouvre,
duc de Bourgogne, 1361.

Le pourpoint, d'abord uni, ne tarde pas à s'armorier. Il est uni chez les seigneurs qui viennent d'être cités, tandis que le pourpoint de Jean Ier, duc de Lorraine (fig. 75), en 1367, — d'un autre duc de Lorraine, Charles le Hardi (fig. 79), en 1390, porte la *bande aux trois alérions*. Les ducs de Bourgogne de la maison de France ont leur pourpoint écartelé de *Bourgogne ancien et de Bourgogne moderne*. Mais la forme ordinaire de ce vêtement ne suffit pas à leur magnificence. Philippe le Hardi, Jean-sans-Peur, Philippe le Bon y ajoutent

Fig. 75. — Jean Ier, duc de Lorraine, 1367.

Fig. 76. — Philippe le Bon, duc de Bourgogne, 1424.

de grandes manches, fendues, à bords quelquefois découpés ; ils le compliquent de longues jupes qui flottent, bordées comme les manches.

Le lecteur pourra juger, par le beau sceau de Jean de Ligne (fig. 77), du luxe déployé dans le nouvel habillement de guerre. Il remarquera le pourpoint agrémenté de longues manches découpées à dents de scie et les grelots suspendus au bord de la jupe. Au côté droit du personnage paraît la poignée d'une dague passée dans la ceinture de chevalerie, tandis que l'épée est accrochée à gauche. Le sceau du sei-

Fig. 77. — Jean de Ligne, chambellan du roi, 1406.

gneur de Ligne nous fait connaître encore l'armure des membres dont nous allons bientôt parler.

Fig. 78. — Charles le Téméraire, 1486.

En 1454, chez Charles I*ᵉʳ*, duc de Bourbon, les longues manches seules sont conservées, la jupe devient derechef courte et collante; elle est de plus fendue sur chaque hanche chez Jean II, duc de Bourbon, en 1461, — Charles le Téméraire, en 1468. — Enfin, sur un sceau de 1501, Antoine, duc de Lorraine, est représenté en pourpoint armorié, à jupe roide, évasée, à godrons.

De même que la cotte d'armes, le pourpoint est percé d'une ouverture pour la chaîne de l'épée, jusque vers 1367, époque où ce système d'attache fut abandonné.

ARMURE DES MEMBRES. — L'armure en fer plat paraît avoir été appliquée d'abord aux membres inférieurs; bientôt après, le bras, puis l'épaule, ont profité de cette innovation, en sorte que dès 1390 Charles le Hardi, duc de Lorraine, nous apparaît avec l'armure complète des membres : défense d'épaule, brassarts, coudières, canons, gantelets; cuissots, genouillères, grèves et solerets à longue pointe dite *à la poulaine*. On retrouve les mêmes pièces de défense, mais dans de plus grandes proportions pour l'épaule, le coude

Fig. 79. — Charles le Hardi, duc de Lorraine, 1390.

et le genou, chez Antoine, duc de Lorraine (fig. 80), en 1501; seulement les solerets, au lieu de finir en pointe, sont coupés carrément et se terminent ainsi en *bec de cane*.

L'ARMURE ENTIÈRE. — En nous occupant du seul vêtement extérieur apparent, nous avons dépassé le moment où l'armure exécute sa dernière évolution.

Dès 1390, les membres et la tête sont abrités dans des boîtes de fer. Pour arriver à l'armure entière, il ne restait plus qu'à enfermer le buste comme on venait d'enfermer les membres. L'usage d'alors comportant des habits civils par-dessus la cuirasse, les sceaux ne nous permettent pas de préciser la date

Fig. 80. — Antoine, duc de Lorraine, 1501.

où l'armure se complète. Des monuments figurés d'un autre ordre témoignent que ce résultat se produisit dans les premières années du quinzième siècle. Mais l'armure complète, que Jeanne d'Arc portait en 1428, ne se montre sur les sceaux que vers 1483. A cette date, le type de l'archiduc Philippe le Beau (fig. 81) présente une cuirasse enveloppant en deux pièces la poitrine et le dos. Le fer a remplacé le pourpoint. La chemise de mailles est conservée; ses manches, larges, recouvrent l'armure du bras jusqu'au coude ; sa jupe dépasse le bord de la cuirasse, qui est garni devant chaque cuisse d'une pièce défensive mobile, *la tassette*. La ceinture est posée sur la hanche par-dessus le haut des tassettes. Un sceau de 1501 montre le même archiduc avec une jupe roide, à godrons, fixée au bas de la cuirasse et s'arrêtant avant la tunique de mailles.

Fig. 81. — Philippe le Beau, archiduc d'Autriche, 1483.

Fig. 82. — Charles, archiduc d'Autriche, 1514.

— L'archiduc Charles au contraire porte, en 1514, une jupe d'étoffe bordée d'un large orfroi, souple et descendant jusqu'au genou.

Les sceaux équestres s'arrêtent à ces dernières dates, après nous avoir fait connaître l'armure pendant plus de quatre siècles. Les lecteurs que l'histoire du costume de guerre intéresse et qui désireraient en poursuivre plus à fond l'étude trouveront, dans les collections spéciales, les musées d'armes et les savants catalogues qui en ont été dressés, des éléments capables de satisfaire amplement leur curiosité.

L'AILETTE

UNE pièce particulière, destinée à défendre l'épaule, vient, à la fin du treizième siècle, s'ajouter à l'habillement chevaleresque. Elle consiste en deux petits rectangles égaux, assemblés par leur plus long côté et sous un certain angle, de façon à former une toiture à deux plans inclinés. Cette toiture, que les actes de l'époque appellent *ailette*, touchait par une des extrémités au bord du heaume et se

Fig. 83.
Pierre de Chambly, 1294.

Fig. 84.
Eudes IV, duc de Bourgogne, 1348.

prolongeait jusqu'à la naissance du bras, s'étendant ainsi sur l'articulation de l'épaule et la couvrant.

Il est regrettable que les sceaux, qui plus tard montrent si distinctement les détails d'attache de l'armure à plates, ne nous laissent pas voir comment ce petit bouclier était maintenu en place. Cette nouvelle partie de l'équipement prenait cependant rang au nombre des pièces dites *honorables*, car elle porte toujours sur chacune de ses deux faces la représentation des armoiries du chevalier qui en est revêtu.

L'ailette paraît pour la première fois sur le sceau de Pierre de Chambly (fig. 83), en 1294, — continue sur ceux d'Othon, comte d'Artois, en 1302, — de Gaucher de Châtillon, en 1308, — de Guillaume de Coucy, en 1319, — de Philippe, comte de Valois, en 1327. — Elle finit, en 1348, avec le type d'Eudes IV, duc de Bourgogne (fig. 84).

LE CASQUE

Le casque chevaleresque du moyen âge a trois époques bien caractérisées :

Au onzième et au douzième siècle, il est à nasal, c'est-à-dire muni d'un appendice fixe destiné à protéger le nez ;

Au treizième et au quatorzième, la défense du visage est complète et fixe ;

A partir du quinzième siècle, la défense du visage, la visière, est mobile.

Ces changements ne se sont pas opérés aussi brusquement que cette division le pourrait faire supposer ; il y a eu dans les modifications du casque, dans ses améliorations successives, des transitions plus ménagées. Nous allons indiquer les principales.

La date des plus anciens habillements de tête figurés sur les sceaux coïncide avec la plus ancienne date de l'armure. Leur forme est conique droite ou conique ovoïde; ils sont munis d'un nasal. Le cône, bordé d'un cercle ou bande de métal ornementée, est renforcé par deux arêtes placées l'une devant, l'autre derrière, ou par quatre bandes de métal, aussi ornementées, venant aboutir et se croiser à son sommet.

Fig. 85.
Maire de Soissons,
xiie siècle.

Fig. 86.
Raoul de Garlande, 1160.

Ce cône, élevé ou bas de forme indifféremment, se termine d'ordinaire en pointe; quelquefois il est surmonté d'un bouton comme sur les sceaux de Guillaume le Conquérant, en 1069, — de Jean de Corbeil, en 1196; — ou bien il est tronqué ainsi que cela se voit dans les types de Gui de Châtillon, en 1168, — de Mathieu de Beaumont, en 1177. Son bord est le plus souvent droit, coupé par un plan perpendiculaire à l'axe; toutefois, chez certains seigneurs, tels que le comte de Meulan, en 1165, — Henri, comte de Champagne, en 1168, — et surtout chez Anséric de Montréal, sénéchal de Bourgogne, en 1180, il se prolonge

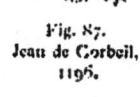

Fig. 87.
Jean de Corbeil,
1196.

un peu par derrière de façon à protéger l'occiput. Mais, au lieu de couvre-nuque, la plupart des heaumes de cette époque portent un long appendice flottant, frangé ou orné de boules à son extrémité, d'apparence résistante, destiné sans doute à contribuer à la défense de la partie postérieure de la tête. Cette espèce de volet est figuré très distinctement dans les types de Garin de Souvigné, vers 1100, — de Gui de Chevreuse, en 1151, — de Galeran, comte de Meulan, en 1165, — de Gui de Garlande, en 1170, — de l'abbaye de Saint-Victor, au douzième siècle.

Fig. 88.
Abbaye de Saint-Victor,
XII° siècle.

Fig. 89.
Bouchard de
Montmorency.
1177.

Tel est le casque appelé *normand* par les collectionneurs, bien qu'on le rencontre dans le Parisis, le Blaisois, le Nivernais, à Béziers, à Comminges, en Flandre, en Autriche, en Espagne. Il persiste pendant tout le douzième siècle, ou pour parler plus exactement, il paraît pour la dernière fois en 1196, sur le sceau de Jean de Corbeil.

Avant d'atteindre cette date extrême, le heaume conique à nasal avait déjà subi deux modifications.

Fig. 90.
Philippe d'Alsace,
comte de Flandre,
1170.

Dans la première, sa forme, au lieu de rester

conique, devient cylindrique, à timbre arrondi. Cette mode, commencée avec Philippe d'Alsace (fig. 90), en 1170, s'était continuée dans les types de Bouchard de Montmorency (fig. 89), en 1177, — de l'avoué d'Arras, en 1182, — de Richard Cœur-de-Lion, en 1195, — de Dauphin, comte de Clermont, en 1199.

Fig. 91.
Dauphin, comte de Clermont, 1199.

Dans la deuxième modification, le pourtour du casque garde la forme cylindrique de la première, mais prend un timbre plat, comme on peut le voir par le second sceau de Philippe d'Alsace, vers 1181, — et ceux de Pierre de Courtenay, en 1184 et 1193, — de Mathieu, comte de Beaumont, en 1189, — d'Eudes III, duc de Bourgogne, en 1198, — du mayeur de Doullens, etc., etc.

Fig. 92.
Philippe d'Alsace, comte de Flandre, vers 1181.

Ainsi le douzième siècle compte trois sortes de casque à nasal :

Casque conique droit ou conique ovoïde;
Casque cylindrique à timbre rond;
Casque cylindrique à timbre plat.

Fig. 93.
Pierre de Courtenay, comte de Nevers, 1184.

Le dernier, le casque cylindrique à timbre plat, est celui qu'on adopta au siècle suivant, et nous allons le voir persister en s'améliorant pendant tout le règne de saint Louis.

Cependant un tel casque ne défendait, comme ceux qui l'avaient précédé, que la partie supérieure de la tête. La nuque, le menton et les côtés du visage n'étaient encore protégés que par la coiffe de mailles, offrant sans doute une résistance, mais une résistance flexible et toute locale, tandis que les plaques de métal répartissent le choc sur toute l'étendue de leur surface. Le nasal, lame de fer étroite, ne descendant guère plus bas que le nez, couvrait bien imparfaitement la figure. D'autre part, les armes offensives s'étaient perfectionnées. Il fallait donc songer à un habillement de tête plus complet.

On s'occupa d'abord du visage. Dès 1190, on voit d'abord apparaître sur le sceau d'Eudes, fils du duc de Bourgogne, deux étroites bandes de métal qui, partant des tempes, contournent les joues et viennent se rattacher à l'extrémité du nasal. Ces deux sortes de génistères, s'élargissant de plus en plus, arrivent ensuite à former avec le nasal un tout, une seule plaque qui, masquant complètement

Fig. 91.
Eudes
de Bourgogne.
1190.

Fig. 95.
Louis,
comte de Blois,
1201.

le menton, couvre enfin la figure entière, ne réservant que deux ouvertures transversales pour la vue, et des trous pour la respiration. Les heaumes de Mathieu de Montmorency, en 1193, — d'Ansel de Garlande, en 1195,

Fig. 96.
Arthur Ier.
duc de Bretagne,
1202.

— de Richard Cœur-de-Lion en 1198, — de Louis de Blois, en 1201, — d'Arthur Ier, duc de Bretagne, en 1202, appartiennent à cette catégorie.

Après avoir protégé la face et mieux enveloppé le menton et le devant du cou, on porta ses soins vers la nuque. En effet, vers 1211, la partie postérieure du casque est prolongée jusqu'au niveau de l'angle de la mâchoire. En même temps, des bandes de métal placées les unes dans le sens de la hauteur, les autres en travers, et reliées solidement entre elles, renforcent son ensemble, surtout par devant, tout en

Fig. 97. — Louis, fils de Philippe-Auguste. 1214.

Fig. 98. Gaucher de Joigny, 1211.

Fig. 99. Guillaume de Chauvigny, 1217.

servant à son ornementation. On obtint ainsi le heaume dit *casque de Philippe-Auguste,* dont le sceau de son fils, en 1214, fournit un très beau spécimen auquel il faut ajouter ceux de Gaucher de Joigny, en 1211, — de Robert de Braine, en 1215, — de Guillaume de Chauvigny, en 1217.

A cette dernière date de 1217, la partie postérieure du heaume s'abaisse sur le cou, et de telle sorte que son bord inférieur vient se joindre directement au bord inférieur de la visière fixe. Son profil fut aussi plus cambré, afin de mieux se conformer au profil du visage et de ne pas le gêner. Les trous pour la respiration s'alignèrent, symétriques, sur deux rangées parallèles aux fentes des œillères; une petite ouverture destinée à l'ouïe fut pratiquée vis-à-vis de chaque oreille; et alors se trouva établi le casque carré dit *casque de saint Louis*, appelé aussi *grand heaume*, *casque des croisades*. Entre les nombreux exemples de cette coiffure, on doit signaler les sceaux de Henri, comte de Grandpré,

Fig. 100.
D'après le sceau de Thierri de Maldeghem, 1226.

Fig. 101.
Jean de Brienne, 1288.

en 1217, — de Thierri de Maldeghem, en 1226, — de Henri d'Avaugour, en 1231, — de Trencavel, en 1247, — d'Alfonse, comte de Poitiers, en 1254, — de Mathieu de Beauvoir, en 1260, — de Gautier de Nemours, en 1265, — de Gui de Châtillon, en 1270, — de Jean de Brienne, en 1288.

Vers la fin du règne de saint Louis, un nouveau changement s'était déjà opéré. Le timbre du heaume, plat depuis les dernières années du douzième siècle et trop facile à entamer, commence à se rétrécir dès 1267, perfectionnement très sensible sur les sceaux du fils aîné de saint Louis, — de Robert, comte de Dreux, en 1268,

Fig. 102. — Pierre, comte d'Alençon, 1271.

— de Pierre, comte d'Alençon, en 1271, — de Robert, comte de Nevers, en 1273. — En 1289, le heaume finit par devenir tout à fait ovoïde.

L'usage du casque *ovoïde* dura cent ans, comme nous l'enseignent les types de Hugues, comte de Saint-Pol, en 1289, — de Charles, comte de Valois, en 1296, — de Gaucher de Châtillon, en 1308, — de Philippe de Valois, en 1327, — d'Eudes, duc de Bourgogne, en 1348, — de Philippe de Rouvre, en 1361, — de Louis, duc d'Anjou, en 1374, — d'Albert de Bavière, comte de Hainaut, en 1375, — de Philippe le Hardi, duc de Bourgogne, en 1390.

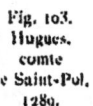

Fig. 103. Hugues, comte de Saint-Pol. 1289.

Fig. 104. — Charles, comte de Valois. 1296.

Avec le quinzième siècle commence la série des casques à visière mobile. D'abord le *grand bassinet* (fig. 106) avec son camail de mailles; puis, l'*armet*. Les musées sont trop riches en modèles pareils pour qu'il soit nécessaire d'entrer dans le détail de ces nouveaux habillements de tête. Il suffira de dire que l'apparition du grand bassinet peut être datée par le troisième sceau de ce même Philippe le Hardi, duc de Bourgogne, que nous avons vu coiffé d'un heaume ovoïde en 1390, et qui porte, en 1403, le grand bassinet.

Fig. 105. Albert de Bavière, comte de Hainaut. 1375.

Quant à l'armet, il figure sur les sceaux vers le milieu du quinzième siècle. Les types de Charles, duc de Bourbon (fig. 108), en 1444, — de Charles, comte du Maine, en 1445, — et de Charles le Téméraire, en 1467, l'attestent. Toutefois les seigneurs d'Aube en Lorraine portent l'armet dès 1425; Richard de Bretagne, en 1427.

Il nous reste à parler de deux coiffures de guerre secondaires et, pour cette raison, bien rares sur les sceaux, mais pourtant d'un usage fort répandu aux treizième et quatorzième siècles. Nous voulons parler

Fig. 106.
Jean-sans-Peur,
duc de
Bourgogne.
1412.

du *chapeau de fer*, appelé aussi *chapeau de Montauban*, et du *petit bassinet*.

Le chapeau de fer consiste en un timbre arrondi, muni d'un large bord plat disposé horizontalement ou rabattu, paraissant attaché quelquefois sous le menton par une jugulaire.

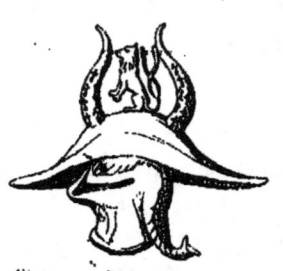

Fig. 107. — Richard de Bretagne, comte d'Étampes. 1427.

Aux croisades, alors que les chevaliers étouffaient sous le grand heaume, il rendit de véritables services; son nom revient souvent dans les récits de nos chroniqueurs. Joinville cheminant avec le roi saint Louis, au retour de la Massoure, s'exprime ainsi : « Je li fis oster son hyaume et li baillé mon chapel de fer pour avoir le vent. » Le chapeau de fer,

Fig. 108.
Charles, duc de
Bourbon, comte
d'Auvergne.
1411.

très apprécié, pour sa légèreté relative, de ceux qui ne faisaient pas des armes leur profession habituelle, figure dans le costume de guerre des maires et des échevins. C'était aussi une coiffure de soudoyers. Les

Fig. 109. — Jean Payebien. 1256.

chevaliers que les sceaux équestres représentent avec le chapeau de Montauban offrent tous cette particularité qu'ils combattent avec la lance ou la masse d'armes, jamais avec l'épée.

Les principaux et presque les seuls exemples du chapeau de fer sont fournis par les sceaux de Nevelon, maréchal de France, en 1122, — du maire de Pomponne, en 1228, — d'Arnoul, comte de Guines, en 1248, — de Jean Payebien, en 1256, — du maire et des jurés de Fismes, au treizième siècle.

Le capuchon du haubert était, ainsi qu'il a été dit, quelquefois recouvert d'une calotte de fer. Cette calotte, devenue au quinzième siècle une enveloppe de forme ovoïde, plus agrandie, embrassant plus complètement la tête, est ce qu'on nomme le petit bassinet.

Fig. 110.
Un juré de Fismes, XIIIᵉ siècle.

Les casques décrits ci-dessus étaient surtout des armes de bataille. Singulièrement alourdis par les perfectionnements mêmes qu'ils avaient subis, ils étaient devenus d'un usage impossible dans un combat à pied. Le chevalier restait donc ordinairement coiffé du petit bassinet : il ne laçait le grand heaume que pour monter à cheval et au moment de l'action ; encore le laissait-il quelquefois accroché à l'arçon de la selle, préférant combattre à visage découvert.

De rares spécimens du petit bassinet figurent sur le sceau d'Itier de Péruce, commandeur des Hospitaliers, en 1369, et dans deux représentations de saint Victor, l'une en 1390, l'autre en 1396.

Fig. 111.
Itier
de Péruce,
commandeur
des
Hospitaliers.
1369.

Pendant tout le quatorzième siècle, des appendices symboliques servant à distinguer les seigneuries, *des cimiers,* surmontent les casques. Ce sont de grandes aigrettes en éventail, des touffes, des ailes par paires appelées vols, des cornes, des animaux naturels ou fantastiques, des figures humaines, des emblèmes héraldiques. La grande vogue des cimiers dura cent ans ; elle commença avec le casque ovoïde pour ne se modérer, tout en continuant, qu'à l'apparition des visières mobiles.

Fig. 112.
D'après le sceau
de l'abbaye
de Saint-Victor,
1390.

La forme ovoïde était, au reste, la plus propre à supporter cet attirail tout d'apparat, d'un équilibre quelquefois difficile, et dont le chevalier ne se chargeait pas quand il s'agissait de bataille.

Le cimier était fixé sur une calotte de cuir dans laquelle entrait la partie supérieure du heaume, ajustage masqué par une sorte de drap roulé, le *tortil,* où était suspendue, par derrière, une pièce d'étoffe flottante nommée *volet*.

Ce n'est pas que le cimier ait paru pour la première fois sur le casque ovoïde. Dans la tenue d'apparat, un léger cimier surmontait quelquefois la plate-forme du heaume des croisades, mais fort rarement et de loin en loin. Ainsi le casque de Richard Cœur-de-Lion, en 1198, le plus ancien casque cimé que nous connaissions, porte le *lion d'Angleterre* au centre d'une aigrette en éventail. Il faut, après ce premier exemple, descendre jusqu'en 1224 pour en découvrir un second ; à cette date, Mathieu II de Montmorency cime d'une tête de paon ; vient ensuite, en 1235, Baudouin III, comte de Guines, dont le cimier, une aigrette de cinq plumes, est fixé au centre de la plate-forme du heaume par un porte-plumail ; — puis le casque d'Othon III, comte de Bourgogne, en 1248, recouvert d'une sorte de chapeau triangulaire cimé d'une aigrette, — celui de Mathieu de Beauvoir, en 1260, portant trois petites bannières. — Tandis qu'à partir de 1289, 1294, époque où le heaume se transforme, jusqu'en 1400, date du grand bassinet, l'énumération des seigneurs portant le casque cimé serait une liste de toute la noblesse du quatorzième siècle.

Fig. 113. — Mathieu de Beauvoir, 1260.

Avant d'en finir avec ce sujet je signalerai, à titre de rareté, trois casques offrant, représentées sur leur pourtour, les armoiries de leur possesseur. Le premier, au *lion de Flandre,* appartient au comte Philippe d'Alsace, vers 1181 ; le second, entièrement couvert d'un *losangé d'or et de gueules,* est celui d'Amauri de Craon, sénéchal d'Anjou en 1223 ; Jean d'Axel, en 1226, coiffe un heaume armorié d'un *chevron.*

Fig. 114.
D'après le sceau
de Jean d'Axel,
1226.

LE BOUCLIER

LE bouclier de la chevalerie, le seul qui doive nous occuper ici, l'*écu,* est l'accompagnement obligé de l'ancien habillement de guerre. Il suit l'armure dans ses différentes phases, participant à ses modifications, mais en sens inverse, c'est-à-dire s'amoindrissant à mesure qu'elle se perfectionne. Tant que l'armure, trop imparfaite, se trouve impuissante à résister aux armes d'hast, le chevalier s'abrite derrière un écu capable de le couvrir en entier. La texture de mailles devient-elle plus dense, plus continue, l'écu restreint ses proportions ; une nouvelle amélioration du vêtement défensif le réduit à un ornement de cérémonie et d'apparat ; l'armure complète le rend inutile et le fait disparaître.

Les sceaux du onzième et du douzième siècle nous présentent l'écu de forme allongée, arrondi en haut, pointu par le bas. Il couvre un homme debout de la tête jusqu'aux pieds. Le guerrier le porte suspendu au cou par une courroie, la *guiche ;* en marche, il le rejette sur l'épaule gauche. Son mode de fabrication consistait en des planches assemblées, cintrées dans le sens transversal, matelassées en dedans, recouvertes de cuir au dehors; le tout solidement relié par une armature de bandes de métal qu'on faisait concourir à son ornementation.

Fig. 115.
D'après le sceau
de la ville de Soissons,
XII° siècle.

Deux poignées de cuir, les *énarmes,* dans lesquelles le combattant passait l'avant-bras et la main qui tenait les rênes, garnissaient la face intérieure de l'écu, où venaient s'attacher aussi les deux extrémités de la guiche; sa surface extérieure fortement bombée, ourlée d'une bande de métal clouée à une bande pareille bordant la face intérieure, présente, à son centre de figure, une saillie, la *boucle,*

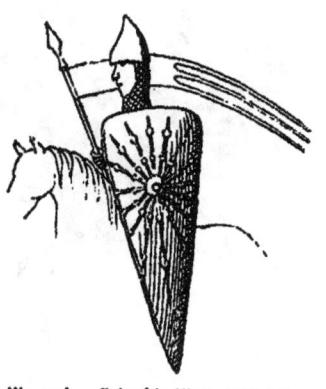

Fig. 116. — Robert de Vitré, 1158-1161.

l'*ombilic,* l'*umbo,* d'où partent des rayons fleuronnés.

On ne saurait juger de l'effet de cette dernière

disposition (l'umbo et ses rayons) sur les plus anciens sceaux; car, figuré de façon à ne laisser paraître que son dedans, l'écu y laisse voir seulement la bordure intérieure clouée, les attaches de la guiche et la position de la main qui tient la bride, passée dans les énarmes. Ce n'est que vers 1128 que Thierri d'Alsace, et après lui Thibaud le Grand, comte de Blois, en 1138, — Guillaume, comte de Nevers, en 1140, — Robert de Vitré, en 1161, — Jourdain Tesson, etc.,

Fig. 117. D'après le sceau de Jourdain Tesson, XIIe siècle.

montrent, de face ou de profil, le droit de leur écu chargé, comme il vient d'être dit, de rayons qui partent d'un centre saillant.

Fig. 118. — Raoul de Fougères, 1162.

Les boucliers vus en dedans finissent à Guillaume, comte de Ponthieu, en 1209; le type de Raoul de Fougères, vers 1162, en fournit l'exemple le plus frappant.

L'umbo se voit pour la dernière fois sur les sceaux de Richard Cœur-de-Lion et de Richard de Vernon, en 1195, et encore n'y est-il plus escorté de ses rayons habituels; ils ont été remplacés par le *lion d'Angleterre* et le *sautoir* des Vernon.

Mais déjà l'armure s'est perfectionnée ; Philippe d'Alsace, en 1170, — Bouchard de Montmorency, en 1177, — Pierre de Courtenay, en 1184, ont revêtu le grand haubert. L'écu, de grande dimension et d'une manœuvre si difficile en selle, va changer à son tour. Le grand bouclier normand protégeait tout le corps ; celui qui lui succède couvrira seulement les organes essentiels, la poitrine et le ventre. Le premier était arrondi du haut ; avec la nouvelle défense du visage, le chef de celui-ci pourra être coupé droit. On le rogne d'en haut, on le raccourcit de la pointe. Il prend la figure d'un triangle à deux côtés égaux, légèrement convexes. L'umbo supprimé l'allège et laisse en même temps le champ libre aux armoiries héréditaires. Témoin les sceaux de Thibaud III, comte de Champagne, en 1198, — du vicomte de Turenne, en 1211, — de Thibaud VI, comte de Blois, en 1213, — de Robert d'Artois, en 1237, — d'Eudes de Bourgogne, en 1259.

Ce n'est pas ici le lieu de discuter l'âge des armoiries, ni de rechercher à quelle époque elles se fixent dans les familles ; nous reviendrons sur ce sujet ; nous nous bornerons pour le moment à l'énumération des plus anciens sceaux équestres où elles apparaissent : l'écu de Philippe d'Alsace porte le *lion de Flandre* dès 1170 ; — après lui, Bouchard de Montmorency montre, en 1177, la *croix cantonée de quatre alérions ;* — à la même date, Eudes de Ham

HABILLEMENT CHEVALERESQUE

Fig. 119.
Thibaud, comte de Champagne. 1198.

Fig. 120.
Raimond, vicomte de Turenne. 1211.

Fig. 121.
Thibaud, comte de Blois, 1213.

Fig. 122.
Robert d'Artois. 1237.

Fig. 123.
Eudes de Bourgogne,
comte de Nevers. 1259.

arbore sur son écu les *trois croissants* de sa famille ; — puis viennent successivement les écus armoriés de Robert de Béthune, avoué d'Arras, en 1182, — de Pierre de Courtenay, comte de Nevers, en 1184, — d'Étienne, comte du Perche, et de Philippe de Beaumont, en 1190, — d'Ansel de Garlande, en 1195, — de Richard Cœur-de-Lion, en 1195 et 1198, *date de l'apparition des trois léopards d'Angleterre.* — A partir de ce moment, les types armoriés ne se comptent plus, les écus sans emblèmes héraldiques deviennent l'exception ; tous en sont recouverts dès l'année 1210.

Fig. 124.
Robert, duc de Bourgogne. 1302.

Bien avant 1400, lorsque des éléments particuliers s'introduisent dans l'armure, quand arrivent les genouillères, jambières, brassarts, défenses d'épaule, l'écu subit une nouvelle diminution ; sa convexité s'efface, sa forme se rapproche de celle d'un triangle équilatéral (fig. 124). Il cesse alors d'être une arme de bataille pour ne servir que dans les tournois et les fêtes.

Fig. 125.
D'après le sceau de Louis, duc d'Orléans. 1485.

Fig. 126.
D'après le sceau de Gui, comte de Laval. 1493.

Parvenu au quinzième siècle, l'écu, jusque-là fidèle à sa figure traditionnelle, semble abandonné à la fantaisie de l'artiste ou plutôt au goût de son possesseur. Arrondi du bas sous Philippe le Bon et Charles le Téméraire, il devient la *large* avec

Louis d'Orléans (fig. 125), en 1485, tandis que Gui, comte de Laval (fig. 126), en 1493, porte l'écu carré, *en bannière*.

Enfin, au seizième siècle, l'armure se complète, l'écu n'a plus de raison d'être, il disparaît de l'habillement; on ne le rencontre que dans les panoplies, on ne l'emploie que comme support de blason.

L'ÉPERON

L E moyen âge avait fait de l'éperon un insigne de la chevalerie, une pièce honorable dont on armait un chevalier, et qu'on lui brisait aux talons à coups de hache s'il avait encouru la dégradation.

L'éperon était d'or ou doré. Sa forme générale n'a pas changé. Tout le monde la connaît : talonnière à deux branches recourbées, attachée au pied par une bride et un sous-pied, et portant une tige pointue destinée à aiguillonner le cheval. L'extrémité seule de la tige a varié dans sa disposition.

Depuis Guillaume le Conquérant jusqu'aux premières années du treizième siècle, les sceaux représentent l'éperon armé d'un petit fer en pyramide ou de forme conique, souvenir de l'éperon romain.

Vers 1211, 1215, la tige se termine en une pointe

munie d'un renflement, d'une traverse, origine de la tige à trois branches que l'on rencontre de 1223 à 1271.

A cette variété succède la pointe simple, courte. Elle commence avec les écus triangulaires, les armures spéciales des membres, et dure jusqu'au commencement du quatorzième siècle, où la molette a pris définitivement sa place, pour se continuer jusqu'à nos jours.

Les éperons ne comptent que pour un bien minime détail dans un sceau équestre dont la dimension est

Fig. 127.
D'après le sceau
de Raoul de Fougères,
1163.

Fig. 128.
D'après le sceau
de la ville de Béziers,
XII° siècle.

Fig. 129.
Sceau de Guillaume
de Nevers, 1140.

Fig. 130.
Sceau de Bernard V
de Comminges,
1226.

déjà petite. Cependant on en voit en forme de pyramide nettement dessinés chez Raoul de Fougères, en 1163, — Gui de Garlande, en 1170, — Eudes III, duc de Bourgogne, en 1198, — Bernard V, comte de Comminges, en 1226.

L'éperon à traverse se voit très distinctement sur

Fig. 131.
Jean de Beaumont, 1217.
les sceaux de Robert de Braine, en 1215, — de Jean de Beaumont, en 1217. — Les trois branches sont naissantes chez Amauri de Craon, en 1223 ; tout à fait

Fig. 132.
Amauri de Craon, 1223.
formées chez Robert de Poissy, en 1230, — Henri

d'Avaugour, en 1231, — Renaud de Trie, en 1237. Elles sont disposées en fleuron chez Raymond V, vi-

Fig. 133.
Henri d'Avaugour,
1231.

Fig. 134.
Renaud de Trie,
1237.

Fig. 135.
Raimond,
vicomte de
Turenne, 1251.

Fig. 136.
Gui de Châtillon,
1270.

Fig. 137.
Henri de
Grandpré, 1274.

comte de Turenne, en 1251, — Gui de Châtillon, comte de Saint-Pol, en 1270, — Henri de Grandpré, en 1274.

La pointe simple est figurée dans les types de

Fig. 138.
Gautier de
Nemours,
1265.

Gautier de Nemours, en 1265, — de Pierre de Chambly, en 1295, — de Jean de Chalon, en 1301, — de Louis de Nevers, comte de Flandre, en 1322, — de Philippe de Valois, en 1327.

Fig. 139.
Jean
de Chalon,
1301.

Quant aux molettes, les exemples abondent. Nous citerons seulement les types où elles prennent de

Fig. 140.
Jean de Boury,
1311.

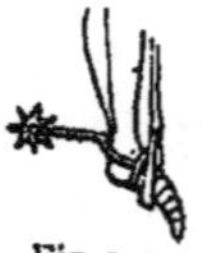

grandes proportions et ceux où elles sont attachées à de très longues tiges. Charles, dauphin de Viennois, en 1348, — Louis II, comte d'Étampes, en 1361, —

Fig. 141.
Charles le
Téméraire,
1468.

Louis, duc d'Orléans, en 1485, portent la grande molette, la molette épanouie. — Charles le Téméraire, en 1468, Antoine de Lorraine, en 1501, chaussent l'éperon à longue tige.

Aucun des groupes qui viennent d'être distingués n'implique une spécialité respective d'éperons. Chacune de ces divisions répond seulement à l'intervalle pendant lequel l'usage d'un modèle a été général, ce qui n'empêche pas le même modèle de s'être montré avant ou après les limites indiquées. Ainsi un des sceaux de Philippe d'Alsace, en 1171, nous offre le comte chaussé d'un éperon à trois branches; — Bernard V, comte de Comminges (fig. 130), en 1226, Trencavel, en 1247, portent encore l'éperon à fer de lance; — la première molette, et elle est fort grande, paraît en 1211 sur le sceau de Jean de Boury (fig. 140), la seconde en 1225, sur celui de Gautier de Rinel, la troisième chez Raimond, comte de Toulouse, en 1228, la quatrième chez Arnoul de Landas, en 1237, la cinquième dans le type de Guillaume de Dampierre, en 1246, et ainsi de suite à des intervalles éloignés, jusqu'au quatorzième siècle, où l'usage de la molette devient général.

L'ÉPÉE

LES armes offensives progressent à mesure que l'habillement défensif acquiert plus de solidité; chaque perfectionnement de l'armure pousse à la recherche et à la fabrication d'une épée capable de   ier. De là certaines modifications de cette arme. Examinons séparément la lame et les deux parties apparentes de la poignée : la croix et le pommeau; la main du cavalier cache la troisième, qui est la fusée.

A la fin du onzième siècle et pendant le douzième, l'épée apparaît sur les sceaux avec une lame courte, large du talon, à pointe formée par la diminution insensible de la lame, allégée par une gorge d'évidement qui, partant du talon, la parcourt dans presque toute sa longueur. La croix de la poignée, *les quillons* sont droits, quelquefois recourbés vers la pointe, ou enroulés à leur extrémité; le pommeau est plat et circulaire.

Telle est l'épée dite normande; à quillons droits chez Thierri d'Alsace, en 1128, et Gui de Chevreuse,

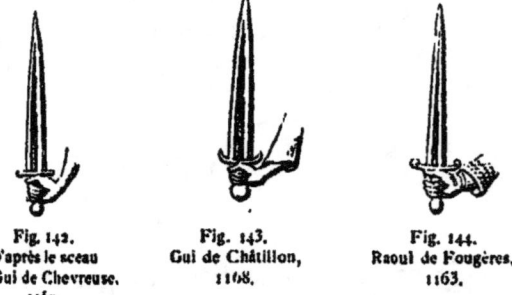

Fig. 142.
D'après le sceau
de Gui de Chevreuse.
1159.

Fig. 143.
Gui de Châtillon,
1168.

Fig. 144.
Raoul de Fougères,
1163.

en 1159; — recourbés sur les sceaux de Garin de Souvigné, vers 1120, de Gui de Châtillon, en 1168; — enroulés du bout sur ceux de Raoul de Fougères, en 1163 et 1165.

Indépendamment de l'arme que je viens de décrire, arme la plus fréquente au douzième siècle, caractéristique de l'époque, les sceaux nous offrent deux autres modèles différents.

Le premier comprend des épées à lame courte et à tranchants presque parallèles, recoupés du bout pour former la pointe. Au lieu de la gorge d'évidement, une arête médiane, formée par la rencontre des deux tranchants, règne sur toute la longueur de la lame. L'on reconnaîtra cette sorte de réminiscence de l'épée romaine dans les types de Gui de Laval, en 1095, — d'André de Rameru, en 1176.

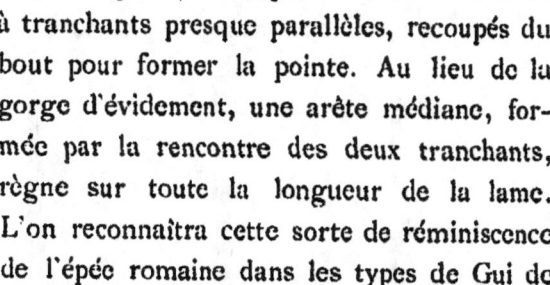

Fig. 145.
Gui de Laval.
1095.

Fig. 146.
Bouchard de Montmorency.
1169.

Au deuxième modèle appartiennent des épées à lame étroite, effilée, quelquefois moins large du talon que vers son milieu, à quillons droits et courts, à tout petit pommeau rond. Les sceaux de Philippe d'Alsace, en 1164, — de Bouchard de Montmorency, en 1169, fournissent des exemples de cette variété, que nous retrouverons encore parmi les armes du treizième siècle.

Dès le règne de Philippe-Auguste, quand le grand haubert vient opposer à l'attaque son tissu de mailles entrelacées, l'épée se fait plus grande, plus droite et surtout plus lourde que les précédentes, à deux tranchants comme elles; sa gorge d'évidement plus étroite et moins profonde contribue à lui laisser le poids nécessaire pour rompre l'armure perfectionnée.

Les plus beaux échantillons de cette nouvelle épée

HABILLEMENT CHEVALERESQUE

figurent sur les sceaux de Richard Cœur-de-Lion, en 1195 et 1198, — de Jean de Beaumont, en 1217, — de Philippe Hurepel, comte de Boulogne, en 1225,

Fig. 147.
Richard
Cœur-de-Lion.
1195-1198.

Fig. 148.
Philippe Hurepel,
1225.

Fig. 149.
Charles d'Anjou,
1253.

Fig. 150.
Alfonse
de Poitiers, 1254

— de Charles, comte d'Anjou, frère de saint Louis, en 1253, — d'Alfonse de Poitiers, en 1254, — de Henri, comte de Grandpré, en 1271.

Les quillons sont droits dans les épées de Richard, d'Alfonse de Poitiers; recourbés fortement vers la pointe dans celle de Jean de Corbeil, en 1196; patés chez Philippe Hurepel; potencés chez Gautier de Rinel, en 1225.

Fig. 151.
Jean
de Corbeil.
1196.

Fig. 152.
Gautier
de Rinel.
1225.

Pendant cette période, les pommeaux commencent à affecter des formes plus variées : ainsi le pommeau d'épée de Richard Cœur-de-Lion ressemble à une sphère un peu aplatie dans l'axe de la lame; il est tronconique chez Jean de Corbeil;

en palmette chez Philippe Hurepel; trilobé sur le sceau de Thibaud VI, comte de Blois, en 1213; conique sur celui de Raimond de Montaut, en 1214; le pommeau d'épée de Robert d'Artois se fait remarquer par quatre appendices qui pourraient bien figurer quatre pierres précieuses.

Fig. 153. Thibaud, comte de Blois. 1213.

Fig. 154. Raimond de Montaut. 1214.

Certains chevaliers conservent au treizième siècle l'épée normande du siècle précédent, mais avec une lame plus épaisse, quelquefois recoupée du bout, souvent à arête médiane. La poi-

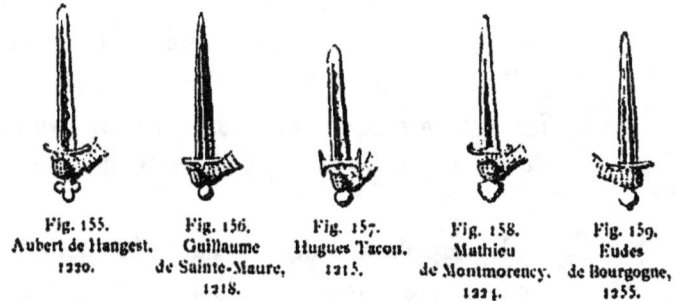

Fig. 155. Aubert de Hangest. 1220.

Fig. 156. Guillaume de Sainte-Maure. 1218.

Fig. 157. Hugues Tacon. 1215.

Fig. 158. Mathieu de Montmorency. 1224.

Fig. 159. Eudes de Bourgogne. 1255.

gnée est garnie de quillons enroulés du bout dans l'épée de Jean de Chavançon, en 1211; recroisetés dans les types de Hugues Tacon, en 1215, — de Daniel, l'avoué d'Arras, en 1223; recourbés chez Jean, duc de Bretagne, en 1238; patés chez Baudouin de Guines, en 1235. Le pommeau de l'épée de Mathieu de Montmorency, en 1224, a l'aspect d'une pomme de pin; il paraît rond et terminé par un bouton dans le type d'Eudes de Bourgogne (fig. 159), en 1255; en olive dans celui de Mathieu de Beauvoir, en 1260; hémisphérique chez Jean de Brienne, en 1288.

La petite épée étroite et effilée du douzième siècle se continue avec Gui de Mauvoisin, en 1202, — Guillaume de Chauvigny, en 1217, — Bernard V, comte de Comminges, en 1226, — Henri d'Avaugour, en 1231, — Guillaume du Hommet, en 1235; mais les quillons, au lieu de rester droits, deviennent tantôt patés, tantôt recourbés vers la pointe. Le pommeau, de son côté, prend la

Fig. 160.
Guillaume
de Chauvigny,
1217.

Fig. 161.
Henri
d'Avaugour.
1231.

figure tronconique dans l'épée de Guillaume de Chauvigny, en demi-boule dans celle du comte de Comminges, etc.

Je signalerai encore, dans la période qui nous occupe, une autre épée plus petite, à lame courte, aiguë, large du talon, où sa pointe prend naissance. Cette arme, qui semble venir du midi de la France, se remarque aux sceaux des maires de Castelnaudary et de Rabastens, en 1242, — d'Artaud de Roussillon, en 1270, — d'Aymar, comte de Valentinois, à la même date. Elle figure cependant aussi sur les sceaux d'Huet Pioche, chevalier bourgui-

Fig. 162.
Castelnaudary.
1242.

Fig. 163.
Rabastens,
1242.

gnon, en 1256, — et de Hugues, châtelain de Gand, en 1244. Les quillons se recourbent presque toujours vers la pointe. La poignée se termine en un pommeau, rond chez le maire de Castelnaudary, trilobé chez celui de Rabastens, en trident chez le châtelain de Gand, ovoïde dans le type du comte de Valentinois.

Fig. 164.
Hugues,
châtelain
de Gand.
1244.

La fin du treizième siècle amène une nouvelle modification de l'épée. Du moment où des rondelles défendent les articulations, où les jambes et les bras commencent à revêtir des plaques de métal, l'épée renonce à frapper du tranchant, c'est pour l'estoc, pour les coups de pointe qu'elle va se disposer.

Dès 1260, on peut constater la tendance de l'épée vers ce but particulier ; sa lame devient longue, étroite, aiguë comme sur les sceaux de Gautier de Nemours, en 1265, — de Pierre, comte d'Alençon, en 1271, — de Hugues VI, comte de Saint-Pol, en 1289, — de Robert, comte de Flandre, en 1309. Dans certains cas, elle conserve la largeur du talon et rappelle, la longueur exceptée, le type méridional dont je viens de parler, ainsi que le montrent les épées de Charles d'Anjou, roi de Sicile, en 1289, — de Gaucher de Châtillon, en 1308. La croix présente à cette époque la même diversité qu'aux

Fig. 165.
Gautier
de Nemours,
1265.

Fig. 166.
Charles d'Anjou,
1289.

époques précédentes; on rencontre des quillons droits, enroulés, recourbés, terminés en fleur de lys. Il y a des pommeaux en losange, en olive, à facettes, ronds surmontés d'un bouton, hémisphériques, en fleuron, trilobés, ovales, côtelés, coniques, etc.

Vers 1295, la poignée comporte, près de son pommeau, un anneau où se fixe la chaîne qui la tient attachée à l'armure. La première chaîne d'épée figure sur le sceau de Pierre de Chambly, chambellan du roi en 1295.

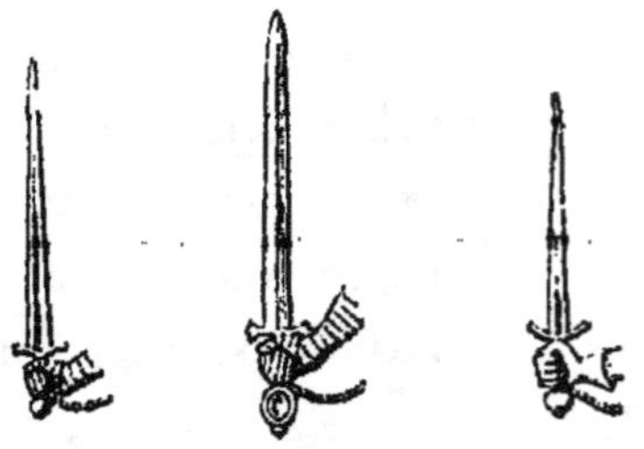

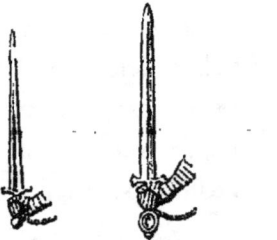

Fig. 167.
Gui de Flandre.
1345.

Fig. 168.
Charles, dauphin de Viennois. 1352.

Fig. 169.
Jean Ier, duc de Lorraine. 1367.

Le sceau de Jean Ier, duc de Lorraine, en 1367, la montre pour la dernière fois. Cette mode a duré par conséquent environ soixante-douze ans.

Tandis que l'armure continue son évolution, l'épée ne reste pas stationnaire. En effet, avant 1350, cette arme est déjà devenue droite, longue, solide du talon, d'où part le plus souvent une arête médiane, légère à la main, non seulement capable de suffire aux exigences de son temps, mais digne aussi par son élégance de figurer dans l'habillement chevaleresque des élégants

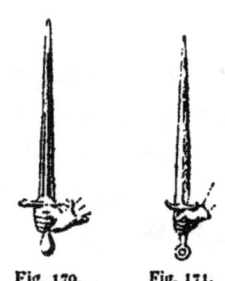

Fig. 170.
Charles d'Orléans.
1411.

Fig. 171.
Jean-sans-Peur.
1411.

ducs de Bourgogne de la maison de France. Le sceau de Charles le Téméraire montre, de plus, la première épée garnie d'une branche reliant la croix au pommeau.

Fig. 172.
Charles
le Téméraire.
1468.

Les petites dimensions des monuments qui servent de preuves aux considérations contenues dans ce travail ont entraîné malheureusement le sacrifice de détails qu'offriraient des œuvres d'art moins réduites. Les habiles graveurs auxquels nous devons les sceaux ont cru devoir s'arrêter devant les ornements riches ou curieux qui décoraient la poignée des épées; mais ils ont profité du champ plus étendu de la lame pour y indiquer des damasquinures. Tantôt une branche de feuillage serpente le long de la gorge d'évidement, comme dans les épées de Thierri d'Alsace, en 1128, — de Bouchard de Montmorency, en 1177,

Fig. 173.
Thierri
d'Alsace.
1128.

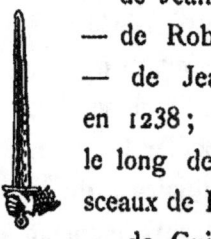

Fig. 174.
Philippe
d'Alsace,
1170.

— de Jean de Chavançon, en 1211,
— de Robert de Poissy, en 1230,
— de Jean, duc de Bourgogne, en 1238; tantôt des ondes courent le long de la lame comme sur les sceaux de Philippe d'Alsace, en 1170,
— de Gui de Châtillon, en 1270,
— de Guillaume d'Harcourt, en 1293.

Fig. 175.
Guillaume
de Chauvigny.
1217.

D'autres fois, on couvre la lame d'un fretté, ornement si employé au moyen âge, comme

 on le voit par les épées de Pierre de Courtenay, en 1193, — de Thibaud, comte de Champagne, en 1198, — de Guillaume III, comte de Ponthieu, 1212 ; ou bien la lame est simplement striée de biais dans le genre de celle du comte de Nevers, en 1184.

Fig. 176.
Pierre
de Courtenay.
1193.

Fig. 177.
Le comte
de Nevers,
1184.

LA LANCE

PARMI les armes propres à la chevalerie, la lance passait pour la plus noble et primait, selon quelques auteurs, l'épée. Les sceaux équestres, en représentant presque tous les seigneurs l'épée à la main, semblent donner un démenti à cette assertion. Quoi qu'il en soit, à l'homme libre seul appartenait le droit de porter la lance. Charlemagne, dans ses capitulaires, dit à ce sujet : « Si un serf est trouvé maniant une lance, qu'elle lui soit brisée sur le dos. »

Un écrivain du douzième siècle, Jean, moine de Marmoutiers, va nous apprendre de quel bois on fabriquait les fûts de lance. Ce religieux, énumérant les armes données à Geoffroi Plantagenet,

Fig. 178.
Un des jurés
de Fismes,
XIIIᵉ siècle.

cite une lance de bois de frêne, armée d'un fer de Poitou. D'autres auteurs parlent du même bois et nomment les fers de Bordeaux comme très recherchés. L'arme se complétait à cette époque par une petite pièce d'étoffe rectangulaire à longues banderoles, *le gonfanon*, attachée au haut du manche.

Le fer affectait la forme losangée, quelquefois celle

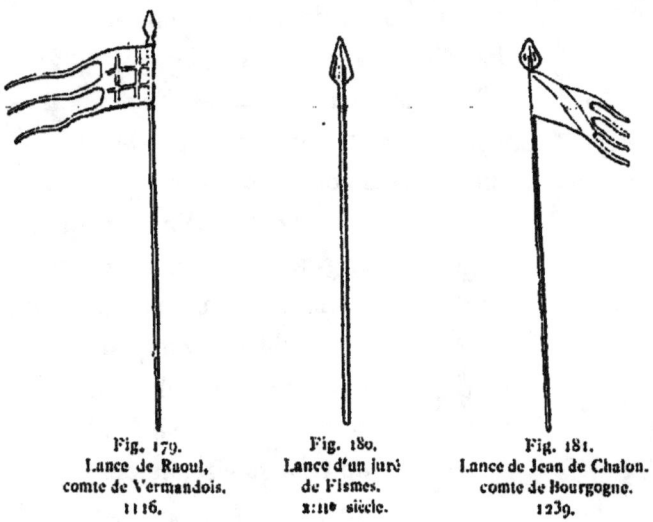

Fig. 179.
Lance de Raoul, comte de Vermandois.
1116.

Fig. 180.
Lance d'un juré de Fismes.
xiiie siècle.

Fig. 181.
Lance de Jean de Chalon, comte de Bourgogne.
1239.

d'un triangle ou d'une feuille. Une forte arête médiane le renforçait dans toute sa longueur. Le bois, très long, uni, sans contrepoids et sans poignée, permettait de faire de la lance une arme de jet. Si l'on en juge par des textes plus modernes, il était quelquefois recouvert de peinture. On lit en effet dans un compte royal du mois de mars 1421 : « A maistre Richard, le paintre, demourant à Poictiers, pour avoir livré en

paint de couleur perse six fustz de lance, 9 livres. »
Le gonfanon portait dans sa partie pleine un ornement peint ou brodé : une croix, un quadrillé.

En marche, le chevalier couchait la lance sur l'épaule droite. Il la tenait verticale, quand il voulait se faire reconnaître ou dans les cérémonies d'apparat. Pour combattre, il l'assurait sous le bras et, l'appuyant sur le bord de l'écu, la pointait vers son adversaire.

Fig. 182. — Philippe, comte de Namur, 1210.

Aux treizième et quatorzième siècles, le *glaive*, c'est ainsi qu'on appelait la lance au moyen âge, n'a pas changé. Le gonfanon seul est remplacé par une pièce d'étoffe carrée, *la bannière*, ou triangulaire, *le pennon*, chargés des armoiries désormais fixes et héréditaires. Au chevalier possédant assez de terres pour tenir un certain nombre d'hommes d'armes et s'en faire accompagner à la guerre, la bannière ; aux gentilshommes servant sous ce *chevalier banneret*, le pennon.

Fig. 183. Bannière de Mathieu II de Montmorency, 1230.

Fig. 184. Pennon de Louis, comte de Clermont, 1325.

Il ne faudrait pas cependant conclure de ce qui

précède que tous les seigneurs portent, sur leurs sceaux, la bannière ou le pennon. Plusieurs, très puissants, y sont représentés avec la lance nue, par exemple

Fig. 185.
Raymond VII, comte de Toulouse, 1228.

les comtes de Toulouse Raimond VI et Raimond VII, — Nevelon, maréchal de France, — Oger de Mauléon, en 1275, — Roger-Bernard, comte de Foix, en 1276. La lance tenue par ces deux derniers personnages

Fig. 186.　　　　　　Fig. 187.
Oger de Mauléon, 1275.　　Roger-Bernard, comte de Foix, 1276.

nages mérite une attention particulière; elle est armée d'un demi-fer, d'un fer dédoublé dans le sens de son axe, d'une sorte de faux.

La lance française, que les anciens chroniqueurs comparent à une grande perche, tout en perdant, vers le commencement du quatorzième siècle, de sa longueur, longueur dont le champ du sceau ne pourrait contenir la reproduction fidèle, est restée une arme de cavalier. C'est seulement dans certaines occasions particulières et tout à fait passagères, qu'elle a servi pour les combats à pied; alors on raccourcissait le manche. Ainsi, lorsque nos chevaliers eurent appris des Anglais à descendre de cheval pour soutenir la bataille, il était d'usage, la veille d'une affaire, de *retailler* les lances, de les rogner.

La lance chevaleresque de guerre passe sous Charles VII aux mains des compagnies d'ordonnance; nous ne pouvons pas l'y suivre. La lance de tournoi à arrêt et à rondelle ne figure pas sur les sceaux.

ORDRE DU CAMAIL OU DU PORC-ÉPIC

Des ordres de chevalerie créés au moyen âge, l'ordre du Camail est le seul dont les sceaux nous aient conservé l'image. Nous croyons devoir lui consacrer quelques lignes. Tout en donnant satisfaction à la curiosité, elles serviront à établir une fois de plus ce que l'archéologue peut espérer de l'étude attentive des sceaux.

L'ordre du Camail ou du Porc-Épic, institué par Louis, duc d'Orléans, frère de Charles VI, a laissé si peu de traces écrites qu'il serait impossible, sans le secours des chroniqueurs, d'assigner une date à son origine.

On n'est pas mieux renseigné sur l'insigne porté par les titulaires. Le camail, figuré sur de rares monuments, n'a pas été reconnu. Clairambault l'a rencontré sur des sceaux des ducs d'Orléans et de leurs dignitaires; il l'a pris pour une couronne renversée. Des auteurs de notre temps l'ont confondu avec une enceinte palissadée, et selon les traités de blason et de chevalerie, la désignation de camail, donnée au collier de l'ordre, proviendrait du camaïeu qui y pendait et sur lequel était représenté le Porc-Épic.

Toutefois, dans une lettre écrite à Clairambault, en date du 20 août 1706, Guéret, maître des comptes à Blois, croit reconnaître, dans la couronne renversée gravée sur le sceau de Charles d'Orléans, en 1444, le camail, le collier de l'ordre. Il a vu à Blois le même objet posé sous l'écusson des comtes et d'autres fois passé au cou du porc-épic. Vallet de Viriville se range du côté de Guéret et penche pour la même attribution.

La sigillographie apporte, à l'appui des conjectures de ces deux érudits, une preuve plus décisive.

Le 63ᵉ registre des titres scellés de Clairambault, à la Bibliothèque nationale, renferme cinq sceaux de seigneurs de Laire, chambellans du roi et du duc d'Orléans, gouverneurs du Dauphiné, de 1403 à 1422.

Sur quatre de ces types, Clairambault constate la présence, dans le champ, de ce qu'il croit être une couronne renversée. Mais le savant généalogiste ne s'est pas aperçu que, dans le cinquième type, la prétendue couronne est passée au cou du personnage.

Ce dernier fait nous paraît trancher la question;

Fig. 188. — Guillaume de Laire, seigneur de Cornillon. 1408.

l'insigne de l'ordre du Camail que le maître des comptes de Blois a remarqué au cou du porc-épic, un

Fig. 189.
D'après le sceau de Guillaume de Laire. 1410.

sceau nous le montre au cou d'un chambellan du duc d'Orléans.

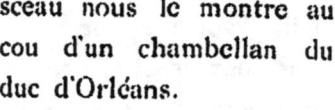

Fig. 190.
D'après le sceau de Charles, duc d'Orléans. 1411.

Nous donnons ici le croquis de ce type, qui est celui de Guillaume de Laire, seigneur de Cornillon, chambellan du roi et du duc d'Orléans, gouverneur du Dauphiné en 1408. Les deux autres figures représentent le camail figuré sur un sceau du même seigneur (fig. 189) en 1410, et le camail qui se trouve dans le type de Charles, duc d'Orléans (fig. 190), en 1444.

On verra que le nom de camail convient bien au collier et qu'il n'est nullement besoin de le faire dériver du camaïeu qui y était suspendu. C'est un vrai camail, une courte pèlerine, munie à son ouverture supérieure d'une patte et d'une boucle destinées à la fixer autour du cou, sorte de garniture qui n'appartient pas à l'agencement d'une couronne, comme le fait remarquer maître Guéret. Le bord inférieur est découpé à grandes dents, selon la mode de l'époque. Ces dents de l'étoffe n'ont pas peu contribué à donner l'aspect d'une couronne à la marque distinctive de l'ordre du duc d'Orléans ; elles ont amené la confusion que ces lignes contribueront peut-être à faire cesser.

LE CHEVAL ET SON HARNACHEMENT

CERTAINS numismates ont cru discerner dans les chevaux figurés sur les monnaies gauloises des caractères de races différentes. Bien que les sceaux appartiennent à une époque plus rapprochée de nous, à un art moins barbare, nous ne pouvons nous flatter d'une pareille perspicacité. La nationalité d'un sceau une fois déterminée, il est permis d'entrevoir, dans le cheval qu'il représente, la conformation anglo-normande, le type élancé et nerveux des contrées méridionales ou la croupe plantureuse propre à l'espèce flamande. Mais pour rendre un jugement à priori, on ne devra jamais perdre de vue que si les artistes du moyen âge possèdent à un très haut degré le sentiment de l'ensemble, le mouvement; s'ils reproduisent avec souplesse des draperies simplement ajustées, si leurs accessoires décoratifs se distinguent par une exécution des plus délicates, ils sont dépourvus du tact et de l'intelligence des proportions. Or, c'est par des nuances dans les proportions que l'on peut caractériser les différentes races de chevaux.

L'ancien préjugé sur l'infériorité de la femelle régnait dans la chevalerie. Elle n'admettait que le cheval entier, la jument était dédaignée et abandonnée aux travaux domestiques. L'homme d'armes qui montait une jument était déshonoré.

Sur les sceaux les plus anciens et jusqu'à la fin du douzième siècle, l'allure des chevaux la plus habituelle est le pas ou le trot. Passé cette date, ils sont représentés galopant et presque constamment à droite. Les montures des dames, les *haquenées*, font exception à cet usage; les graveurs n'ont pas manqué de leur donner l'allure artificielle qu'on appelle l'amble.

On ne peut rien dire de la ferrure, si ce n'est que les artistes n'ont commencé à en reproduire des traces que vers 1195, sur le sceau d'Ansel de Garlande [1].

[1]. Nous donnons ici, pour les curieux que l'hippiatrique du moyen âge intéresse, des extraits de comptes indiquant des prix et quelques noms de chevaux :

« Le compte des chevaux d'armes que Mons. (Raoul, comte d'Eu, connétable de France) laissa à Rouen... quant il ala en Lombardie... contenant le nombre de 32 chevaux départis et distribuez en la manière qui ensuit : premièrement des chevaux dessus diz moururent IIII, c'est assavoir : *Bayart d'Arragon, Morel de Huy, le Ferrant pommelé* et *le Grant bay de Behaigne.*

Item Mons. en donna ce qui ensieut :

A Mons. Olivier de Clichon, *Bayart d'Estouteville.*
A Mons. Drieu de Mello, *Bayart de Bailleul.*
A Mons. Rogier Bacon, *la Douce.*
A Mons. Jehan Doublel, celui sur qui il sist lors.
A li un autre morel sur quoy il sist Caletot.
Et les autres furent vendus, c'est assavoir :
Le Bestor, XXIIII l. — *Grisel de la Bannière*, XXXV l.
Bayart de la Mote, XV l. — *Baillet de Belleperche*, LX l.
Bayart de Monceaux et *l'Aveugle du Bois Roart*, IIIIXX X l.
Grisart d'Espaigne, XL l. — *Grisart Maugier*, *Grisart d'Estouteville* et l'autre bay, VIXX l. — *Bayart de la Forest*, XXIIII l. — Un petit bay coursier, XXX l.
Morel de Bauchain, XV l. — Un autre, XXX l. — Un autre, XXV l. — Deux autres, VIXX l. — Un autre, C l. — Un autre, L l.

Et le remanant fut envoyé devers Madame, c'est assavoir :

Morel de Traynel. — *Le Blanc* sur lequel sist Thomas des Ylles. — *Morel de Monceaux.* — *Le Coursier Gris.* — *Baillet de Montmorency.* — *Queue d'Agache.* — *Morel de Dynant.* — Et *le Blanc Coursier.*

Methe Cannevas de Milan, marchand de chevaux.

Pour IIII chevaux achetez de li à Laingny en 1335, IXc XX l.

Pour III chevaux achetez à Compiègne en 1336 quand on y tournoya, VIIc LXXV l.

Pour II coursiers achetez à Paris en 1338, IIc l.

Pour I petit coursier acheté lors pour Mons. de Guines, XXX l.

Pour II coursiers achetez lors à Paris donnez à Mess. Gauchier de Noyers, IIc l.

Pour I cheval acheté lors à Compiègne pour le sire de Bailleul, IIIIXX X l.

Pour I autre cheval... pour le sire de Beuseville, XIIXX X l.

Pour II roncins achetez en Flandre, LXX l.

Pour I autre roncin, XXV l.

Pour I poquet acheté de li par Mons. et pour li, XL l.

A Regnaut de Bonnuil pour I cheval pris de li pour le barbier de Mons, X l. »

(Ce sont des chevaux de valets.)

On lit, d'autre part, dans les comptes de l'écurie du roi et dans ceux de l'hôtel du duc d'Orléans, au quinzième siècle :

« Pour ung petit cheval de poil noir. . . . . 7¹ t.
        Id.   id. . . . . 8¹ t.
Pour une mule de poil fauve . . . . 1,000¹ t.
Pour un roncin brun bay, une estoile blanche au front. . . 1,200¹ t.
Pour un coursier brun bay, marqué à la cuisse dextre. . . . 3,600¹ t.
Pour un coursier gris, marqué en la cuisse sénestre, donné au bâtard d'Orléans. . . . . 5,200¹ t.
Pour un coursier pommelé, mis en l'escuierie pour le corps de mon dit seigneur. . . . . 2,000¹ t.
Pour un coursier clair bay . . . . 4,000¹ t.
Pour un coursier brun bay, marqué en la cuisse dextre. . . . 3,000¹ t.
Pour cuir et façon d'un harnois, etc., pour le grant cheval appellé *Phébus*.....
Pour le cheval *Béthune* qui fut au maréchal de Bourgogne.....
Mors à pas d'asne pour la hacquenée nommée *Lamiraulde*.....
Pour avoir embourré la selle de la hacquenée appellée *De toutes pièces*.....
Un resne pour le cheval appelé *le Coureur*.....
Mors de bride de la hacquenée nommée *Bretaigne*.....
Pour la hacquenée appellée *la Vigoureuse*.....
Pour la bride de l'un des grands chevaux appellé *le Genest*.....
Pour faire cinq couvertures pour les deux hacquenées nommées l'une *l'Esternille*, et l'autre, *le petit Grisonnet*.....
Une housse de cuir rouge pour la mule appellée *la Gasconnette*.....
Une chevestre pour le cheval appellé *Colon*.....
Pour la selle de la hacquenée appellée *Courte Oreille*.....
Pour la hacquenée nommée *Largentière*, et l'autre nommée *Flavy*.....
Pour le cheval nommé *Bourgoigne* et le cheval nommé *Beauveau*.....
Pour le cheval *Menny Peny*.....
Pour *Beauregard*, hacquenée de ma dite dame (la duchesse d'Orléans).....
Une selle neuve pour *Osternay le Rouen*.....
Pour le cheval nommé *la Tour*..... »

LA BRIDE

Un dessus de tête avec frontail et sous-gorge, deux montants, le mors et les rênes, telles sont les pièces composant la bride du moyen âge, bride fort simple, sans muserolle ni gourmette apparente. Ces pièces ressemblent presque toutes à celles que nous employons aujourd'hui, le mors et les rênes demandent seuls quelques explications.

Fig. 191.
D'après le sceau de Jean, comte de Beaumont. 1217.

Fig. 192.
D'après le sceau de Robert II, duc de Bourgogne. 1273.

Le mors jusque vers la fin du treizième siècle a ses branches longues, droites ou coudées en arrière, de façon à communiquer à son action une grande puissance, reliées ensemble à leur extrémité par une traverse où s'attachent les rênes. Si l'on peut prendre pour type la bride figurée sur le sceau de Charles d'Anjou, roi de Sicile, en 1289,

Fig. 193.
D'après le sceau de Charles d'Anjou, roi de Sicile. 1289.

Fig. 194.
D'après le sceau de Henri d'Avaugour. 1231.

cette traverse était percée près de chaque branche d'un trou où la rêne était arrêtée par un touret. Au lieu d'une seule traverse il en existe quelquefois deux ; alors les rênes se fixent à la plus basse.

La différence de ce mors avec celui du quatorzième siècle et des suivants consiste en l'addition, à l'extrémité de chaque branche, d'un anneau où s'attachera désormais la rêne. Les branches conservent la même longueur, leur puissance d'action et leur traverse. Il n'y a de changé que le point de départ des rênes.

Fig. 195.
D'après le sceau
de Jean de Chalon.
1301.

Il est plus difficile d'expliquer comment celles-ci finissaient à la main du cavalier, cachée, la plupart du temps, par le bouclier. Aux douzième et treizième siècles, les rênes se terminaient habituellement par un

Fig. 196.
D'après le sceau
de Gui de Lusignan,
1287.

Fig. 197.
D'après le sceau
de Jean-sans-Peur,
duc de Bourgogne, 1412.

Fig. 198.
D'après le sceau
d'Aimery, vicomte
de Thouars, 1201.

anneau de métal de grande dimension, quelquefois par un nœud. A partir de cette date, on les perd de vue jusqu'au quinzième siècle, où elles sont fermées par une boucle.

Les anciennes rênes étaient ordinairement faites de

cuir. Quelques-unes, ce qui est fort rare, paraissent entièrement confectionnées en chaînette. A partir de la fin du quatorzième siècle, avec les représentations d'apparat, les rênes, simples jusque-là, s'élargissent pour mieux se couvrir de broderies, elles se bordent

Fig. 199.
D'après le sceau
de Charles-Quint.
1514.

Fig. 200.
D'après le sceau
de Philippe le Beau,
archiduc d'Autriche, 1483.

Fig. 201.
D'après le sceau
de Charles le Téméraire,
duc de Bourgogne, 1468.

de franges, se découpent, se festonnent, et alors elles aboutissent au mors par l'intermédiaire d'une chaîne; ou si les rênes ordinaires sont conservées, elles se compliquent de doubles rênes de parade, artificielles, sans action, qu'on attache d'habitude à l'extrémité supérieure de la branche.

LA SELLE D'ARMES

Nous étudierons dans la selle d'armes : l'arçonnière de devant, qui est le pommeau ; l'arçonnière de derrière, palette ou troussequin modernes ; les quartiers, la couverture, les sangles, le poitrail, l'étrier. La croupière n'est figurée sur aucun type équestre, tandis que le poitrail, destiné à assurer la selle contre la poussée de la lance, ne manque presque jamais.

Fig. 202. — Thierri d'Alsace, comte de Flandre, 1128.

De 1069 à 1170, la selle comporte : des arçonnières étroites, recourbées en dehors ; des quartiers coupés le plus souvent carrément et enrichis de broderies quadrillées ou en feston ; deux sangles distantes l'une de l'autre (fig. 204) ; une bande de cuir formant le poitrail, garnie de franges espacées, terminées chacune par une boule ; des étriers arrondis

Fig. 203.
Eudon, duc de Bretagne. 1155.

ou surbaissés (fig. 205), suspendus par des étrivières tantôt de cuir, tantôt en chaînette, attachées sous la couverture ; une couverture carrée comme le quartier qu'elle déborde dans tous les sens, souvent découpée, à son bord inférieur, en lanières flottant sous le ventre du cheval.

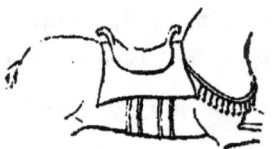

Fig. 204. — D'après le sceau de Guillaume Cliton, comte de Flandre. 1127.

Vers 1170, les arçonnières changent de forme ; elles s'élargissent en s'étendant sur les côtés ; celle de derrière se cintre en dossier de fauteuil, de manière à emboîter le cavalier et à augmenter son assiette. Les quartiers ne restent pas toujours carrés, ils s'arrondissent quelquefois des angles ou s'allongent en pointe sur l'épaule du cheval ; on les couvre des broderies de l'époque, consistant en un dessin fretté. Les pendants de la couverture deviennent plus rares ; la couverture elle-même finit par disparaître, soit que s'ajoutant aux

Fig. 205. Raoul de Fougères. 1163.

quartiers elle ne fasse plus avec eux qu'un seul et même objet, soit que les quartiers la cachent complètement. Les étriers, plus légers, empruntent la forme du triangle.

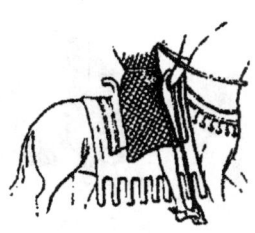

Fig. 206. — Philippe d'Alsace, comte de Flandre. 1164.

Après 1200, les arçonnières restent ce qu'elles étaient à la fin du douzième siècle ; le troussequin fortement cintré est définitivement adopté ; il ne fait que se développer en ce sens et devient bientôt un champ où sont représentées les armoiries héréditaires : ainsi l'on rencontre sur les sceaux, dès 1223, 1224, 1235, des trousséquins *fascés de vair*, ou bien *à la croix cantonnée de seize alérions*, ou portant *un vairé*,

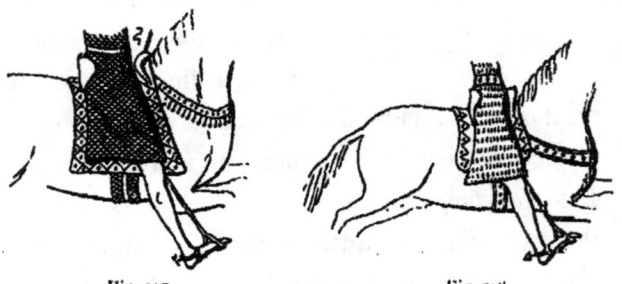

Fig. 207.
Philippe d'Alsace, comte de Flandre. 1170.

Fig. 208.
Pierre de Courtenay. 1181.

c'est-à-dire aux armes de *Coucy*, de *Montmorency* ou de *Guines*. Les quartiers, presque toujours arrondis, reproduisent quelquefois dans leur broderie les pièces héraldiques du personnage ; ils sont brodés *d'annelets*

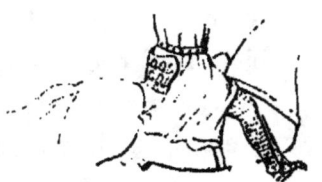 

Fig. 209.
Baudouin, comte de Guines. 1235.

Fig. 210.
Robert de Pissy. 1230.

sur le sceau de Robert de Pissy, 1230. Le poitrail quitte ses franges à boule et se couvre en revanche d'un dessin fretté ou de clous à tête ; dans le type de Robert de Braine, le poitrail porte le blason de la famille : *un échiqueté*. De plus, on remarque certaines selles où le poitrail, au lieu de s'attacher à l'arçonnière de devant, vient passer derrière le troussequin, enfermant ainsi dans une sangle horizontale toute la selle et le cheval. Ce poitrail particulier se remarque sur les sceaux de Gaucher de Joigny, en 1211, du fils

Fig. 211. — Robert de Braine. 1215.

de Philippe-Auguste, en 1214, de Henri, comte de Grandpré, en 1217. Tandis que les arçonnières vont en s'agrandissant, les quartiers suivent une marche inverse. Vers le milieu du treizième siècle, ils n'occu-

Fig. 212. — Henri, comte de Grandpré, 1217.

pent plus sur le cheval qu'une très petite place, de sorte qu'à cette époque la selle, envahie par la housse d'une part, cachée de l'autre sous les plis de la cotte d'armes, ne montre plus que le troussequin, souvent armorié, et une partie des sangles superposées ou croisées. Quant à l'étrier, il est resté triangulaire et

Fig. 213. — Gui de Lusignan, 1287.

suspendu comme il a été dit, par une étrivière en cuir ou en chaînette.

Au quatorzième siècle, les arçonnières prennent encore de l'ampleur ; le troussequin, se contournant davantage à mesure qu'il s'exhausse, emboîte de plus en plus le cavalier; on l'échancre

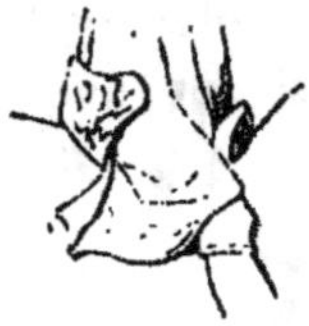

Fig. 214. — Louis, comte de Nevers, 1315.

Fig. 215. — Charles, dauphin de Viennois, 1352.

sur les côtés pour lui donner un peu d'élégance. Le poitrail porte à son milieu un écusson aux armes du personnage.

Après 1350, la transformation qui s'opère dans l'armure atteint la selle d'armes ; il faut qu'elle concoure aussi à la défense de l'homme de guerre. On la revêt de plaques d'acier ; le pommeau s'évase pour protéger la cuisse, ses plaques s'arrondissent et embrassent le devant de ce membre comme si elles allaient rejoindre le troussequin ; les selles d'armes de

Jean Ier, duc de Lorraine, de Jean-sans-Peur, de Philippe le Bon sont bardées de cette façon. Chez les

Fig. 216. — Jean Ier, Duc de Lorraine, 1397.

derniers ducs de Bourgogne, les quartiers, fort petits et en demi-cercle, sont découpés en feston ; au milieu du poitrail figure l'écusson de Flandre.

Les pommeaux à plaques d'acier, *à plates*, affectent différentes formes, comme ils varient dans leur dimension. Celui de Charles, duc d'Orléans, en 1444, a les

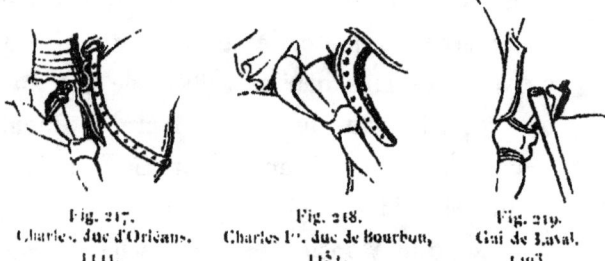

Fig. 217.   Fig. 218.   Fig. 219.
Charles, Duc d'Orléans,   Charles Ier, Duc de Bourbon,   Gui de Laval,
1444.   1454.   1493.

bords échancrés. Il est en fer à cheval, orné de clous et garni d'anneaux sur le sceau de Charles Ier, duc de Bourbon, en 1454, et il défend non seulement la cuisse, mais encore le genou et le haut de la jambe. Le pommeau de selle de Gui de Laval, en 1493, est très élevé et coupé carrément ; celui de Louis, duc d'Orléans, en 1485, couvre entièrement le ventre du cavalier ; il en est de même dans les types des archiducs d'Autriche. Nous donnons ici l'étrier exceptionnel d'Antoine, comte de Fauquembergue, en 1515.

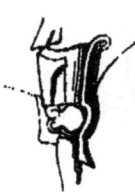

Fig. 220.
D'après le sceau de Louis, duc d'Orléans, 1485.

Fig. 221. — Antoine, comte de Fauquembergue. 1515.

Les sceaux viennent de nous faire connaître la selle d'armes dans son ensemble, dans sa disposition générale. Leur petite dimension a empêché le graveur d'aller plus loin. Mais on ne sera peut-être pas fâché de connaître les détails de son ornementation, qui dépasse au quatorzième siècle tout ce que pourraient rêver les plus habiles selliers de nos jours.

On lit dans le compte fourni à Raoul, comte d'Eu, connétable de France, par Geffroy le Breton, sellier du roi (1336-1339) :

« Pour Monseigneur, une selle de coursier à parer : les arçonnières devant et derrière de pillevilles d'argent férus en tas en manière de tuyaux, et sur les carrefours des dictes pillevilles, chastons ; et ou milieu des dictes arçonnières, un dieu d'amours vestu de drap de soie, après le vif, les mains et la teste d'yvuire, et les ailles d'orfaverie, et tient un rouleau d'esmail, assis sur une terrasse de veluel ; et à chascun costé

23

du dieu d'amours, à l'un un bergier et à l'autre une bergière, vestus de drap de soye, les testes et les mains d'yvuire, et sur la dicte terrasse, moutons d'yvuire qui paissent, et de lez la bergière, un chien d'yvuire ; et la terrasse estincele au miex que en peut après le vif... xlv¹ p. »

Prenons dans le même compte un objet décoratif plus en rapport avec le métier des armes :

« Pour Monseigneur, une selle de guerre à parer : les arçonnières devant et derrière, un pieu ou millieu d'or soudé et ou millieu un chevalier armé, toute la haubergerie d'argent, vestu d'un tunicle de ses armes, les grèves et les rondelles d'orfaverie et l'espée d'argent ; et aus deus costez, le champ de veluel vermeil lozengié d'or et de feueilles ; et une terrée en l'arçon derrière de veluel vert, et deux dames d'yvuire dont l'une tient le tymbre Monseigneur et l'autre un penoncel d'argent esmaillié, et ou millieu un chevalier armé qui tient un escu d'argent esmaillié des armes de Monseigneur, xl¹ p. »

LA HOUSSE

L'ARMURE était entrée dans la période du grand haubert. Sous un habillement défensif, compacte, à pièces étroitement cousues ensemble, l'homme d'armes, invulnérable, ne pouvait être pris ou tué que lorsqu'il était à terre, et pour l'y jeter on cherchait à blesser le cheval. La défense de ce compagnon de guerre, on disait le *destrier*, ne pouvait donc pas être plus longtemps différée. Dès le commencement du treizième siècle, on le couvrit de mailles ou d'une épaisse draperie.

Les premières housses, d'abord d'une seule pièce, avec une échancrure aux flancs pour le passage de l'éperon, témoin le sceau de Savari de Mauléon (fig. 67), en 1225, furent bientôt remplacées par des housses en deux parties, l'une pour l'avant-main, l'autre pour la croupe.

L'habillement de l'avant-main coiffait le cheval jusqu'à l'angle de la bouche, enveloppait l'encolure et retombait en tablier jusqu'au bas des jambes, qui se trouvaient ainsi obligées de soulever la lourde étoffe à chaque foulée de galop; de tels avant-main se voient sur les sceaux du seigneur de Châteauroux, en 1217, d'Amauri de Craon, sénéchal d'Anjou (fig. 222), en 1223. Cette coupe incommode ne tarda pas à être modifiée ; l'on échancra d'abord la pièce sur le devant,

Fig. 222. — Amauri de Craon, sénéchal d'Anjou, 1223.

puis on la fendit jusqu'au poitrail pour la liberté des jambes. Dans un type de 1224, le cheval de Mathieu

Fig. 223. — Mathieu de Montmorency, 1224.

de Montmorency est revêtu d'une housse échancrée, et sur un sceau du même personnage, en 1230, le cheval porte la housse fendue.

L'habillement de la croupe descendait aussi bas que celui de l'avant-main. Tous deux se bouclaient à la selle.

La housse de mailles, fort rare sur les sceaux, appartient en général à des types du midi de la France. Dans ces contrées, la pièce de l'avant-main, au lieu de retomber en deux pans carrés, finit ordinairement en pointe de chaque côté de l'épaule.

Fig. 224. — Bernard V, comte de Comminges, 1226.

C'est aussi dans le Midi que se rencontrent ces housses mixtes dont le devant est en mailles, tandis que la croupe est couverte d'une étoffe armoriée, bordée de pendants ou de découpures. La plus ancienne housse de mailles figurée sur les sceaux se voit dans le type de Robert de Montaut, en 1214; elle paraît être d'une seule pièce.

La housse d'étoffe, qu'on appelait *couverture pourpointe* par opposition à celle de mailles, nommée *couverture de fer*, est la plus répandue. Armoriée dès son origine, elle portait le blason du chevalier répété à droite et à gauche, sur l'épaule et sur la cuisse, comme dans le type de Gautier de Nemours, maréchal de France. A l'époque où les cimiers envahirent le

Fig. 225. — Gautier de Nemours, maréchal de France, 1260.

casque, des cimiers analogues se posèrent sur la tête du destrier; aussi, à partir de 1267, trouve-t-on des chevaux cimés d'aigrettes, de bois de cerf, de chimères, d'aigles, etc.

Lorsque, vers 1360, l'armure de l'homme de guerre commença à se transformer, la tête du cheval se garnit d'un *chanfrein*, plaque d'acier armée d'une crête ou d'une pointe, qu'on laçait sous la ganache et qu'on accompagnait de quatre à cinq lames articulées, à recouvrement, bardant le haut de l'encolure et maintenues en dessous par de la maille.

Fig. 226.
D'après le sceau de Louis de Châtillon, comte de Blois, 1361.

Fig. 227.
D'après le sceau de Pierre de Navarre comte de Mortain, 1404.

Un rebord saillant garantissait d'ordinaire les yeux du cheval. D'autres fois ils étaient abrités derrière un grillage. On fermait complètement les œillères s'il était sujet à se dérober ; dans ce cas le chanfrein était dit *aveugle*. C'est celui dont les sceaux de Jean Ier, duc de Lorraine, en 1367, — de Jean-sans-Peur, en 1412, — de Charles d'Orléans, en 1444, fournissent des exemples.

Fig. 228.
D'après le sceau de Philippe le Bon, duc de Bourgogne.
1435.

Fig. 229.
D'après le sceau de Jean-sans-Peur, duc de Bourgogne,
1412.

Un sceau de Louis, troisième fils de Charles VI et dauphin de Viennois, en 1409, nous offre un chan-

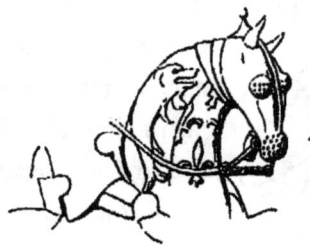

Fig. 230. — D'après le sceau de Louis, dauphin de Viennois, 1409.

frein dans lequel le museau du cheval est protégé par une grille.

Tout en défendant utilement le cheval, le chanfrein devint pour les seigneurs une occasion d'étaler le plus grand luxe. Ils le garnissaient d'or, le couvraient de pierreries, le cimaient de plumes d'autruche, parure des plus recherchées. Le cheval d'armes du comte de Saint-Pol portait au siège de Harfleur, en 1449, un chanfrein estimé 30,000 écus.

Dans les représentations d'apparat, sous les der-

Fig. 231. — Jean-sans-Peur, duc de Bourgogne, 1405.

niers ducs de Bourgogne, l'étoffe de la housse devient souple, légère, flottant au vent en longs plis soyeux; mais le tissu léger recouvre une seconde housse de fines mailles, enveloppant entièrement le cheval. On pourra comparer ces derniers types à celui de Philippe, comte de Valois (fig. 232), en 1327.

Au commencement du seizième siècle, les housses disparaissent. L'homme de guerre a depuis longtemps adopté l'armure en fer plat, il l'applique à la défense du cheval. Déjà la tête est garnie du chanfrein, la barde de crinière couvre l'encolure. En étendant le système au poitrail, à la croupe et aux flancs, l'on aura le cheval bardé dont les derniers sceaux fournissent quelques rares spécimens, mais que l'on trouvera fréquemment figuré dans les tapisseries, dans les sculptures, et qu'on pourra étudier dans les musées spéciaux.

Fig. 232. — Philippe, comte de Valois, 1327.

Ornement tiré du manuscrit français n° 30, à la Bibliothèque nationale, XIV° siècle.

TYPE HÉRALDIQUE

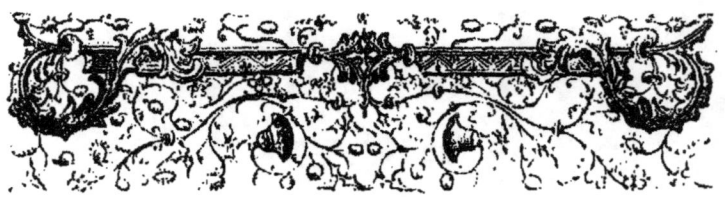

Initiale tirée des *Décrétales de Grégoire IX*, ms. du XIV° siècle, n° 357, à la Bibliothèque de Laon.

Nous venons de voir les armoiries héréditaires devenir par leur présence sur l'écu, sur la cotte d'armes, sur la housse, un accessoire important de l'habillement chevaleresque.

Déjà nous avions montré, dans le type des dames, les pièces héraldiques employées à décorer les surcots d'apparat.

Ces rapports, constants au moyen âge, des emblèmes féodaux avec le costume, nous obligent à consacrer quelques pages au blason. Toutefois notre intention n'est pas de reproduire ici les éléments d'une science que l'on trouve exposée dans bien des traités. Nous toucherons seulement aux questions les plus essentielles, celles qui se rattachent à l'origine des armoiries, à la figure chronologique de l'écu. Nous étudierons également les supports, les cimiers, le volet et les lambrequins, les diverses formes d'écu, les premières brisures.

L'imagerie des sceaux nous a transmis un nombre considérable d'armoiries, et ces armoiries se recommandent non seulement par une authenticité incontestable, mais encore par leur grande ancienneté. De tous les monuments qui pourraient nous éclairer sur l'origine du blason, il ne reste, ou du moins l'on ne connaît que les sceaux. Il était donc tout naturel et indispensable à la fois de les prendre pour base de ce travail. Nous ajouterons que les sceaux dont nous allons invoquer le témoignage appartiennent la plupart aux grands feudataires ou aux seigneurs les plus marquants de notre pays. La question des blasons étrangers se trouve ainsi réservée.

ORIGINE DES ARMOIRIES

Les origines des armoiries tendent à se dégager chaque jour davantage des fables qui les obscurcissaient. Les témoignages fournis par les sceaux servent de base aux nouvelles théories[1].

On a d'abord séparé les emblèmes, les symboles de fantaisie qui décorèrent de tout temps les boucliers, des armoiries féodales, signes héréditaires, distinctifs et représentatifs de la seigneurie. Cette démarcation une fois établie, il ne restait plus qu'à prendre pour point de départ des armoiries reconnues et à les suivre en remontant le cours des siècles jusqu'au moment où elles cessent d'être représentées sur l'écu.

C'est ainsi qu'en étudiant d'âge en âge les sceaux des comtes de Flandre, on rencontre le *lion* pour la première fois dans le type de Philippe d'Alsace, en 1170 (fig. 233). Le sceau de 1164 du même comte n'en fait pas mention. On le chercherait en vain sur les sceaux des prédécesseurs de Philippe.

On constate par la même méthode que le plus ancien blason des Montmorency, la *croix cantonnée de quatre alérions*, date de 1177 et se trouve sur l'écu de

---

[1]. Voyez A. DE BARTHÉLEMY, *Essai sur l'origine des armoiries féodales* (extrait des Mémoires de la Société des Antiquaires de l'Ouest, 1872).

Mathieu II, tandis que le sceau de Mathieu I⁽ᵉʳ⁾, avant 1160, n'offre aucun emblème héraldique. — L'écu de Conon, comte de Soissons, porte, de 1178 à 1180, le *lion passant;* on ne voit pas d'armes apparentes sur le type de ce même Conon, en 1172. — Dès 1189,

Fig. 233. — Philippe d'Alsace. 1170.

Mathieu III, comte de Beaumont-sur-Oise (fig. 234), tient un bouclier chargé d'un *lion rampant;* le sceau du même comte ne possède pas d'armoiries en 1177; celui de Mathieu II, son prédécesseur, n'en possède pas davantage en 1173. — Les Coucy présentent, en 1190, leur *fascé de vair et de gueules de six pièces;* ce blason n'existe pas sur un sceau de 1150. — Le *lion* des Garlande apparaît en 1192 et ne figure pas sur un sceau de Gui de Garlande en 1170. — Gérard de Saint-Aubert porte en 1194 un bouclier *chevronné à la bordure;* ce seigneur n'a pas encore d'armoiries en 1185. — Les anciennes armes du Hainaut, un *chevronné de six pièces,* sont reproduites en 1195 sur un sceau de Baudouin le Courageux, tandis que le type de ce même personnage, à la date de 1182, en est

Fig. 234. — Mathieu III, comte de Beaumont-sur-Oise, 1189.

Fig. 235. Contre-sceau de Baudouin le Courageux, comte de Hainaut. 1195.

dépourvu. — Avant 1197, Henri II, comte de Champagne, porte la *bande coticée;* mais dans un type précédent, de l'année 1180, on n'aperçoit sur le bouclier qu'un umbo accompagné de son armature de fer; le bouclier de Henri Ier, en 1168, se trouve dans la même condition. — A la date de 1197, Geoffroi, comte du Perche, porte *trois chevrons;* l'écu de son père, Rotrou III, ne contient pas d'armoiries, en 1190. — Gautier d'Avesnes, en 1199, se couvre d'un écu *bandé de six pièces;* Jacques d'Avesnes, en 1186, n'a pas d'armes distinctes. — On remarque sur le sceau de Guillaume, comte de Clermont d'Auvergne, en 1199, un écu à *deux lions passants* que ne donnent pas les types de ses devanciers.

Fig. 236. D'après le sceau de Guillaume, comte de Clermont d'Auvergne. 1199.

— Enguerran de Picquigny, vidame d'Amiens, porte, en 1199, un *échiqueté sous un chef de vair* qui ne se trouve pas chez Gérard de Picquigny, en 1190.

D'après les exemples que nous venons de citer, le blason fait son apparition dans les dernières années du douzième siècle, brusquement, sans transition. Mais il est d'autres types plus anciens où les pièces des armoiries existent, s'annonçant, pour ainsi dire, avant

Fig. 257. — Enguerran, comte de Saint-Pol, avant 1150.

de passer dans l'écu. Le sceau d'Enguerran, comte de Saint-Pol, antérieur à l'année 1150, est de ce nombre. Il offre déjà plusieurs *gerbes* dispersées dans le champ.

Ces gerbes deviendront héraldiques plus tard et formeront, au nombre de cinq, le blason de la famille des Candavène, à laquelle appartenait Enguerran. — La fleur de lys de France, dont nous reparlerons tout à l'heure, fait partie de cette catégorie. Les sceaux des premiers rois de la troisième race, Henri Ier, Philippe Ier, Louis VI, la contiennent en germe, à l'état d'un fleuron ornant le sceptre et la couronne; un fleuron se voit également à la main du souverain.

Fig. 238. — Fleurons : depuis le roi Robert jusqu'à Philippe-Auguste.

Ce fleuron s'héraldise et commence seulement à

Fig. 239. — Contre-sceau de Philippe-Auguste.

prendre des lignes de convention définitives dans le type de Philippe-Auguste.

On remarque sur le sceau d'Hellin de Wavrin, en

Fig. 240. — D'après le sceau d'Hellin de Wavrin, 1177.

1177, une aigle empiétant un dragon; cette aigle est passée, en 1193, dans l'écu de Robert de Wavrin, sénéchal de Flandre. — Le sceau de Roger de Meulan, en 1195, porte dans le champ un lion passant; en 1197, ce lion, devenu rampant, figure dans l'écu de Jean de Meulan; Roger de Meulan tient également un bouclier au lion rampant, sur un sceau de 1204. — Julienne, dame de Rosoy, se fait représenter, en 1195, accompagnée de deux roses; ces roses deviennent bientôt héraldiques. L'écu de Roger de Rosoy, en 1201, en porte trois.

Fig. 241.
D'après le sceau de Roger de Meulan, 1195.

Revenons à la fleur de lys. Jamais question d'origine n'a été plus controversée. Des conjectures probables et des suppositions étranges ont vu le jour à son occasion. Les sceaux interviennent dans le débat et montrent la fleur de lys apparaissant pour la première fois avec un caractère héraldique dans le type de Philippe-Auguste, après l'avoir annoncée par le fleuron dès les premiers Capétiens.

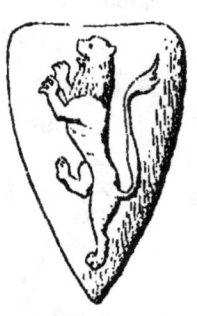

Fig. 242.
D'après le sceau de Jean de Meulan. 1197.

Quel est ce fleuron? d'où vient-il? Serait-ce la fleur primitive dont le dessin et la plastique appartiennent à toutes les époques, qui a été connue et employée comme motif d'ornementation chez les peuples les plus anciens et les plus divers, dont se servent encore les modernes? C'est l'opinion d'Adalbert de Beaumont, et son auteur la fait valoir avec autant d'esprit que de verve.

D'un autre côté, la sigillographie semble nous

entraîner dans une voie toute différente. Si, dans les plus anciens types qui représentent la Vierge, on compare les fleurons de la couronne, celui que la Vierge tient à la main, avec les fleurons figurés sur les sceaux de nos rois, on est frappé de leur analogie ; on dirait le dessin du même ornement, du même attribut. Sur un sceau du chapitre de Notre-Dame de Paris, à la date de 1146, les fleurons de la couronne de la Vierge, celui

Fig. 243.
D'après le sceau de Notre-Dame de Paris, 1146.

qu'elle porte, le fleuron sur lequel ses pieds reposent, annoncent la future fleur de lys héraldique mieux que ne l'indiquent les sceaux royaux de la même époque.

Si l'on interroge le type de l'abbaye de Bonne-Espérance, en 1155, on remarquera dans les mains de la Vierge un sceptre terminé par un fleuron des plus caractérisés. — En 1197, la Vierge figurée sur le sceau de l'abbaye de Faremoutiers porte un sceptre dont le fleuron est identique au fleuron que saint Louis tiendra quarante ans plus tard à la main ; la couronne de la Vierge est également fleurdelysée.

Fig. 244.
D'après le sceau de l'abbaye de Faremoutiers, 1197.

Cette étude comparative offre déjà plus qu'un parallélisme. Elle tend à établir que la fleur de lys des types de la Vierge a devancé la fleur de lys de nos souverains. Les rois de France auraient-ils emprunté l'attribut de la reine du ciel? L'examen des monnaies a conduit M. Anatole de Barthélemy à se poser la même question et à la résoudre affirmativement. L'autorité de notre savant confrère donne un grand poids à cette nouvelle hypothèse.

Nous venons d'exposer deux des opinions les plus vraisemblables sur l'origine de la fleur de lys. Toutes deux ont le mérite d'être tirées de l'imagerie.

En examinant la première, celle du fleuron primitif, on est conduit à se demander: à quelle époque le fleuron a-t-il pris le nom de fleur de lys? La plus ancienne mention écrite de la fleur de lys que l'on connaisse se trouve dans une ordonnance de Louis VII, relative au sacre de son fils. Le mot a-t-il été employé dans cette occasion pour la première fois? ou, si cette appellation a été appliquée plus anciennement, jusqu'où remonte-t-elle? Pourquoi, dans un acte bien plus rapproché de nous, dans l'inventaire de Charles V, se sert-on indistinctement pour la description de la couronne tantôt du mot fleuron, tantôt du mot fleur de lys, comme de deux expressions synonymes?

Dans la seconde hypothèse, si le lis a été emprunté à la Vierge, les preuves par les textes sont moins urgentes. La symbolique chrétienne a consacré le lis dès les premiers siècles comme un emblème de la virginité. Il s'agit de rechercher vers quelle date le symbole devient un attribut; la conclusion se trouve subordonnée à l'étude des représentations de la Vierge antérieures à celles qui viennent d'être citées.

Mais au point où nous sommes arrivés, la sigillographie cesse de nous prêter son concours. Les Carolingiens se sont servis, pour authentiquer leurs

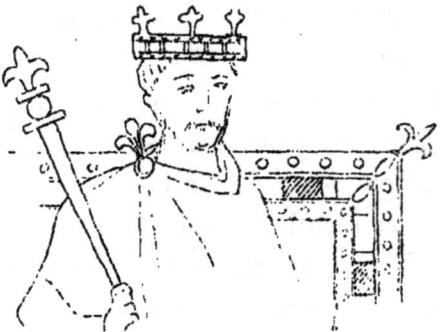

Fig. 215. — Charles le Chauve, 842-869.

diplômes, de types empruntés aux empereurs romains, et les Mérovingiens ne présentent qu'une tête chevelue de la facture la plus barbare. C'est à un autre ordre de documents figurés qu'il faut demander des renseignements.

Il nous a paru intéressant de feuilleter les manuscrits à miniatures de la période carolingienne et de consigner ici le résultat de leur dépouillement.

Dans le livre de prières de Charles le Chauve, en 842-869 (Bibl. nat., latin, n° 1152), l'empereur est figuré le front ceint d'une couronne à fleurons, tenant un sceptre fleuronné. Le dossier du trône sur lequel le

Fig. 216.

monarque repose est surmonté d'un fleuron à chacun de ses angles. L'agrafe même du manteau rappelle le même ornement.

L'évangéliaire de Godescalc (Bibl. nat., latin, n° 1993), écrit spécialement pour Charlemagne, à la date de 780, représente d'autres sujets peut-être plus remarquables. A droite de la tête de saint Jean, on rencontre d'abord une rosace composée de fleurons.

Viennent ensuite de nombreuses pages où les bordures sont décorées de motifs dont le fleuron est l'élément principal, d'arabesques dans lesquelles le

Fig. 217. — D'après l'évangéliaire de Godescalc, en 780. Bibliothèque nationale, latin, n° 1993.

fleuron seul a été utilisé. Des bandes remplies d'un semé de fleurons diversement colorés enrichissent plusieurs feuillets, et, détail des plus curieux, certaines pages contiennent à la fois des fleurons d'ornement de couleur variée et des fleurons de forme identique, mais blancs, émergeant d'une touffe de feuilles vertes. Ce rapprochement nous conduit à une autre hypothèse, bien répandue, celle de la fleur de lys provenant du lis des jardins.

Fig. 218.

Voilà donc l'existence du fleuron, comme attribut, reconnue chez nos rois et dans les livres écrits pour eux aux premiers temps carolingiens.

Si nous étudions maintenant les représentations de la Vierge, renfermées en bien petit nombre dans les manuscrits de la même période, nous remarquons qu'elles sont toutes dépourvues d'attribut. Du moment où, selon la mode alors en usage, les Vierges revêtent le pallium, aucun emblème ne les accompagne, ne les caractérise. L'Annonciation, sujet où l'on ne manque jamais, dans les époques plus rapprochées, de rencontrer le fleuron, ne comporte pas encore cet attribut dans les missels du dixième siècle. Si l'on consulte, d'autre part, les manuscrits orientaux du neuvième siècle au onzième, livres où le fleuron est, pour ainsi dire, la base de l'ornementation, on constate encore une fois que la Vierge n'est accompagnée d'aucun emblème.

Que conclure de ces dernières recherches, sinon que le fleuron attribut ornant la couronne et le sceptre de nos souverains remonte à la date des plus anciens manuscrits illustrés, 842-869, et que la Vierge, jusqu'au onzième siècle, ne portant pas de fleuron, ne saurait l'avoir transmis à nos rois?

Les blasons du douzième siècle sont rares et peu connus. On ne trouvera peut-être pas mauvais que nous ajoutions encore quelques noms aux exemples déjà cités.

En 1177, Eudes de Ham porte *trois croissants*.
1180, Guillaume de Boury, *un croissant*.
Avant 1181, Gérard, comte de Boulogne, *trois tourteaux*.
1182, Robert de Béthune, *trois bandes*.

Fig. 219.
Pierre de Courtenay.
1184.

1184, Pierre de Courtenay, *trois tourteaux*.
1185, Guillaume de Mello, *des merlettes*.
1186, Jean de Bréval, un *chevronné* ; — Gui le Bouteiller de Senlis, *trois gerbes*.
1188, Agnès de Saint-Vrain, *deux fasces accompagnées de merlettes en orle*.
1189, Hilbert de Carency, *une fasce* ; — Mathilde de Portugal, *cinq écussons semés de besants*.
1190, Gérard de Ronsoy, un *burelé* ; — Hugues de Vallery, un *fascé semé de fleurs de lys*.
1191, Baudouin de Mortagne, un *dextrochère*.

1193, Jean, châtelain de Noyon, un *parti d'une fasce et d'un palé de vair sous un chef vivré ;* — Robert de Chartres, *deux fasces.*

1195, Gilles de Trazegnies, un *cotice à la bordure denchée ;* — Robert, comte de Leicester, un *échiqueté ;* — Simon de Montfort, *un lion ;* — Pierre de Gamaches, *un lion léopardé passant ;* — Rasse de Gavre, *un double trécheur fleuronné ;* — Richard de Vernon, *un sautoir.*

1196, Richard de Banthelu, *une fasce accompagnée de six oiseaux en orle.*

Fig. 250.
D'après le sceau de Gilles de Trazegnies. 1195.

1197, Pierre du Maisnil, *un franc-canton ;* — Hugues d'Auchy, un *échiqueté à deux fasces brochant.*

1198, Gui de Moimont, *trois bandes sous un chef ;* — Eudes III, duc de Bourgogne, un *bandé à la bordure ;* — Jean de Villers-Guislain, un *losangé.*

1199, Dauphin d'Auvergne, *un dauphin ;* — Guillaume, comte de Clermont d'Auvergne, *deux lions passants ;* — Aimar, comte d'Angoulême, un *losangé ;* — Raoul d'Inchy, un *fascé d'échiqueté et de vair de six pièces.*

Dans les pages qui précèdent, nous avons montré

les vraies armoiries, les armoiries héréditaires prenant naissance au dernier quart du douzième siècle dans plusieurs familles et plusieurs États à la fois. Nous indiquerons à présent comment elles sont figurées sur les sceaux.

Les blasons commencent à se produire dans les types équestres. Ils se posent d'abord sur le bouclier que le personnage tient à la main, en langage de chevalerie, sur l'écu. Sans attendre que l'umbo ait disparu, les pièces héraldiques se rangent comme elles peuvent dans son voisinage. Nous citerons comme exemple de cette première disposition les sceaux de Philippe d'Alsace, en 1170, — d'Eudes de Ham, en 1177, — de Richard de Vernon et de Richard Cœur-de-Lion, en 1195. Les armoiries occupent ensuite le bouclier en cœur de la fin du douzième siècle. Les divers écus qui succèdent à ce dernier continuent à les recevoir et finissent même, au quatorzième siècle, par ne plus avoir d'autre destination.

Fig. 251.
Eudes de Ham, 1177.

Mais l'écu du chevalier ne jouit pas longtemps seul du privilège des emblèmes féodaux. Le blason, en vogue depuis peu d'années, envahit bientôt la selle, se posant sur le poitrail en 1215 (voy. le sceau de Robert de Braine, fig. 211), sur l'arçonnière de derrière en 1224 (voy. le sceau de Mathieu II de Montmorency, fig. 223). A peine la cotte d'armes est-elle entrée dans le vêtement chevaleresque, la housse dans la défense du cheval, en 1225, qu'elles se couvrent d'armoiries (voy. le type de Savari de Mauléon, fig. 67). Avant 1230, la lance quitte le gonfanon à banderoles pour prendre une bannière rectangulaire, aux armes. L'ailette, la pièce qui défendait l'épaule, devient dès son origine, vers 1294, une des pièces honorables portant les armoiries du personnage (voy. le sceau de Pierre de Chambly, fig. 83). Le heaume de Philippe d'Alsace (fig. 92) est marqué du *lion* de Flandre ; celui d'Amauri, sénéchal d'Anjou, en 1223 (fig. 222), présente sur son pourtour le *losangé* des Craon ; un Flamand, Jean d'Axel (fig. 114), coiffe, en 1336, un heaume armorié d'*un chevron*.

Avant d'aller plus loin, nous croyons devoir placer une observation. Elle découle de ce qui a été exposé jusqu'à présent. L'armature du bouclier engendra, dit-on, les premières pièces de blason. Il suffira, pour réduire à sa juste valeur cette opinion trop généralisée, de citer le lion de Flandre, en 1170, — les croissants de la maison de Ham, en 1177, — les tourteaux des comtes de Boulogne, en 1181, et ceux des Courtenay, en 1184, — les merlettes des Mello, en 1185, — les gerbes des Bouteiller de Senlis, en 1186, — le dextrochère des Mortagne, en 1191, — le lion des Montfort, en 1195, etc. Ces emblèmes, empruntés, comme on le voit, aux plus anciennes armoiries, n'offrent rien de commun avec la ferrure symétrique d'un écu.

Nous dirons encore que la nécessité de placer des armoiries sur l'écu compte pour bien peu dans les modifications qu'il a subies. Ses changements de forme, nous croyons l'avoir démontré dans l'étude sur le costume chevaleresque, tiennent par un lien étroit au progrès de l'habillement défensif. D'ailleurs les boucliers de tous les temps n'ont-ils pas été décorés de signes distinctifs ?

L'ÉCU, SA FIGURE, SES SUPPORTS

PASSONS maintenant au type héraldique proprement dit. C'est ainsi qu'on nomme en sigillographie une représentation dans laquelle l'écu tient la principale place sur le champ du sceau ou l'occupe seul tout entière. D'abord droit, puis penché, l'écu reste semblable de figure au bouclier que portent les chevaliers, mais sa dimension est plus grande.

Écu droit. — Cette imagerie héraldique apparaît vers 1193. L'écu, à cette date, figure debout et seul dans le champ du sceau, dont il occupe la plus grande surface et presque toute la hauteur. Il a la forme dite en cœur. A ce modèle appartiennent les sceaux de Robert de Chartres, en 1193, — de Henri d'Estouteville et de Henri de Ferrières, en 1205, — d'Eudes des Barres, en 1210, — de Nicolas d'Estrées, en 1215, — de Thibaud de Berville, en 1218, — d'Ansel de Gournay, en 1221, — de Jean de Beaumont-sur-Oise, en 1237.

Fig. 252.
D'après le sceau de Henri de Ferrières, 1205.

Mais avant d'atteindre cette date extrême, la forme en cœur a commencé de se modifier. Dans certains écus, le bord supérieur a déjà perdu de sa convexité. Il s'est rapproché de la ligne droite, ses angles seuls restant arrondis. Les sceaux de Roger de Meulan, en 1204, — de Guillaume de Garlande, en 1211, présentent ce changement d'une façon très sensible.

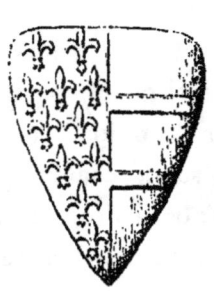

Fig. 253.
D'après le sceau de Guillaume de Garlande.
1211.

En 1227, l'écu est devenu triangulaire, presque aussi large que haut, à angles émoussés, tels qu'on les voit dans les types de Gautier de Chateron (fig. 254), en 1227, de Pierre de Canly, en 1231.

Puis, de 1254 à 1291, le triangle s'allonge ; son bord supérieur devient tout à fait droit et même un peu concave, à angles adjacents franchement accusés. Quelquefois ses bords latéraux sont presque droits comme sur le sceau de Nicolas de Pomponne, en 1254, ou comme au type de Sebran Chabot, en 1269. Mais leur forme ordinaire sera légèrement convexe, et ils conserveront par la suite cette courbure dont les types de Raoul Bouteiller de Senlis, en 1266, de

Fig. 254.
D'après le sceau
de Gautier de Chateron.
1227.

Fig. 255.
D'après le sceau
de Sebran Chabot.
1269.

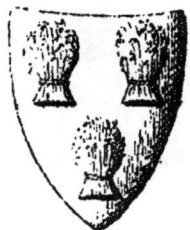

Fig. 256.
D'après le sceau
de Raoul Bouteiller
de Senlis, 1266.

Simon du Châtel, en 1291, présentent des exemples très caractérisés.

Pendant cette dernière période, le goût des accessoires ornés commence à se faire sentir. On inscrit quelquefois l'écu dans une rosace à lobes garnis de rinceaux. Les types de Maurice de Craon, sénéchal d'Anjou, en 1271, et de la sénéchaussée de Saintonge à La Rochelle, en 1273 (fig. 257), offrent les plus beaux spécimens de cette sorte d'ornementation.

On entoure ensuite l'écu de motifs tirés de l'architecture de l'époque et dont l'ogive forme l'élément principal. Ce sont des trilobes ou des quadrilobes, tantôt simples, tantôt combinés avec un système de petits arcs ou d'angles sortants, décorés à l'intérieur

Fig. 257. — Sceau de la sénéchaussée de Saintonge à La Rochelle. 1273.

de festons, de feuillages, d'animaux, de figures emblématiques telles que celles des quatre évangélistes.

De plus, l'écu est accompagné, vers 1344, de personnages naturels ou fantastiques, d'animaux, d'oiseaux, qui le soutiennent d'ordinaire, l'un à droite, l'autre à gauche.

Le sceau d'Humbert II, fils du dauphin Jean, en 1349, nous fournit un des plus riches exemples de ces nouvelles dispositions. L'écu est placé droit

Fig. 258.
Petit sceau d'Humbert II,
dauphin de Viennois. 1349.

dans un quadrilobe. Deux hommes sauvages à cheval sur des griffons le supportent de chaque côté. Dans le lobe supérieur, un homme d'armes, l'épée à la main et tenant un bouclier, est assis sur un lion couché. Le lobe inférieur contient un masque humain de face, entre deux chimères.

Fig. 259.
D'après le sceau
de Perrennelle,
vicomtesse de Thouars,
1378.

Toutefois la composition du sceau n'exige pas toujours un encadrement architectural. Perrennelle, vicomtesse de Thouars, en 1378, fait supporter son écu par deux lions au manteau échiqueté sur l'épaule et le suspend par la guiche, c'est-à-dire la courroie, au cou d'une aigle, sans avoir recours à des ornements accessoires. Il en est de même pour le type de Charles d'Artois, en 1413; l'écu, supporté par deux béliers et surmonté d'un troisième, est posé sur un fond de rinceaux, sans encadrement.

Écu penché. — Les écus dont il a été parlé jusqu'à présent sont droits, debout sur la pointe dans le champ du sceau. Vers le milieu du quatorzième siècle, la mode vint de les placer de biais, de les pencher, et de poser sur leur angle le plus élevé un heaume surmonté d'un cimier : en termes de blason, de les timbrer. On leur donna des supports, comme il vient d'être dit pour les sceaux droits, d'ordinaire au nombre de deux, l'un à droite, l'autre à gauche. D'autres fois la disposition n'en comporte qu'un seul, tandis que dans certains cas on a eu recours à des supports multiples.

Dès le déclin du treizième siècle on a songé à soutenir l'écu, mais les vrais supports héraldiques commencent, ainsi que nous l'avons déjà dit, vers 1344. On a demandé, pour remplir cet objet, des motifs à tous les règnes de la nature, au ciel, à la mythologie. — Le ciel a donné les anges qui tiennent l'écu de France et ceux de beaucoup de dames. — La fable a prêté les centaures, les cerfs ailés, les licornes, le phénix, les griffons, les sirènes et les tritons. — A la terre, on a pris l'homme dans ses différents états, depuis l'homme d'armes jusqu'à l'homme sauvage et, parmi les animaux : le bélier, la biche, le cheval, les chiens de diverses espèces, le léopard, le lion, que l'on a quelquefois coiffé d'un heaume ou recouvert d'un manteau armorié, des loups, des ours, des rats, des sangliers. Les arbres même ont fourni leurs branches, ou estocs. Dans le domaine des oiseaux, on a choisi l'aigle, le cygne, le héron ; les aigles portent aussi quelquefois le manteau armorié, et les cygnes le heaume. On ne pouvait manquer d'emprunter à la mer le dauphin.

Les supports n'ont pas un rapport direct avec les blasons, si ce n'est lorsqu'ils sont vêtus, mantelés ou cravatés, dans lequel cas le manteau ou la cravate répète les armoiries de l'écu ; mais ils se continuent souvent dans les familles et, à ce titre, ils méritent d'être étudiés.

Nous donnerons quelques exemples de support

unique, de supports doubles et de supports plus compliqués, en commençant par le support unique, plus ancien de quelques années que le composé.

Exemples de support unique :
Une *aigle* couronnée porte à son cou l'écu de Louis Ier, duc d'Anjou, en 1370.

Fig. 260.
D'après le sceau de Louis Ier,
duc d'Anjou, 1370.

L'écu de Marie, fille de Charles le Téméraire, en 1477, est soutenu par un *ange*. — L'archange saint Michel porte l'écu de Jean IV, duc de Bretagne, en 1391.

Jean, duc de Berri, en 1393, fait tenir son écu par un *cygne* coiffé d'un heaume.

Sur le sceau de Guillaume Cousinot, chambellan du roi, en 1473, une *dame* soutient d'une main l'écu et de l'autre le heaume. — Certaines dames, dans les types les plus anciens, semblent supporter elles-mêmes leur blason : Marguerite de Courcelles, en 1284, — Alix de Verdun, en 1311, — Hélissent des Barres, femme de Guillaume de Thianges, en 1316, appuient une main sur leur écu, et l'autre sur l'écu de leur mari.

Charles, dauphin de Viennois, vers 1355, fait soutenir son écu par un *dauphin*.

Sur le sceau de Jean, fils d'Humbert Ier, en 1294, un *griffon* porte à son cou l'écu au dauphin.

Les *hommes d'armes* en pied, à mi-corps, en buste, ont été très employés. L'écu de Florent de Hainaut, en 1283, est supporté par un guerrier debout. — Un homme d'armes à mi-corps tient l'écu de Bertrand de Bricquebec, maréchal de France, en 1325, — de Pierre de Tournebu, en 1339, — de Charles III, comte d'Alençon, en 1356, — d'Olivier de Clisson, en 1397.

Fig. 261. D'après le sceau de Florent de Hainaut, 1283.

Un *lion heaumé*, assis et souvent mantelé, supporte les écus des comtes de Flandre, depuis Louis de Male jusqu'à Charles le Téméraire. — C'est encore un lion heaumé qui porte à son cou l'écu de Jean de Rodemack, en 1398, — de Jean IV, comte d'Alençon, en 1408, — de Guillaume de Dommartin, en 1425.

Dans le type de Marguerite de Pommiers, vicomtesse de Fronsac, en 1394, un *oiseau* à tête humaine soutient les deux écus de Pommiers et de Fronsac.

Fig. 262. D'après le sceau de Jean de Rodemack, 1398.

EXEMPLES DE SUPPORTS DOUBLES. — Les supports doubles peuvent être semblables ou différents.

1° *Deux supports semblables*. — Deux *aigles*. Bureau de la Rivière, chambellan du roi, en 1399 ; — Louis, duc d'Orléans, en 1401 ; — Dunois, en 1444.

— Les aigles sont mantelées sur le sceau de Jean VII d'Harcourt, en 1410.

Deux *anges* supportent les armes de France dès Charles VII; — l'écu de Jeanne, dame de Plasnes et de la Mouche, en 1376.

Deux *béliers*. Charles d'Artois, en 1413.

Fig. 263. — Sceau de Jean d'Orléans, comte d'Angoulême, 1415.

Deux *biches*. Arnoul d'Ordingen, en 1431.

Deux *centaures* ailés tenant des instruments de musique. Monseigneur de Saint-Dizier, queux de France, en 1360.

Deux *chevaux*. Jean II, comte de Tancarville, en 1366.

Deux *chiens*. Jean de La Ferté, en 1391. — Charles d'Artois, comte d'Eu, en 1468, emploie deux dogues; — Guillaume, vicomte de Melun, en 1397, et

Sacquet de Blaru, chambellan du roi, en 1415, deux lévriers.

Deux *cygnes*. Jean d'Orléans, comte d'Angoulême, en 1445 (fig. 263). — Ils sont montés chacun sur un ours dans le type de Jean, duc de Berri, en 1386.

Deux *dames* ou *damoiselles*. Bertrand du Guesclin, en 1365; — Pierre de Brebant, amiral de France, en 1406; — Charles Ier, duc de Bourbon, en 1439; — Hugues de Montmorency, chambellan du roi, en 1482.

Deux *dauphins*. L'écu de Charles VI, sceau secret, vers 1387; — Louis II, duc de Bourbon, en 1393.

Deux *griffons*. Olivier de Clisson, en 1387; — Philippe de Habarcq, Jacques de Luxembourg, tous deux chambellans du roi, en 1482.

Deux *hérons*. Gilles d'Eclaibes, en 1428.

Deux *hommes sauvages*. Jean, vicomte de Melun, chambellan de France, en 1340; — Bouchard VII, comte de Vendôme, en 1368; — Jean VI, comte d'Harcourt, en 1376; — Jean de Bourbon, comte de la Marche, en 1384; — deux hommes sauvages à cheval sur deux lions supportent l'écu de Gérard de Harchies, en 1476.

Fig. 264.
D'après le sceau de Jean de Bourbon, comte de la Marche. 1384.

Deux *sarrazins*. Jean Ier, comte d'Armagnac, en 1343-1360; — Louis II, comte d'Etampes, en 1381.

Deux *léopards* mantelés. Perrennelle, vicomtesse de
   Thouars, en 1378.
Deux *licornes*. Bertrand II, comte de Boulogne et
   d'Auvergne, en 1473.
Deux *lions*. Jean, comte de Dreux et de Braine, en
   1287; — Charles, comte de la Marche, qui fut
   Charles le Bel, en 1317; — Jean de Boulogne,
   comte de Montfort, en 1351; — Charles, duc de
   Normandie, plus tard Charles V, en 1360; — Guillaume de Penhoët, en 1381; — Jean-sans-Peur,
   en 1403; — Bureau de Dicy, échanson du roi, en
   1404; — Louis de Chalon, prince d'Orange, en
   1432; — Louis de Laval, chambellan du roi, en
   1465; — François II, duc de Bretagne, en 1475.
   — Deux lions au manteau armorié et chargé d'une
   devise : Hugues de Gramont, en 1341. — Deux
   lions assis, coiffés d'un heaume cimé
   d'une tête humaine à oreilles d'âne :
   Arnaud-Amanieu d'Albret, en 1368.
Deux *loups*. Amanieu de Pommiers, en
   1374.

Fig. 265.
D'après le sceau
d'Amanieu
de Pommiers,
1374.

Deux *oiseaux* (deux colombes?). Jean Bétas,
   chambellan du roi, en 1401.
Deux *ours*. Louis de Bourbon, comte de Montpensier,
   dauphin d'Auvergne, en 1450.
Deux *rats*. Renaud de Velort, en 1449.
Deux *sangliers* couronnés. Arthur de Bretagne, connétable de France, en 1435.

Deux *sirènes*. Pierre, duc de Bourbon, en 1352 ; — Bernard VII, comte d'Armagnac, connétable de France, vers 1408 ; — Philippe de Lévis, en 1415 ; — Bernard d'Armagnac, comte de la Marche, en 1444.

2° *Deux supports différents*. — Une *aigle* et un *lion*. Jean du Chastelier, en 1381.

Un *cerf* ailé et une *licorne*. Pierre de Bourbon, comte de Clermont-en-Beauvoisis, en 1462.

Un *chien* lévrier et un *lion*. Édouard de Bar, en 1407.

Fig. 266.
Sceau de Jean
du Chastelier. 1381.

Une *damoiselle* et un *lévrier*. Girard de Cousance, en 1398.

Une *damoiselle* et un *griffon*. L'amiral Louis de Graville, en 1514.

Une *damoiselle* et un *homme sauvage*. Guillaume de Naillac, chambellan du roi, en 1386.

Un *estoc* et un *lévrier*. Jeanne de Bourbon, comtesse d'Auvergne et de Boulogne, en 1502.

Un *griffon* et un *lion*. Gui de Blois, en 1367 ; — Clément Rouhaut, vicomte de Thouars, en 1378 ; — Charles de Trie, comte de Dammartin, en 1394.

Un *homme sauvage* et une *dame*. Balthasar de Bélousac, en 1380.

Un *homme* et une *femme sauvages*. Jean de Trezeguidy, en 1381 ; — Jean de Tiercent, en 1427.

Un *lion* et une *aigle*. René d'Anjou, en 1429, 1431.

Un *lion* et un *homme sauvage*. Hugues de Hames, chambellan du duc de Bourgogne, en 1451.

Un *ours* et un *cygne*. Jean, duc de Berri, en 1379.

Un *phénix* et un *lion*. Denis de Chailly, chambellan du roi, en 1436.

Une *sirène* et un *dauphin*. Henri, comte de Lützelstein, en 1381.

Une *sirène* et un *triton*. Guillaume Bodin, en 1381.

Exemples de supports multiples :

Trois *anges*. Isabelle de Ghistelles, vicomtesse de Meaux, en 1418.

Fig. 267. — D'après le sceau de Jean, duc de Berri, vers 1408.

Quatre *anges*. Jacqueline de Béthune, vidamesse d'Amiens, en 1422.

Trois *damoiselles*. Marie de Berri, femme de Jean Ier, duc de Bourbon, vers 1412.

Six *ours*. Jean, duc de Berri, vers 1408.

LES CIMIERS

DES appendices surmontent déjà quelques heaumes vers la fin du douzième siècle. L'usage en devient général cent ans après, à l'apparition du casque ovoïde. On les désigne sous le nom de cimiers. Qu'ils soient simplement symboliques, ou qu'ils portent les pièces principales des blasons héréditaires lorsqu'ils ne les reproduisent pas en entier, ils sont encore plus utiles à étudier que les supports. La vue d'un cimier seul peut faire connaître le nom d'une famille.

Les cimiers sont tantôt simples et tantôt composés, ou plutôt accompagnés. L'accompagnement comporte, d'ordinaire, une paire d'ailes qu'on nomme vol ou une paire de cornes, entre lesquelles est placé le cimier proprement dit. Il est à noter que ce sont les vols ou les cornes qui répètent de préférence les pièces d'armoiries figurées sur l'écu.

On a pris les cimiers aux mêmes sources que les supports. Mais comme les cimiers sont bien plus nombreux, force a été de subdiviser les sujets qu'ils doivent figurer, soit en les fractionnant, soit en variant leur posture. Dans le type humain on a employé des bustes, des têtes, des bras. Les animaux ont été représentés passants, rampants, assis, à mi-corps ou issants ; on s'est servi des têtes, des cornes, des pieds.

De plus, l'on a eu recours à des pièces artificielles représentant des objets fabriqués par la main de l'homme : des annelets, des boules, des buires, des chapeaux, des couteaux, des croissants, des globes, des haches d'armes, des lettres de l'alphabet, des plumails de diverses formes et de diverses matières : plumails en aigrette, en crête, en éventail, en houppe, en touffe de plumes de paon ou de feuillage ; des roues, des tonneaux, etc.

Voici quelques exemples de cimiers tirés de la collection des Archives nationales.

Aigle. — Philippe d'Artois, comte d'Eu, en 1392, cime d'une aigle dans un vol. — Olivier de Mauny, en 1368, Georges de la Trémouille, en 1435, ciment d'une tête d'aigle. — Bertrand du Guesclin, en 1365, d'une tête d'aigle dans un vol. — Les seigneurs de Sars, de Ville, au quinzième siècle, ciment de deux serres.

Fig. 268. D'après le sceau de Bertrand du Guesclin. 1365.

Fig. 269. D'après le sceau de Bureau de la Rivière, chambellan du roi, 1367.

Ane. — Henri de Bautersem, en 1404, a pour cimier une tête d'âne. — Bureau de la Rivière, chambellan du roi, en 1367, cime de deux oreilles d'âne reliées par une bande aux armes de l'écu. — Les Penhoët ciment également de deux oreilles d'âne.

Annelet. — La famille d'Ornes cime d'un annelet ; elle en a cinq dans son écu.

Arbre. — Aimar de Vinay, en 1350, porte pour cimier un arbre planté dans une terrasse entre deux cornes.

Bannière. — Mathieu de Beauvoir, en 1260, porte trois petites bannières sur son heaume.

Bélier. — Les Flamands : Ghildolf de Bruges, en 1365, Jean de Ghistelles, en 1371, ciment d'une tête de bélier.

Bœuf. — Les vicomtes de Melun Jean, en 1340, et Guillaume, en 1397, Arnaud de Podensac, en 1374, Guillaume IV, comte de Tancarville, en 1398, Sacquet de Blaru, chambellan du roi, en 1415, ciment d'une tête de bœuf. — Gaston-Phœbus, en 1389, d'une tête de bœuf dans un vol.

Fig. 270. — D'après le sceau de Jacques de la Hamaide, 1434.

Buire. — Les seigneurs de la Hamaide, au quinzième siècle, ciment de deux buires.

Canette. — Les Vaucler, en 1381, ciment d'une canette ; ils en ont trois dans l'écu.

Cerf. — Robert de Fiennes, connétable de France, en 1358, Jean d'Acigné, en 1380, Guillaume de Soulages, en 1393, Pierre de Mornay, en 1383, ciment d'une tête de cerf.

Chameau. — Jean du Mez, en 1404, porte en cimier une tête de chameau.

Château. — Hervé du Châtel, en 1387, Olivier du Châtel, en 1427, ciment d'un château.

Cheval. — Gaucher de Monteil, en 1335, cime d'une tête de cheval entre deux damoiselles. — Jean de Saint-Omer, en 1359, les Wattripont, au quinzième siècle, ciment d'une tête de cheval.

Chèvre. — Adam de Hellebecq, en 1336, emploie une tête de chèvre. — Geoffroi Ruffier, en 1380, en porte deux.

Chien. — Erard de Villers, en 1346, cime d'un chien assis dans un vol. — Les Hangest, les Montmorency, en 1408, d'une tête de chien. — Hector de Bailleul, en 1566, de deux têtes.

Fig. 271.
D'après le sceau de Jacques de Montmorency. 1408.

Chouette. — Hugues de Bouville, en 1330, Philippe de Bourgogne, en 1483, portent une chouette.

Coq. — Sohier de la Vallée, en 1427, cime d'un coq entre deux cornes. — Jean du Sages, en 1375, d'une tête de coq. — Jean de Blumercy, en 1359, de deux têtes.

Cornes. — Bernard, comte de Ventadour, en 1355,

cime de deux cornes. — Jean et Geoffroi de la Motte, en 1380, de deux cornes aux bandes engrêlées de l'écu. — Gautier d'Antoing, en 1391, Guérard du Boulay, en 1405, deux cornes. — Robert du Plessis, en 1381, Louis de Chalon, prince d'Orange, en 1432, deux cornes de cerf. — Philippe, comte de Sarrebourg, en 1460, cime de deux cornes de chamois. — Bouchard de Fenêtrange, en 1360, de deux cornes de chèvre.

Couteaux. — Guillaume et Robert l'Ardenois, seigneurs de Spontin, en 1421, ciment de deux couteaux.

Croissant. — Guiot de Mauny, au quatorzième siècle, d'un croissant, aux armes de l'écu.

Cygne. — Jean de Bourgogne, comte de Montfort, en 1351, porte un cygne. — Ulric de Fenêtrange, en 1363, une tête et col de cygne (ici c'est la calotte du cimier qui est aux armes : une fasce); chez Jacques de Fenêtrange, en 1425, la tête du cygne est dans un vol et c'est le vol qui porte la fasce.

Fig. 272. D'après le sceau de Guiot de Mauny, XIVᵉ siècle.

Dauphin. — Béraud Dauphin, comte de Clermont, en 1423, porte un dauphin dans un vol.

Dragon. — Pierre de Luxembourg, en 1428, cime d'un dragon. — Guillaume Lévêque, en 1381, d'une tête de dragon dans un vol aux armes du chef de l'écu (des fleurs de lys).

Écureuil. — Pierre de Poix cime d'un écureuil, en 1517.

Fleur de lys. — Les ducs de Bourgogne de la maison de France ciment d'une fleur de lys double, fleur de lys qu'on pouvait reconnaître dans tous les sens. — Louis, duc d'Orléans, en 1401, Jean Ier, duc de Bourbon, en 1412, René d'Anjou, en 1429, Pierre de Bourbon, comte de Clermont-en-Beauvoisis, en 1462, Charles d'Artois, comte d'Eu, en 1468, portent également en cimier la fleur de lys doublée. — Charles Ier, duc de Bourbon, en 1444, Charles, comte du Maine, en 1445, ont la fleur de lys simple.

Gerbe. — Les seigneurs de Vouécourt, au quinzième siècle, ciment d'une gerbe.

Griffon. — Jean II, comte de Dammartin, en 1361, cime d'un griffon. — Louis, bâtard du Maine, d'un griffon assis, en 1475. — Waleran de Luxembourg, comte de Saint-Pol, en 1404, d'un griffon issant. — Philippe de Habarcq, en 1482, chambellan du roi, d'une tête de griffon.

Fig. 273.
D'après
le sceau de Jean
de la Souraye.
1381.

Hache d'armes. — Jean de la Souraye, en 1381, cime de deux haches d'armes; son écu porte également deux haches d'armes.

Héron. — Jacques de Castaing, en 1389, cime d'une tête de héron.

Homme. — Alexandre et Gui de Virton, en 1366, ciment d'un moine tenant son chapelet. — Rollon de Sarley, en 1425, d'un personnage en prière. —

Charles de la Rivière, en 1339, cime d'un buste d'homme barbu, les bras élevés. — Gérard de Maurage, en 1427, d'une tête de roi. — Charles de Poitiers, en 1378, d'une tête de vieillard. — Gérard d'Ecaussinnes, en 1397, d'une tête d'homme coiffée d'un chaperon. — Le Soudich de la Trau, en 1364, d'une tête humaine à oreilles d'âne. — Jean de Laval, en 1370, d'une tête de magicien. — Jean de Billy, en 1467, d'une tête de Maure. — Jean de la Roche, en 1354, cime de deux bras tenant chacun une aigrette. — Jean de Fontaines, en 1411, cime d'un homme sauvage dans un vol. — Raimond-Arnaud de Conrart, en 1407, cime d'une damoiselle. — Louis de Montjoie, en 1404, d'un buste de reine. — Jean d'Escauffour, d'un buste de femme, en 1419. — Berthelot le Roux, en 1381, d'une tête de femme.

Houseaux. — Jacques du Sart, en 1346, cime de deux houseaux.

Lettre R. — Gautier de Ray, en 1351, cime de son initiale couronnée et surmontée d'un panache.

Fig. 271. D'après le sceau de Gautier de Ray. 1351.

Licorne. — Hervé de Saint-Gouëno, en 1373, cime d'une licorne. — Amauri de Fontenay, en 1380, Antoine de Veres, en 1486, ciment d'une tête de licorne.

Lion. — Baudouin de Constantinople, en 1197, porte un heaume cimé d'un lion. — Richard Cœur-de-

Lion, en 1198, a pour cimier un lion dans une aigrette en éventail. — Louis, vicomte de Thouars, en 1337, cime d'un lion assis entre deux cornes de cerf. — Les comtes de Flandre, les ducs de Bretagne, ciment d'un lion assis. — Geoffroi d'Harcourt, en 1339, cime d'un lion issant dans un vol. — Bouchard VII, comte de Vendôme, en 1368, cime d'un lion issant qui rappelle le lion de l'écu. — Gérard de Tury, en 1357, cime d'une tête de lion dans un vol. — Guillaume de la Hove, en 1428, de deux pattes de lion.

Loup. — Raoul de Raineval, en 1381, Colard de Rambures, en 1412, ciment d'une tête de loup, ainsi que Pierre d'Amboise, vicomte de Thouars, en 1401.

Oie. — Roland de Trémerrot, sire de Plumoison, en 1381, cime d'une oie.

Fig. 275.
D'après le sceau
de Roland
de Trémerrot,
sire
de Plumoison.
1381.

Ours. — Jean de Craon, en 1378, cime d'une tête d'ours. — Amé d'Esnes, en 1461, d'une tête d'ours muselé.

Paon. — Mathieu II de Montmorency, connétable de France, en 1224, et Gui Pot, comte de Saint-Pol, en 1488, ciment d'une tête de paon.

Pieds fourchus. — Laurent Hauwel, en 1368, Gilles du Loqueron, en 1416, Pierre de Hénin, en 1428, ciment de deux pieds fourchus.

Plumail. — Philippe de Gournaux, en 1352, cime d'une aigrette en éventail aux armes (des tours). — Gérard de Potte, en 1333, d'une aigrette entre deux têtes de chèvre. — Eustache de la Houssaye, en 1380, d'une crête échiquetée aux armes; le volet est aussi aux armes. — Gautier de Mauny, en 1348, d'une touffe. — Louis de Navarre, comte de Beaumont-le-Roger, en 1365, d'une touffe de plumes de paon; ainsi que Jean VII d'Harcourt, en 1410, et Charles Ier, duc de Bourbon, en 1439. — Baudouin, comte de Guines, en 1235, le connétable Bernard VII, comte d'Armagnac, vers 1408, ciment d'une touffe de feuillages. — Jean du Houx, en 1380, Jean de la Houssaye, en 1381, d'une touffe de feuilles de houx.

Fig. 276.
D'après le sceau d'Eustache de la Houssaye, 1380.

Poissons. — Gérard de Sivry, en 1427, cime d'un poisson.

Pomme de pin. — Jean de Chalon, en 1481.

Fig. 277.
D'après le sceau de Gérard de Sivry, 1427.

Pot. — Alain de Montbourcher, en 1381, cime d'un pot; il en a trois dans l'écu.

Quintefeuille. — Jean des Hayes, en 1381, cime d'une quintefeuille; son écu en porte trois.

Rose. — Roland de Ploiz, en 1381, cime d'une rose; il y a trois roses dans l'écu.

Roue. — Jean de Vendégies, en 1428, cime d'une roue.

Sagittaire. — Charles, comte de la Marche, qui devint Charles le Bel, cime en 1317 d'un sagittaire.

Sanglier. — Jean d'Aunoy, en 1394, chambellan du roi, cime d'une hure.

Singe. — François de l'Hôpital, en 1408, Baudri de Roisin, en 1427, portent en cimier un singe assis.

Sirène. — Jean Rasoir, en 1463, cime d'une sirène.

Fig. 279.
D'après le sceau de Baudri de Roisin, 1427.

Fig. 278.
D'après le sceau de Jean d'Aunoy, chambellan du roi, 1391.

Tonneaux. — Guillaume de Vargnies, en 1363, Gilles des Prés, en 1427, ciment de deux tonneaux.

Vol. — Jean le Maingre, dit Boucicaut, en 1366, Jean de Rye, à la même date, Olivier de Clisson, en 1387, Philippe de Lévis, en 1415, ciment d'un vol. — Jean de Créhange, en 1415, d'un vol aux armes : une fasce.

VOLET, LAMBREQUINS

L E cimier était fixé sur le timbre du casque par une calotte en cuir. On masquait la jointure avec une pièce d'étoffe légère roulée, le *tortil*, dont les bouts flottaient par derrière. Ces deux extrémités libres s'appelaient le *volet*. Un des premiers volets se rencontre, en 1322, sur le sceau de Gaucher de Châtillon, sire du Tour. On peut citer ensuite les sceaux de Hugues de Bouville, en 1330, — de Guillaume de Montbis, en 1339, — de Godefroi de Vienne, en 1341, — de Philippe de Gournaux, en 1352, — d'Ulric de Fenétrange, en 1363.

Fig. 280.
D'après le contre-sceau de Gaucher de Châtillon, 1322.

Dans certains types héraldiques sans supports, les deux pans du volet se développent dans le champ du sceau et répètent assez fréquemment les armoiries du personnage. Le volet de Gaucher de Monteil, en 1335, est aux armes de la famille, la *croix de Toulouse brisée d'un estoc*. Sur le sceau de Gautier de Mauny, en 1348, le volet d'*hermines* rappelle seulement les armes de la Bretagne, son pays.

Au quinzième et au seizième siècle, on a taillé profondément les bords du volet, et ces lambeaux courbés, hachés, enroulés, se sont répandus dans le champ du sceau. On dirait plutôt un ornement de feuillage qu'une pièce d'étoffe. Ce volet dégénéré s'est nommé, en termes de blason, *hachements, lambrequins*. Gui de Barbençon, en 1428, — Raoul de Gaucourt, chambellan du roi, en 1446, — Jean de Chalon, en 1481, — Gui Pot, comte de Saint-Pol, en 1488, — François d'Ailly, en 1515, — Philippe de Lannoy,

Fig. 281.
D'après le sceau de Gui de Barbençon, 1428.

en 1526, offrent dans leurs types des exemples variés de lambrequins.

FORMES DIVERSES DE L'ÉCU

NOTRE étude du type héraldique a porté jusqu'à présent sur l'écu le plus usité, l'écu triangulaire. Il reste à mentionner d'autres formes d'un usage plus restreint.

Écu a pointe arrondie. — Dans les contrées méridionales, l'habitude était d'arrondir la pointe de l'écu de façon à lui donner l'aspect d'un U moderne. Tel est l'écu de Sicard Allemand, en 1248, — de Gaston VII, vicomte de Béarn, en 1266, 1276, — des comtes de Comminges, de Foix, de Toulouse, etc.

Fig. 282.
D'après le sceau de Sicard Allemand, 1248.

Écu en losange. — Dès 1262, on rencontre la forme en losange, employée de préférence par les dames, rarement par les hommes. Isabelle de Saint-Vrain (fig. 283) place, en 1262, son aigle éployée dans un écu en losange; Catherine de Bourbon, femme de Jean VI, comte d'Harcourt, en 1376, montre, au centre d'un quadrilobe, son initiale K, entourée de quatre écus en losange. On pourrait citer encore : Jeanne, femme de Charles de Blois, duc de Bretagne, en 1369 ; — Marguerite de Flandre, femme de Philippe le Hardi, duc de Bourgogne, en 1403 ; — Jeanne de Bourbon, comtesse d'Auvergne, en 1502. Et parmi les hommes qui ont adopté l'écu en losange : Pierre de la Fauche, en 1270 ; — Jean Ier, comte d'Armagnac, en 1369.

Fig. 283.
D'après le sceau d'Isabelle de Saint-Vrain, 1262.

Écu en bannière. — Les dames, au quinzième siècle, ont souvent fait usage de l'écu en bannière, écu de forme carrée ou rectangulaire qui figure aussi parfois sur des sceaux de chevaliers. Jeanne, dame de Plasnes, offre, dans son type de 1376, un écu carré enfermé dans un quadrilobe. L'écu de Marguerite de Bavière, femme de Jean-Sans-Peur, appartient à cette catégorie. Deux sceaux d'Alfonse d'Espagne, en 1324, 1325, portent chacun, dans un quadrilobe, un écu en bannière supporté par deux hommes sauvages et soutenu par deux anges.

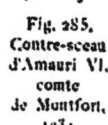

Fig. 284.
Sceau de Jeanne, dame de Plasnes, 1376.

Fig. 285.
Contre-sceau d'Amauri VI, comte de Montfort, 1234.

Ce sera le lieu de citer quelques types du treizième siècle dans lesquels une vraie bannière avec le manche et le fer remplace elle-même l'écu. Tels sont les contre-sceaux d'Amauri VI, comte de Montfort (fig. 285), en 1234, — d'Archambaud X, sire de Bourbon, en 1247, — et de Roger de Mortagne, en 1275; chez ce dernier, un bras, couvert de mailles, tient le fût de la bannière.

Écu rond. — Des écus ronds se voient sur les sceaux de Louis, comte de Clermont-en-Beauvoisis, en 1325, — de Louis Ier et Louis II, ducs de Bourbon, en 1331, 1394, — de Gui de Rochefort, en 1380, — de Jean, duc de Berri, vers 1408, — et chez certaines dames parmi lesquelles : Marie d'Espagne, deuxième femme de Charles de Valois, comte d'Alençon, en 1347, — Jeanne, duchesse de Bretagne, femme de Charles de Blois, en 1369. Dans ce dernier exemple, l'écu de Bretagne en losange est accompagné de quatre écus ronds, séparés par de petits anges jouant de divers instruments.

Fig. 286.
Sceau de Jeanne, duchesse de Bretagne.
1369.

Écu en palette. — Sur les sceaux d'Enguerran de Coucy, en 1380, — d'Olivier de Clisson, connétable de France, en 1397, un homme d'armes tient un écu en palette.

Fig. 287.
D'après le sceau d'Olivier de Clisson.
1397.

Écu hexagone. — Un écu de forme hexagone se

Fig. 288. — Sceau de Marie Chamaillard, comtesse d'Alençon, 1391.

remarque dans le type de Marie Chamaillard, femme de Pierre II, comte d'Alençon, en 1391.

Écu ovale. — Un contre-sceau d'Alfonse de Por-

Fig. 289. — Contre-sceau d'Alfonse de Portugal, comte de Boulogne, 1241.

tugal, second mari de Mathilde, comtesse de Boulogne, en 1241, offre un échantillon d'écu ovale.

Écu de fantaisie. — La fantaisie est entrée aussi dans le domaine du blason, se plaisant à transformer en écus des objets inaccoutumés. Isabelle de Cirey, dame de Vaucouleurs, femme de Gautier de Joinville, en 1298, nous montre les *broies au lion issant* des

Joinville figurées sur une coquille. Les armes de Pierre de Navarre, comte de Mortain, en 1404, ont été tracées sur une figue. L'écu droit de Jean de Blumerey, en 1359, timbré d'un heaume à volet et cimé de deux têtes de coq, présente tout à fait l'apparence d'un insecte ailé. Les têtes de coq figurent les antennes, le volet de vair simule les deux ailes ; il n'y a pas jusqu'au burelé de l'écu qui, rappelant les bandes de l'abdomen, ne serve à compléter l'illusion.

Fig. 290. — Contre-sceau de Pierre de Navarre, comte de Mortain, 1404.

Fig. 291. D'après le sceau de Jean de Blumerey, 1359.

Il est enfin des cas où les pièces héraldiques ne sont pas renfermées dans un écu et occupent directement le champ du sceau.

DES BRISURES

On entend par brisure certaine marque distinctive que les branches cadettes ou collatérales devaient introduire dans le blason de leur famille. Au chef seul de la maison appartenait le droit de porter des armes pleines. La nature de ce travail ne comporte pas une excursion dans le domaine de la science du blason, qui est expliquée dans bien des livres. Je me bornerai à montrer, par deux exemples, les brisures s'établissant à l'origine des armoiries. Richard de Vernon, en 1195, a sur son écu un sautoir; son fils Richard ajoute au sautoir paternel une pièce particulière nommée lambel. Étienne du Perche porte trois chevrons brisés d'un lambel, tandis que Geoffroi III, comte du Perche, son frère aîné, porte, en 1197, les trois chevrons pleins, c'est-à-dire sans brisure.

Nous ferons remarquer, en terminant, qu'au treizième siècle les fils aînés de la maison de France ne prenaient pas de brisure. Louis, fils aîné de Philippe-Auguste (fig. 65), en 1214, Philippe, fils aîné de saint Louis (fig. 68), en 1267, portent le semé de fleurs de lys plein.

En résumé, d'après les indications fournies par les sceaux :

Les premiers blasons ont fait leur apparition dans le dernier tiers du douzième siècle, se produisant sur l'écu tantôt brusquement, tantôt après s'être déjà montrés en germe dans le champ du sceau.

La fleur de lys s'héraldise sous Philippe-Auguste. Quant au fleuron ornant la couronne et le sceptre de nos rois, on le rencontre aussi loin que l'on peut remonter à l'aide des sceaux et des manuscrits à miniatures, c'est-à-dire jusqu'à Charlemagne. La Vierge, antérieurement au onzième siècle, ne portant pas cet attribut, ne saurait l'avoir transmis à nos souverains.

Les armoiries figurent à leur début dans le type chevaleresque, se posant d'abord sur l'écu, envahissant bientôt après le harnais du cavalier et le harnachement du cheval.

Il ressort encore de l'étude des sceaux qu'on ne doit pas accepter sans restriction l'opinion qui consiste à faire engendrer les premières pièces héraldiques par l'armature du bouclier, ni oublier que les réductions successives apportées à la dimension de l'écu tenaient surtout au perfectionnement de l'habillement défensif.

Le type héraldique, cette représentation dans laquelle l'écu occupe la principale place dans le champ du sceau, se montre dès 1193.

Les premiers accessoires décoratifs de l'écu datent de 1271.

On voit déjà des sortes de supports au déclin du treizième siècle ; les vrais supports héraldiques paraissent seulement vers 1344, au moment où la mode vient de pencher les écus.

On trouve des cimiers sur quelques sceaux de la fin du douzième siècle, toutefois l'usage n'en devient général que cent ans après. Alors, qu'ils soient simples ou composés, ils répètent quelquefois les armoiries héréditaires.

Un des plus anciens volets date de 1322. Il est des types où le volet reproduit les armes du personnage.

Il s'est produit, indépendamment de la forme triangulaire, diverses autres formes d'écu, y compris certaines exceptions qui ne relèvent que de la fantaisie.

Enfin, l'existence des brisures à l'origine des armoiries a été constatée avec cette remarque que les fils aînés de la maison de France, au treizième siècle, n'étaient pas soumis à cette règle.

Ornement tiré du ms. n° 82 de la Bibliothèque de Laon,
XIV° siècle.

Ornement tiré du manuscrit français n° 166, à la Bibliothèque nationale, xiv° siècle.

VÊTEMENT DE CHASSE

Initiale du xiv° siècle, tirée du manuscrit français n° 30. Biblioth. nat.

ERTAINS gentilshommes, grands chasseurs sans doute, se sont fait représenter dans leur exercice favori. Laissant de côté le lourd attirail de guerre, ils ont adopté le costume qui convient le mieux à la pratique du noble déduit de vénerie.

A cheval, sonnant du cor, armés d'un épieu ou le faucon sur le poing, le bras passé dans les rênes, ils galopent accompagnés d'un chien. Au second plan, un arbre simule une forêt. Quelquefois la composition, plus dramatique, figure le chasseur transperçant un sanglier.

La tête est nue, l'habillement se compose de deux tuniques fort courtes. L'extérieure, la seule apparente, consiste en un *surcot* à jupe fendue devant et derrière et descendant seulement à mi-jambe. Une ceinture la

Fig. 292. — D'après le sceau de Geoffroi de Lusignan, 1225.

retient à la taille. Les manches étroites s'arrêtent au poignet. Sur certains sceaux tels que celui de Robert de Beaumont, en 1242, le personnage revêt la *cotardie*, sorte de pardessus sans manches, souvent muni d'un capuchon. Les chausses sont collantes.

L'épieu n'est autre chose qu'une lance courte et forte, dont le fer en losange porte à sa douille une traverse destinée à limiter sa pénétration et à maintenir la bête qu'on vient de frapper.

Fig. 293. D'après le sceau de Guillaume de Lignières, 1218.

Le cornet de chasse, appelé aussi *huchet* et plus anciennement *oliphant*, à courbure déterminée par celle de l'ivoire ou de la corne employés à sa confection, comprend une embouchure, des viroles, et une courroie qu'on appelait la *guiche*;

celle-ci se passait en sautoir. Les viroles, tout en concourant à la décoration du cornet, servent à fixer les bouts de la guiche, enrichis d'ordinaire de glands ou de houppes. Le cornet, long au douzième siècle, où sa dimension atteint la longueur du bras, se

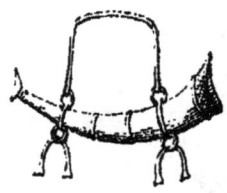

Fig. 294. — D'après le sceau de Guillaume de Baux, prince d'Orange, 1255.

Fig. 295. D'après le sceau de la cour d'Orange, 1117.

raccourcit vers le milieu du treizième siècle; au quatorzième il devient encore plus court et aussi plus recourbé.

Le chien, dont il serait bien difficile de spécifier la race, tantôt court en liberté sous le cheval, tantôt est

Fig. 296. — Hugues XIII de Lusignan, comte de la Marche. 1281.

conduit en laisse. Les seigneurs de Lusignan le portent toujours en croupe et, sur le sceau de l'un d'eux (fig. 292), en 1225, l'espèce du chien paraît se rapprocher du lévrier.

Sauf la housse, qui n'est pas employée, l'équipement du cheval ne diffère pas de l'équipement de guerre. On rencontre, du reste, des types de chasse où le gentilhomme a conservé son harnais de bataille. Casque, haubert, bouclier, rien n'y manque. Tels sont figurés : Simon de Montfort, en 1195, Guillaume de Lignières, en 1230. Pour ceux-ci comme pour le harnachement du cheval, il suffira de renvoyer le lecteur au chapitre du vêtement chevaleresque.

Ornement du xive siècle, tiré du manuscrit n° 52,
à la Biblioth. de Soissons.

Ornement tiré du manuscrit français n° 2092, à la Bibliothèque nationale, xiv° siècle.

MAIRES ET ÉCHEVINS

Initiale du xiv° siècle, tirée du ms. fr. n° 2092, à la Biblioth. nat.

ARMI les sceaux que les villes nous ont transmis, quelques-uns représentent un personnage principal, debout au milieu d'un groupe, ou à cheval et suivi d'une troupe armée. Que ce personnage, tout couvert de fer, brandisse son épée ou que, revêtu du costume civil, il tienne à la main une branche, symbole d'autorité, il figure, sous ces deux aspects, le chef de la commune, le mayeur, le maire accompagné du corps échevinal. D'autres fois, le mayeur occupe seul le champ du sceau. D'autres fois encore, les monuments sigillographiques le reproduisent en buste, tantôt isolé, tantôt accompagné de têtes d'échevins. Enfin, sur certains sceaux de villes, on remarque plus spécialement des bourgeois, en pied ou assis, répondant selon les pays à la désignation de pairs, d'échevins, de jurés, de consuls.

Fig. 297.
Le mayeur
de Capdenac,
1243.

Fig. 298.
D'après
le sceau
de Metz,
1297.

L'imagerie particulière aux membres de l'assemblée que l'on appelait dans nos provinces du nord *le magistrat* commence dès le douzième siècle. L'étude de leur habillement dans ses rapports avec l'élément civil ne sera pas sans utilité pour l'histoire du costume national.

Fig. 299.
D'après le sceau
de Compiègne,
xiiie siècle.

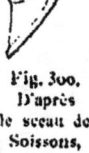

Fig. 300.
D'après
le sceau de
Soissons,
xiiie siècle.

Les maires ont la tête nue, les cheveux courts sur le front, longs sur les côtés et par derrière, comme la noblesse les portait, comme les ecclésiastiques les portent encore de nos jours. La coiffure des échevins offre plus de variété. Les uns laissent leur tête découverte à la façon des maires, d'autres mettent un bonnet ou un chapeau ; certains font usage d'un chaperon ou bien de la coiffe, sorte de béguin attaché sous le menton, et tout à fait semblable au béguin de nos enfants. Nous donnons ici diverses coupes de chaperon

Fig. 301.
D'après
le sceau
de Doullens,
1321.

Fig. 302.
D'après
le sceau
de Doullens,
1321.

d'après des sceaux des quatorzième et quinzième siècles. Certaines têtes échevinales, malgré leur facture

Fig. 303.
Chaperon de 1313.

Fig. 304.
Chaperon de 1352.

Fig. 305.
Chaperon de 1368.

Fig. 306.
Chaperon de 1437.

barbare, frapperont certainement les artistes par leur caractère, et leur rappelleront plutôt les types de la colonne Trajane que les têtes vulgaires des modèles d'atelier.

Fig. 307.
D'après le sceau de Meulan, XIIe siècle.

Fig. 308.
D'après le sceau de Meulan, XIIe siècle.

L'habillement apparent des maires comporte deux tuniques, des chausses, le manteau et quelquefois la cotardie. Au douzième siècle, époque des robes longues, la tunique supérieure se nomme le *bliaud*. C'est un vêtement étroit des bras et descendant au poignet, ajusté de la poitrine, à jupe plissée, fendue devant et derrière, tombant avec ampleur jusqu'aux pieds et même beaucoup plus bas (fig. 309). Une ceinture ornée le retient à la taille ; un bouton le ferme à l'encolure. Le bliaud cache entièrement la tunique de dessous, tantôt complétant seul le vêtement extérieur, comme au type de la commune de Wailly, en 1195, tantôt accompagné d'un manteau posé sur une épaule et attaché sur l'autre par une bride lâche, par une agrafe, comme sur les sceaux de Corbie et d'Hesdin ; ou bien encore il est recouvert d'une cotardie, sans manches, semblable à celle que l'on voit au sceau de la ville de Saint-Pol. Les chausses sont collantes.

Dès le treizième siècle, le bliaud fait place au *surcot*, tunique plus courte, s'arrêtant à mi-jambe, garnie aussi d'une ceinture, et laissant apercevoir le vête-

Fig. 309. — Le maire de Corbie, 1228.

ment de dessous, la *cotte*, qui se révèle par un pan de jupe d'étoffe légère, dépassant à peine le bord de la première tunique. Les surcots ne sont pas tous taillés sur le même patron, ils diffèrent surtout par les manches. Ainsi le sceau de la ville d'Avesnes offre un surcot avec des manches ajustées; elles sont larges dans le type du mayeur de La Rochelle.

Comme le bliaud, le surcot est quelquefois recouvert d'un manteau court, selon la mode du temps. On remarque un manteau de cette espèce attaché sur l'épaule droite du mayeur de la ville de Roye.

A la fin du treizième siècle, les maires quittent le manteau et passent par-dessus le surcot un second surcot plus court, sans ceinture, à manches tantôt ajustées, tantôt très larges et flottantes à partir du coude, quelquefois même sans manches. C'est la *cotardie*, que l'on rencontre garnie de temps en temps d'un capuchon et que l'on

Fig. 310. — Le maire d'Avesnes. XVᵉ siècle.

désigne dans ce dernier cas par le nom de *huque*. Le sceau de la ville de Boulogne fournit un exemple des manches larges dont nous venons de parler; le maire de Frévent revêt sur le surcot une huque à la fois très courte et très ample.

Le costume des échevins ne diffère pas de celui des maires. Cotte, surcot, manteau, se ressemblent. Toutefois, parmi les consuls de Nîmes (fig. 312), certains portent la chape que nous avons eu déjà l'occasion d'étudier dans le type des dames. Le dessin des consuls d'Issoire (fig. 313) montre une cotardie à ailerons, garnie d'un chaperon.

Fig. 311.
Le mayeur de Frévent. 1416.

La troupe armée qui marche à la suite du maire n'a rien de commun avec nos troupes régulières. Il semble que ces bourgeois ont décroché d'une panoplie les engins les plus divers. C'est un pêle-mêle de lances, de haches de métier, de haches d'armes, d'épieux, de vouges, de plançons. Où va cette théorie échevinale ? S'agit-il d'une démolition juridique, de réduire en cendres la maison d'un meurtrier ? La commune est-elle menacée ? Ou bien ces

Fig. 313.
Les consuls d'Issoire,
1308.

Fig. 312. — D'après le sceau des consuls de Nîmes, 1226.

Fig. 314. — Le maire de Chauny, 1303.

Flamands accompagnent-ils, au siège d'une ville, leur comte qu'ils abandonneront le lendemain ? Les douze jurés de Doullens, au douzième siècle, montrent seuls une certaine ordonnance. Ils se présentent sur trois rangées : deux sont armées de haches ; la troisième, la supérieure, tient une sorte de fauchard garni, vers la pointe, d'un crochet recourbé en haut, seul exemple que nous connaissions de cette arme curieuse.

Fig. 315.
D'après le sceau de Doullens, XIIIe siècle.

Plusieurs sceaux de maires et d'échevins en costume civil se recommandent à l'attention des archéologues. On doit citer plus particulièrement : le type debout des consuls de Nîmes ; — le mayeur d'Athies, assis et posé en proconsul romain ; les échevins de Saint-Omer, également assis ; — les sceaux équestres de Chauny, de Corbie, de Mantes, de Roye, de Wailly ; — les têtes échevinales de Compiègne, de Doullens, de Meulan et de Soissons.

Fig. 316.
Le mayeur d'Athies, 1228.

Si nous gardons le silence sur l'équipement militaire des représentants de l'autorité et de l'administration communale, c'est que le sujet se trouve traité au chapitre du costume de guerre, avec le développement que son importance comporte.

Ornement tiré du Psautier de Jean, duc de Berry, manuscrit français du XIVe siècle, à la Bibliothèque nationale.

TYPE NAVAL

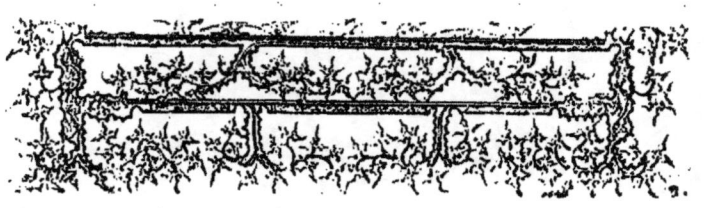

Initiale tirée du Psautier de Jean, duc de Berry, ms. fr. du XIVe s.

L'IMAGERIE des sceaux a fait à l'élément civil la part la plus petite. Cette rareté de documents s'explique du reste facilement. Il était naturel à des seigneurs, à des roturiers de prendre pour emblème les occupations qui remplissaient leur existence. Pendant tout le moyen âge, la noblesse laïque tient à honneur de figurer sur les sceaux dans l'appareil de guerre ou de chasse, de guerre surtout ; elle veut pour le moins y être représentée par des symboles féodaux, des écus blasonnés.

Les classes inférieures expriment à leur tour leur individualité par des attributs bourgeois, des outils de métier, des instruments ou des produits agricoles. Ce n'est guère que dans les scènes maritimes, dans les sujets de pêche, que l'on rencontre quelques détails sur l'habillement roturier. C'est là que nous irons les chercher. Nous serons ainsi amené à parler des vaisseaux. Si les personnages qui les montent ne nous offrent pas de renseignements complets, au point de vue de leur vêtement, du moins le lecteur connaîtra mieux les nefs du moyen âge et nous excusera si l'accessoire l'emporte ici sur le sujet principal.

Certaines villes ont fait représenter sur leurs sceaux l'image d'un navire, symbole de relations maritimes importantes. D'autres, qui tiraient de la poursuite des gros cétacés leur principal revenu, nous offrent des barques de pêche appropriées aux périlleuses expéditions. D'autres encore figurent une scène religieuse dont la mer aurait été le théâtre.

Avant de passer à la description des bâtiments et des embarcations que les sceaux nous ont transmis, il ne sera peut-être pas inutile de rappeler que les artistes du moyen âge possèdent une qualité des plus précieuses pour l'archéologie : ils reproduisent avec exactitude les costumes, le mobilier ou les accessoires en usage au moment où ils les exécutent. Et cependant l'étude spéciale qui va nous occuper ne portera pas indifféremment sur tous les sceaux à navires. Quelques villes éloignées des côtes ayant pris pour emblème des sujets maritimes, on a dû se demander si, entre leur imagerie et celle qui nous provient de ports de mer où chacun, artistes, marchands et bourgeois, connaissait parfaitement les vaisseaux et leur gréement, il n'y avait pas un choix à faire. Après un mûr examen, les sujets légendaires ont été éliminés et nous avons réservé notre attention pour les vaisseaux provenant de villes dont la situation ne pouvait qu'affermir notre confiance dans l'exactitude des représentations qu'elles ont adoptées comme emblèmes.

Ajoutons encore que, tout en restant des copistes fidèles, les tailleurs de sceaux ne donnent pas toujours des reproductions complètes. Surtout lorsqu'il s'agit des vaisseaux et de leurs mille détails, l'artiste se contente de nous montrer les dispositions principales, les manœuvres qu'il a jugées indispensables.

I

Les navires gravés sur les sceaux appartiennent tous à la classe des bâtiments de charge et de transport, vaisseaux ronds, marchant à la voile, que le moyen âge appelait des *nefs*. La galère, le vaisseau à rames, le vaisseau de guerre de l'époque, ne se rencontre pas dans cet ordre de monuments.

1° Les premiers navires figurés, quoique datés du treizième siècle, nous reportent aux drakars scandinaves et aux navires normands leurs successeurs. Comme ces derniers, ils sont également relevés de la proue et de la poupe, munis d'un seul mât soutenu par des haubans garnis d'enfléchures et par deux étais. Ils portent une seule voile carrée, garnie de bandes de ris. La vergue se dirige par des bras qui viennent s'attacher à la poupe. Le gouvernail consiste en un aviron placé de côté et à l'arrière. Enfin une ancre est suspendue extérieurement près de la proue.

La forme générale de ces navires, avec les deux caps très relevés et la muraille se relevant également à l'avant et à l'arrière pour aller fortifier l'étrave et l'étambot, offre tout à fait l'image d'un croissant. L'étrave et l'étambot modernes sont ce qu'on entendait au moyen âge par les deux *rodes* ou les deux *floddes* du navire, pièces de bois principales ajoutées à chaque extrémité de la quille.

Chaque sceau ne renferme pas tous les détails que nous venons d'énumérer ; mais ce que l'un refuse, l'autre le donne ; l'œuvre d'un graveur répare les omissions d'un autre graveur.

Le sceau de Nieuport, en 1237, représente un bâtiment gouverné à droite par un aviron que tient à pleines mains le timonier debout. Le mât, dont la hauteur à partir de la quille égale la longueur du navire, est soutenu par quatre haubans et deux étais. Au sommet du mât flotte une flamme en forme de gonfanon. La vergue porte ici une voile carguée ; mais sur le sceau de La Rochelle, en 1308, la voile est déployée et l'on peut y compter trois bandes de ris, munies de leurs garcettes. Le vaisseau de La Rochelle figure encore très nettement les deux pièces principales de la construction de la proue et de la poupe, l'étambot et l'étrave modernes. Le type de Gravelines, en 1244, permet d'observer comment les planches de la muraille se relevaient pour atteindre chacune des

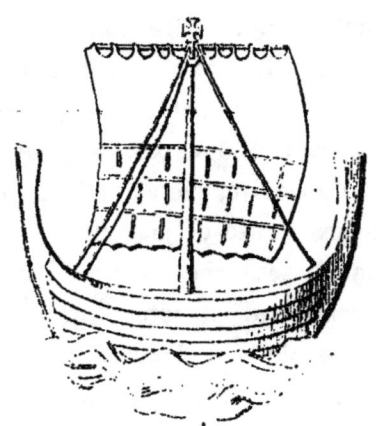

Fig. 317. — Sceau de La Rochelle. 1308.

extrémités de la nef. Dans ce même type de Gravelines, le timonier manœuvre l'aviron, c'est-à-dire le gouvernail, au moyen d'une cheville fixée perpendiculairement au plan de la pale. Ce manche est ce que les hommes du Nord appelaient le *helm*, et les Romains, le *clavus*. Le gouvernail du vaisseau de Lubeck, au lieu d'être muni d'une cheville, se termine par une potence.

Parmi les navires compris dans cette catégorie, il

en est dont les caps sont surmontés de têtes de dragon et rappellent ainsi le *caput effigiatum,* le *brant* de certains navires normands. Les Normands tenaient eux-mêmes cet ornement des Danois, qui décoraient le chef de leurs vaisseaux de figures sculptées, en métal. Le sceau de la ville de Paris, en 1366, et celui de la ville de Lubeck, daté par l'acte qu'il authentique de 1647, mais appartenant à une époque bien plus reculée, offrent des réminiscences de l'ornement que nous venons de signaler.

Le costume des timoniers qui gouvernent les nefs de Nieuport et de Gravelines comporte les deux tuniques traditionnelles : une cotte entièrement recouverte d'un surcot; celui-ci à manches étroites, la jupe assez ample et retenue à la taille par une ceinture. La tête nue, les cheveux courts sur le front, un peu plus longs et roulés par derrière, rappellent certaines coiffures échevinales dont nous avons parlé précédemment.

2° Un autre groupe comprend des sceaux employés dans le premier tiers du quatorzième siècle, mais certainement plus anciens. Nous rencontrons ici, pour la première fois, les châteaux qu'on établissait sur les nefs. Ces *lignea castra*, sortes de petites tours de bois, carrées et crénelées, étaient d'ordinaire au nombre de trois. A l'avant et à l'arrière, en dedans des parties recourbées de l'étrave et de l'étambot, s'élevait un château sur des supports. Un troisième château se hissait au haut du mât, où il existe encore maintenant à demeure sous le nom de *hune*.

Les sceaux des villes de Damme et de Dunwich offrent des modèles de châteaux de proue et de poupe et, dans ces deux exemples, ils dominent toute la construction. Les châteaux du vaisseau de Dunwich, à base carrée, sont élevés sur des supports droits. Sur

Fig. 318. — Sceau de la ville de Nieuport, 1307.

le sceau de la ville de Damme, en 1309 (fig. 321), des épontilles à plusieurs bras soutiennent les deux châteaux, qui, au lieu d'être construits de charpentes frettées, sont soutenus par une suite d'arcatures gothiques; une bannière, aux armes de Damme, surmonte chacun de ces châteaux, et chaque bannière est tenue par un homme de l'équipage.

Les types de Santander et de Saint-Sébastien, en 1335, ne portent qu'un seul château, le château d'arrière. Il est établi sur une voûte et paraît composé d'une chambre percée d'embrasures que surmonte une plate-forme défendue par des créneaux.

La nef de la ville de Nieuport, en 1307 (fig. 318), possède les deux châteaux d'avant et d'arrière. Mais ils offrent ce caractère particulier qu'ils reposent immé-

Fig. 319. — Sceau de la ville de Saint-Sébastien, 1335.

diatement sur le vibord et s'appuient à l'étrave et à l'étambot, dont ils n'atteignent pas la hauteur.

Les bâtiments de cette deuxième série présentent en abondance des détails qui manquent à la première. Dans les types de Saint-Sébastien et de Santander, deux matelots plient la voile, perchés sur la vergue d'où pendent des cordages de cargue. On remarque au sceau de Saint-Sébastien les enfléchures, ces cordelettes mises en travers des haubans et qui servent d'échelle. Le racage, le collier qui permet à la vergue de glisser le long du mât, y est aussi très nettement accusé. On voit également la manière dont l'extrémité inférieure des haubans s'attache au bord du navire aux porte-haubans, et comment les deux bras de la vergue viennent aboutir à proximité du timonier, qui tient un aviron à large pale triangulaire. Sur le flanc du navire de Saint - Sébastien comme sur celui de Damme, on distingue des sabords fermés. De la proue de ces deux navires sort en outre une sorte de beaupré, muni à son extrémité de deux cordages flottants dont les bouts libres sont ramenés à bord. L'étambot de la nef de Saint-Sébastien porte deux crochets en S dont l'usage paraît difficile à préciser.

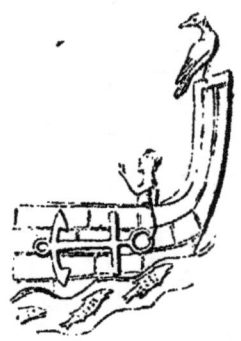

Fig. 350.
D'après le sceau de Pampelune.
1279.

Ils servaient peut-être à amarrer la chaloupe qui suivait à la traîne. Nous savons par les chroniqueurs de saint Louis que la *barge de cantier* restait à la traîne, c'est-à-dire à la remorque derrière la nef.

N'oublions pas l'ancre suspendue près de la proue et dont le sceau de Pampelune, en 1279, offre un dessin très précis. L'ancre ressemble, à peu de chose près, à celle de notre temps: même anneau à l'extrémité supérieure de la verge, même traverse en bois; seulement, l'extrémité inférieure, après s'être divisée en deux lourdes pattes, se termine, comme la supérieure, par un anneau. Quelle était l'utilité de ce second anneau? Nous l'ignorons. Servait-il à attacher un cordage pour aider à lever l'ancre? Cette supposition n'a rien d'improbable. Dans l'exemple que nous avons choisi pour la description de l'ancre, celle-ci est suspendue horizontalement le long du bordage par des câbles passant par-dessus le bord. Les autres navires où l'ancre est suspendue, livrée à sa perpendicularité, ne présentent pas davantage l'*écubier,* cette ouverture particulière destinée au passage du câble de l'ancre.

La nef de la ville de Damme (fig. 321) se fait surtout remarquer par sa construction toute différente de celle des autres navires de son époque. Il n'existe plus ici d'extrémités relevées, le bâtiment n'affecte plus la forme d'un croissant. Le bordage, à la proue et à la poupe, est seulement exhaussé de la largeur d'une planche. Le gouvernail, placé tout à fait au milieu de l'arrière, est attaché de chaque côté par des ferrures, les *villes,* que dans la langue libre du matelot on nommait le mâle et la femelle, *aiguillots* et *femelots,* lorsqu'on n'employait pas des termes d'une crudité encore plus significative. Ce gouvernail, dit *à la navarresque,* est mû par une barre qui en reçoit la tête, comme la reçoivent encore de nos jours les barres des chaloupes et des canots. Il est à noter que dans ce navire un matelot grimpe aux haubans sans se servir des enfléchures, qui, du reste, ne sont pas apparentes.

Les deux premiers personnages dont nous avons tout à l'heure étudié le vêtement n'étaient visibles qu'à mi-corps. Avec cette nouvelle catégorie de nefs, nous pouvons affirmer que le surcot s'arrêtait au

Fig. 321. — Sceau de la ville de Damme, 1309.

genou, que les chausses étaient collantes. On remarque de plus que certains matelots, tels que ceux des nefs de Damme et de Dunwich, couvrent leur tête d'un chaperon.

3° Les navires examinés jusqu'à présent offrent leurs châteaux de poupe et de proue placés en dedans du bâtiment, à une certaine distance de l'étambot et de l'étrave. Un seul d'entre eux, celui de

Nieuport, en 1307, porte ses châteaux adossés à ces pièces principales. Les nefs qui leur succèdent dans l'ordre chronologique nous font connaître une disposition différente.

Dans le type de Southampton, en 1495, les châteaux reposent sur les pointes de la proue et de la poupe, et semblent y constituer une habitation recouverte d'une plate-forme entourée de créneaux. Le château d'avant dépasse même extérieurement l'extrémité du navire. Sur la plate-forme du château d'arrière, deux personnages transmettent des ordres ou communiquent des signaux au moyen de porte-voix ou de trompettes. Deux buccinateurs se remarquent également au sceau de la ville de Calais, en 1308, 1341.

Fig. 322.
Sceau de la ville de Calais. 1308.

Le costume des buccinateurs semble le même que celui de l'équipage. Mais les porte-voix, sur le sceau de Calais surtout, présentent une longueur démesurée; elle égale au moins la hauteur du personnage.

Sur le sceau du comte de Rutland, amiral d'Angleterre, en 1395 (fig. 324), et sur le sceau de la ville de Paris, en 1412 (fig. 323), les châteaux dépassent la poupe et la proue d'environ un tiers de leur dimension; la plate-forme n'est plus crénelée. Une galerie décorée de rinceaux et de pièces d'armoiries décore leurs trois côtés extérieurs. Le château d'avant de la nef du comte de Rutland, au lieu d'être quadrangulaire, emprunte la forme d'un pentagone dont un angle se projette en avant et hors du bâtiment. Le mât, unique, est couronné d'une gabie en forme de corbeille, garnie de flèches et surmontée d'une flamme à deux pointes qu'on appelait *le tode*.

Fig. 323. — Sceau de la ville de Paris, 1412.

Le type de Nieuport, en 1407, offre également deux châteaux, habitations encore défendues par des

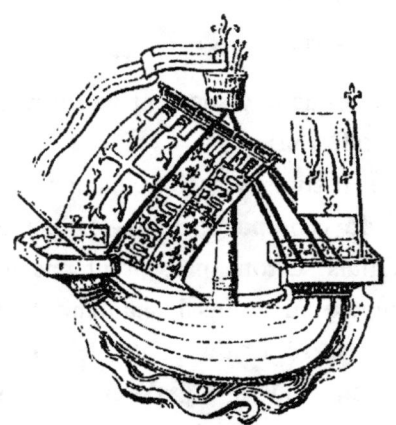

Fig. 324. — Sceau du comte de Rutland, amiral d'Angleterre, 1305.

créneaux comme celles de la période précédente, mais se continuant extérieurement plus loin que les caps de la nef. Celle-ci présente de plus, le long de son bordage d'arrière, une série de créneaux que nous n'avions pas rencontrée dans les navires précédents et qui rappelle la *pavesade* ancienne, la bordure de pavois des nefs des croisades.

Un vaisseau de la ville de Paris, en 1472, porte

Fig. 325. — Sceau d'Amsterdam, 1529.

deux châteaux encore plus extérieurs que les châteaux de Nieuport, et dans lesquels les créneaux persistent encore.

Des châteaux d'une autre espèce se remarquent au sceau de la ville d'Amsterdam, en 1529. Ils affectent la figure d'un triangle dont la partie la plus aiguë se prolonge hors de la nef. Le mât est couronné d'une gabie en corbeille avec une longue flamme flottant au sommet.

II

Les sceaux de deux villes baignées par le golfe de Gascogne nous font assister au spectacle émouvant d'une pêche à la baleine. Une embarcation rapide, aux caps très relevés et montée par cinq hommes, s'approche du cétacé. Trois rameurs assis nagent d'un seul côté, dégageant ainsi le bord qui côtoie l'énorme mammifère. Le patron, debout à l'arrière, gouverne avec un aviron, tandis que sur l'avant le harponneur s'apprête à lancer son arme. Tel est le type de la ville de Biarritz, en 1351.

Sur le sceau de Fontarabie, en 1335, le canot, de même forme que le précédent, mais dessiné avec plus d'élégance, ne porte que deux rameurs. Ils nagent tous deux du même côté, le côté opposé à la baleine, dont l'image est aussi plus correcte. Le harponneur, debout, a déjà envoyé deux lances, et le patron, assis à l'arrière, semble lui donner le signal de frapper une troisième fois. Des deux engins qui ont atteint l'animal, l'un, celui de droite, nous fait connaître une particularité curieuse. Chacun sait comment la pêche à la baleine se pratique de nos jours. La baleine une fois piquée, le canot lui file une certaine longueur de la ligne attachée au harpon, et puis s'amarre sur elle. Dès ce moment, la barque ne la quitte plus, tantôt entraînée avec une rapidité vertigineuse par la bête qui fuit, tantôt au repos pendant une sonde du cétacé, attendant qu'il reparaisse à la surface pour le frapper de nouveau, s'éloignant ou se rapprochant à propos sans jamais le lâcher, si ce n'est dans des circonstances extrêmes. D'après le sceau de Fontarabie, les Basques,

Fig. 326. — Sceau de Fontarabie, 1335.

au moyen âge, n'en usaient pas tout à fait de même. La ligne attachée au harpon de droite, au lieu d'être amarrée au canot, conserve son autre extrémité libre, et cette extrémité se termine par un flotteur, un tonnelet, sorte de bouée qu'on pouvait suivre avec moins de dangers et sans perdre la trace de la baleine.

Nous observons encore que le harponneur ne saisit pas son arme des deux mains, comme c'est l'usage à présent. La main gauche est obligée de tenir la ligne dégagée.

Chez les pêcheurs, l'habillement est semblable à celui des marins. Nous constatons cependant sur le sceau de Biarritz qu'ils portent des surcots déceints. Tous ont la tête nue, comme il convient pour la terrible lutte qu'ils entreprennent.

III

Si maintenant on compare les renseignements fournis par les sceaux avec ce que nous apprennent les documents écrits, on remarquera que les graveurs nous ont donné la nef la plus simple, celle dont l'image rappelle la forme la plus connue. Du temps de saint Louis, il existait des nefs à deux mâts, le mât de proue et l'arbre du milieu, et ces nefs se gouvernaient avec deux avirons de poupe, un de chaque côté. Ces mêmes nefs portaient des châteaux qu'elles tenaient des Romains, qui les avaient empruntés aux Égyptiens.

Les navires des sceaux ne nous montrent qu'une seule ancre; mais les comptes de l'époque nous parlent de leur grand nombre; ils en mentionnent douze et quelquefois vingt par chaque nef. Elles étaient, il est vrai, moins pesantes que les nôtres.

Les trompettes ou les porte-voix figurés sur les sceaux de Southampton et de Calais ne datent pas du quatorzième siècle. L'empereur Maurice, au sixième siècle, dans son traité de l'*Art militaire*, prescrit à chaque corps de vaisseaux d'avoir un porteur d'ordres et un trompette. L'empereur Léon, qui vivait trois cents ans après Maurice, en parle dans ses *Tactiques*.

Le *caput effigiatum* nous vient des navires scandinaves, et le *clavus* du gouvernail romain se retrouve dans les vaisseaux normands.

Au reste, on constate dans la marine plus que partout ailleurs l'influence de la tradition. Un navire de guerre égyptien, tiré d'un bas-relief sculpté sur les pylones du palais de Rhamsès IV, présente au sommet de son unique mât une gabie en corbeille contenant un personnage armé d'une fronde. C'est la gabie qui couronne le mât de la nef du comte de Rutland en 1395, de la nef d'Amsterdam en 1529. Ce vaisseau égyptien porte un petit château à l'avant et à l'arrière. Il est gouverné, comme les nefs du moyen âge, par un aviron de poupe.

Sur le grand bateau du Nil dessiné par Wilkinson, un personnage assis à l'arrière gouverne la vergue au moyen de deux cordages qu'il tient à la main. Ces cordages sont les bras de la vergue que nous avons signalés dans les types de Dunwich, de Saint-Sébastien et de Santander.

Tout en nous occupant de l'habillement, nous venons de passer rapidement en revue les types qui peuvent apporter quelques éléments à l'étude de l'archéologie navale. Bien qu'Aug. Jal ait connu ces matériaux, il nous a paru nécessaire d'insister, en les présentant dans un cadre séparé, sur des monuments que leur rareté rend encore plus précieux.

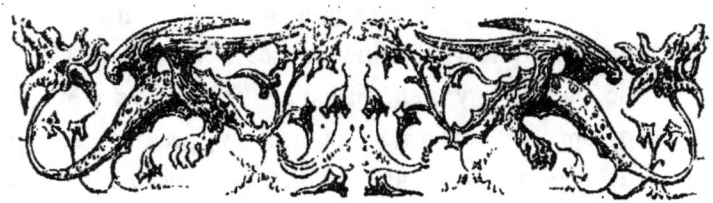

Ornement tiré du manuscrit français n° 580, à la Bibliothèque nationale, xv° siècle.

VÊTEMENT SACERDOTAL

Initiale du xv° siècle, tirée du manuscrit français, n° 2643, à la Bibliothèque nationale.

ès l'année 1067, les sceaux ecclésiastiques représentent des évêques en costume liturgique. Ces hauts dignitaires de l'Église, étant investis du pouvoir de conférer tous les ordres, portent, en signe de ce pouvoir, tous les vêtements de l'officiant. Chaque prélat nous apparaît avec l'amict, l'aube, la dalmatique et la chasuble, l'étole et le manipule; coiffé de la mitre, ganté, il tient sa crosse de la main gauche et, de la droite où l'on distingue l'anneau pastoral, il bénit.

Ces figures épiscopales, qui se succèdent pendant une période de plus de quatre siècles, offrent, comme on le voit, les éléments propres à l'étude de l'habit sacerdotal au moyen âge. Nous allons, d'après elles, examiner les diverses parties de ce vêtement. Nous mettrons aussi à contribution les sceaux des ordres qui, n'ayant pas droit à la chasuble, laissent apercevoir l'aube et la dalmatique dans leur entier. Enfin les types des officiers de chapitre nous renseigneront sur la chape, le manteau d'apparat adopté par l'Église.

L'AMICT

Le premier vêtement que le prêtre officiant passe sur l'habit de ville, l'amict, consiste en une toile fine, rectangulaire, brodée d'une croix à son centre et munie de deux cordons fixés aux extrémités d'un des petits côtés. Le prêtre, prenant l'amict par les deux angles où sont attachés les cordons, l'élève au-dessus de sa tête et le place sur ses épaules en bordant le collet de sa soutane; puis il croise les bouts des cordons, les passe derrière le dos et les ramène devant la poitrine où il les noue.

Le but de l'amict est d'isoler le vêtement du célébrant et de cacher son costume de ville. D'après la manière dont il est posé, la seule partie qui restera visible sera celle qui borde le cou. Les sceaux, en effet, ne manquent pas de reproduire un chef de linge plissé qui vient se croiser sous le menton du personnage et dont la suite se perd sous les autres vêtements.

Des exemples d'amict franchement accusé se remarquent dans les types de Henri, archevêque de Bourges, en 1199, — de Guillaume, évêque de Lisieux, en 1202, — de Thibaud d'Amiens, archevêque de Rouen, en 1225, — de Geoffroi, évêque du Mans, en 1234, — et surtout dans celui du chapitre de Saint-Quiriace de Provins, au treizième siècle.

Fig. 327.
Guillaume,
évêque
de Lisieux,
1202.

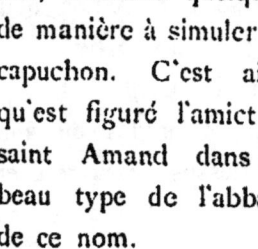

Fig. 328.
Geoffroi,
évêque
du Mans,
1234.

Le chef de l'amict, ajusté d'ordinaire autour du cou, retombe quelquefois plus ample de manière à simuler un capuchon. C'est ainsi qu'est figuré l'amict de saint Amand dans le beau type de l'abbaye de ce nom.

Vers le milieu du douzième siècle, on ajoute au chef de l'amict une bande de broderie, et cette bande, lorsque l'amict est posé sur les épaules, forme autour du cou un collet représenté sur les sceaux, tantôt uni, tantôt bordé d'orfroi ou relevé de perles, de croisettes, d'étoiles, etc. L'amict à collet se distingue nettement

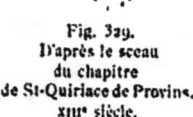

Fig. 329.
D'après le sceau
du chapitre
de St-Quiriace de Provins,
XIIIe siècle.

Fig. 330.
Guillaume
de Brosse,
archevêque de Sens,
1262.

dans les types de Guillaume de Brosse (fig. 330), archevêque de Sens, en 1262, — de Renaud, évêque de Paris, en 1282, — de l'officialité de Tournay, en 1354.

Fig. 331.
Renaud,
évêque
de Paris. 1282.

Fig. 332.
Hugues, évêque
d'Auxerre,
1144.

L'amict simple se rencontre jusque vers 1234. Passé cette date, il est à collet ; ce qui ne veut pas dire que cette variété ne remonte pas à une époque bien antérieure, car en 1144, Hugues, évêque d'Auxerre, porte un amict garni d'un collet.

L'AUBE

PAR-DESSUS l'amict, l'officiant revêt l'aube, tunique de lin blanc, à manches étroites, bouillonnées en travers et justes du poignet, où elles sont fendues pour laisser passer la main. Un cordon ou une ceinture la noue à la taille. Sa jupe descend sur les pieds en trois groupes de plis en long, l'un devant, au milieu, et les deux autres sur les côtés.

L'aube est ainsi représentée dans les types d'Achard, évêque d'Avranches, en 1161-1170 (fig. 335), — de Thibaud d'Heilly, évêque d'Amiens, en 1170, — de Hugues de Garlande, évêque d'Orléans, en 1200 (fig. 337), —

de Thomas, archidiacre de Pincerais, en 1231, — de Garin, archidiacre de Meaux, en 1315 (fig. 338).

Certains sceaux nous offrent des aubes ornées d'une pièce rectangulaire de riche étoffe, cousue au bas de la jupe sur le devant. Ce *parement*, qui décora l'aube dès le onzième siècle, ne se rencontre sur nos monuments que dans les premières années du treizième siècle, et encore le trouve-t-on seulement dans un petit nombre de types tels que ceux de Guillaume, archevêque de Bourges, en 1201, — de Hugues, abbé de Vézelay, en 1205, — de Robert, archevêque de Rouen, en 1209, — de Richard, abbé de Lire, en 1224.

Fig. 333. Thomas, archidiacre de Pincerais, 1231.

Fig. 334. — Robert, archevêque de Rouen, 1209.

LA DALMATIQUE

La dalmatique, la robe des Dalmates, représentée sur les sceaux ecclésiastiques, est un vêtement fermé, sans ceinture, percé d'une ouverture assez large pour passer la tête et laisser voir le bord de l'amict. Les manches, amples, ne dépassent pas la moitié de l'avant-bras. La jupe, fendue par le bas et de chaque côté jusqu'à la hauteur des genoux et quelquefois des hanches, s'arrête à mi-jambe; cependant, vers la fin du treizième siècle, elle s'allonge et recouvre presque entièrement l'aube.

Selon d'anciens auteurs, la largeur des manches de la dalmatique correspondait à la dignité du personnage qui en était revêtu. Aux plus grands, les manches les plus larges; aux petits, les manches étroites. Les monuments sigillographiques ne fournissent pas de preuves suffisantes à ce sujet.

Fig. 335. — Achard, évêque d'Avranches, 1161-1170.

La dalmatique, l'habit d'apparat du diacre, se porte sur l'aube. Sa forme ne paraît pas avoir varié pendant l'ère des sceaux; il n'en est pas de même des tissus qui la composaient et de sa décoration.

L'étoffe de certaines dalmatiques semble tout à fait unie, comme celle d'Achard, évêque d'Avranches, en 1161-1170, — de Richard, évêque d'Amiens, en 1206, — de Robert, archevêque de Rouen, en 1209, — de Guillaume, archevêque de Sens, en 1351.

D'autres fois elle est frettée et porte, au bas de la jupe, aux manches et à l'encolure, une petite bordure d'orfroi. Nous citerons comme exemple les sceaux de

Manassès de Garlande, évêque d'Orléans, en 1165, — de Thibaud d'Heilly, évêque d'Amiens, en 1170, — de Manassès, évêque de Langres, en 1187, — de Guillaume, archevêque de Bourges, en 1201. — L'étoffe frettée paraît d'une grande richesse sur le sceau du chapitre de Saint-Gengoul de Toul, en 1291.

Fig. 336.
D'après le sceau du chapitre de Saint-Gengoul de Toul, 1291.

Fig. 337.
Hugues de Garlande, évêque d'Orléans, 1200.

Fig. 338.
Garin, archidiacre de Meaux, 1315.

Mais le plus souvent la dalmatique est unie et bordée d'un large galon au bas de la jupe, au bout des manches et autour du cou. Telle est celle de Hugues de Garlande, évêque d'Orléans, en 1200. — La bordure du tour du cou prend de grandes proportions et recouvre les épaules dans les types de Milon, archidiacre de Troyes, en 1302, et de Garin, archidiacre de Meaux, en 1315. — Sur le sceau de Raoul, archidiacre de Ponthieu, en 1207, le galon de l'encolure est taillé en cœur.

Quelques types présentent, au bas de la jupe, une bordure des plus riches, indiquée dans les dalmatiques de Roger, évêque de Laon, en 1185, — d'Alexandre, abbé de Jumièges, en 1217, — de Thomas, archidiacre de Pincerais, en 1231 (fig. 333), — de Henri, archevêque de Sens, en 1257. — Le parement de la dalmatique de Renaud, évêque de Paris, en 1282, semble fait d'un tissu à lames ornées de croisettes.

Fig. 339. — Henri, archevêque de Sens, 1257.

Fig. 340. Renaud, évêque de Paris, 1282.

Chez Gérard, évêque de Noyon, en 1283, le bas de la dalmatique est garni d'une bordure de franges.

Les fentes de la jupe comportent quelquefois un ornement particulier. On les décore d'une torsade, d'effilés, de fourrure ou de perles. Sur les sceaux de Samson, archevêque de Reims, en 1145, — d'Adam, évêque de Senlis, en 1258, la bordure des fentes continue le parement de la dalmatique; comme lui, elle est agrémentée de grosses perles. — Renaud, évêque de Paris, en 1282, — Jean, évêque de Langres, en 1296, — Henri, abbé de Corbie, en 1317, portent une dalmatique dont les fentes semblent enrichies de perles cousues tout au bord.

L'ÉTOLE

L'ÉTOLE consiste en une longue bande d'étoffe qui passe derrière le cou, se pose sur les épaules, et dont les deux extrémités retombent par devant avec symétrie jusqu'au bas des jambes.

Les évêques la portent tantôt sur la dalmatique et tantôt dessous, sur l'aube. Dans les types de Hugues, évêque d'Auxerre, en 1120, — de Guillaume, évêque du Mans, vers 1183, — de Henri, abbé de Corbie, en 1317, l'étole est posée sur la dalmatique. — Elle est placée sur l'aube dans ceux de Thibaud d'Heilly, évêque d'Amiens, en 1170, — de Robert, évêque de Beauvais, en 1240, — de Henri, archevêque de Sens, en 1257 (fig. 339), — d'Adam, évêque de Senlis, en 1258.

Fig. 341.
Hugues,
évêque d'Auxerre,
1120.

Les extrémités de l'étole, la seule partie qu'il nous soit permis de voir, sont patées, en palette, potencées, ou simplement droites, c'est-à-dire de la même largeur que le corps de l'étole.

Les sceaux de Samson, archevêque de Reims, en 1145, — de Hugues de Toucy, archevêque de Sens, en 1158, — de l'abbaye de Saint-Denis, au douzième siècle, — de Henri, abbé de Corbie, en 1317, offrent des extrémités d'étole patées. Elles se terminent en palette sur le sceau de Hugues, évêque d'Auxerre, en 1120 (fig. 341), se rapprochant ainsi, à cette époque éloignée, de la forme adoptée de nos jours. On en voit de potencées sur le sceau de l'abbaye de Saint-Amand, au douzième siècle. Les extrémités sont droites dans les types de Guillaume, évêque du Mans, vers 1183, — d'Aymar de Provins, évêque de Soissons, en 1214, — de Richard, abbé de Lire, en 1224, — d'Adam, évêque de Senlis, en 1258.

Fig. 342.
D'après le sceau
de l'abbaye de Saint-Denis,
XIIe siècle.

Les deux bouts de l'étole ne présentent quelquefois aucune garniture apparente, comme sur les sceaux de Hugues de Toucy, archevêque de Sens, en 1158, et de l'abbaye de Saint-Denis, au douzième siècle. Mais ils sont d'ordinaire ornés d'une frange destinée par son poids à les faire tomber droit, ainsi qu'on peut le remarquer dans les types de Guillaume, évêque du Mans, vers 1183, — de Guillaume, évêque d'Avranches, à la fin du douzième siècle, — de Henri, archevêque de Sens, en 1257, — d'Adam, évêque de Senlis, en 1258. Ou bien les franges sont remplacées par trois petits pendants de métal, pendeloques en forme de boule, ou des poids, ou des sonnettes. Les sceaux de Robert, abbé de Sainte-Geneviève, en 1242, — de Henri, abbé de Corbie, en 1317, présentent des pendeloques de cette sorte.

Fig. 343. — Guillaume, évêque d'Avranches, fin du XII° siècle.

Certaines étoles portent vers leur extrémité un parement particulier d'orfroi, de broderie ou d'orfèvrerie. Samson, archevêque de Reims, en 1145, montre au bas de son étole une fleur d'orfèvrerie à quatre pétales disposés en sautoir. Chez Robert, abbé de Sainte-Geneviève, en 1242, c'est un bijou en forme d'annelet, tandis que l'étole de saint Amand, au douzième siècle (fig. 347), paraît recouverte d'orfroi dans toute son étendue.

Fig. 344. D'après le sceau de Robert, abbé de Sainte-Geneviève, 1242.

D'après le rational, les évêques laissent tomber l'étole directement par devant à partir du cou et les prêtres la croisent sur la poitrine. Les sceaux ne peuvent nous renseigner au sujet de cette distinction, mais ils nous fournissent en revanche deux exemples d'étole passée en sautoir, ainsi qu'il appartenait aux diacres par les prescriptions canoniques, exemples fort rares dans les monuments figurés. Bernard, archidiacre de Paris, en 1143-1157, porte l'étole passée en sautoir de gauche à droite. Simon de Trie, chanoine de Beauvais et officier d'un chapitre qui nous est inconnu, porte, en 1278, l'étole en sautoir de droite à gauche. Et maintenant si l'on

Fig. 345. — Bernard, archidiacre de Paris, 1143-1157.

Fig. 346. Simon de Trie, chanoine de Beauvais, 1278.

demande pourquoi ce nom d'étole donné à une bande étroite, lorsque *stola* s'applique à la robe la plus ample des Latins, il faudra bien avouer qu'on n'en a pas encore trouvé la raison. Nous savons seulement que l'étole liturgique primitive consistait en une longue écharpe posée sur le cou, retombant sur l'épaule, servant à toucher les vases sacrés, et que, dès l'année 813, le concile de Mayence prescrivait aux prêtres de conserver toujours et partout, dans l'église comme dans le monde, l'étole, marque distinctive de leur dignité. Elle s'appelait alors *orarium, oraire*.

LE MANIPULE

DANS les premiers temps, le manipule portait le nom de *suaire*. C'était une pièce de linge fin et blanc, une serviette destinée à essuyer les mains et le front de l'officiant. Le prêtre le tenait à la main. Appelé à remplacer dans sa destination l'oraire transformé et dénaturé, le suaire subit, bien avant l'époque qui nous occupe, un sort analogue. Prenant le nom de manipule, il devint un simple attribut qui se traduit sur les sceaux par une bande d'étoffe brodée, fixée par le milieu sur le poignet gauche du prêtre et par-dessus l'aube, ses deux extrémités retombant libres de chaque côté du bras.

Fig. 347.
D'après le sceau de l'abbaye de Saint-Amand, XIIe siècle.

Sa forme et sa décoration suivent la forme et la décoration de l'étole. C'est une petite étole dont les bouts sont patés et sans franges, sur les sceaux de Hugues de Toucy et de Guillaume de Champagne, archevêques de Sens, en 1158, 1169;

Patés insensiblement dès leur naissance et garnis de trois pendants, dans le type de Thibaud d'Heilly, évêque d'Amiens, en 1170;

Potencés et frangés, comme l'étole, sur les sceaux de l'abbaye de Saint-Amand (fig. 347), au douzième

Fig. 348.
Guillaume,
archevêque de Reims,
1221.

Fig. 349.
Richard,
abbé du Bec.
1221.

Fig. 350.
Pierre,
évêque de Meaux,
1225.

siècle, — de Guillaume IV, évêque d'Avranches, en 1213;

En palette et frangés, chez Robert de Torigny, abbé du Mont-Saint-Michel, au douzième siècle, — Hugues, évêque d'Auxerre, en 1120 (fig. 341);

Droits et sans franges, dans le type de Guillaume, archevêque de Reims, en 1224;

Droits et frangés, sur les sceaux de Guillaume,

archevêque de Bourges, en 1201, — de Richard, abbé du Bec (fig. 349), en 1221, — de Robert, évêque de Beauvais, en 1240.

De même que l'étole, le manipule est décoré près de ses extrémités de riches parements d'orfroi, de broderie et d'orfèvrerie : d'orfroi, sur le sceau de Pierre, évêque de Meaux (fig. 350), en 1225 ; d'orfèvrerie, sur celui de Samson, archevêque de Reims, en 1145. Le manipule de Hugues II, abbé de Saint-Bénigne de Dijon, en 1269, est brodé de perles dans toute son étendue.

En jetant un coup d'œil sur les dessins qui accompagnent ce texte, on ne manquera pas de saisir la différence qui existe entre ces manipules et les manipules modernes. Autant ceux d'à présent sont courts, raides et lourds, autant ceux du moyen âge étaient longs, souples et élégants.

Fig. 351. Hugues II, abbé de Saint-Bénigne de Dijon, 1269.

LA CHASUBLE

La chasuble, manteau d'apparat de l'officiant, que l'Église emprunta, dit-on, par humilité à l'habillement des esclaves, était d'abord un vêtement fermé, très ample, qui, développé, représentait une surface circulaire percée seulement au centre d'un orifice pour passer la tête. Elle emprisonnait complètement le corps; les bras, pour paraître et se mouvoir, étaient obligés de soulever un amas de plis. Comme cette chasuble pouvait se porter dans tous les sens, on l'appelait *planeta*, c'est-à-dire errante.

Fig. 352. — Barthélemy, évêque de Beauvais, 1165.

Cette forme primitive reçut bientôt des modifications tendant à faciliter les mouvements. Afin de diminuer le poids que les bras avaient à supporter, on commença d'abord à rogner la jupe sur un point qui devait toujours correspondre au devant du vêtement. Une fente fut pratiquée en même temps sur le devant de l'encolure, pour indiquer comment la chasuble, qu'on nomma alors *casula*, devait être passée. C'est la chasuble ainsi allégée que nous offre un des plus anciens sceaux, celui de Barthélemy, évêque de Beauvais, en 1165.

Puis on préféra échancrer l'étoffe sur les côtés, vis-à-vis de chaque épaule, et cette échancrure agrandie successivement, surtout à partir du quinzième siècle, finit par aboutir à la coupe commode, mais sans grâce, de la chasuble aujourd'hui en usage.

Tout en restant dans la donnée que je viens d'indiquer, les chasubles du moyen âge présentent

VÊTEMENT SACERDOTAL.

sur les sceaux les aspects les plus variés. Quelques-unes parmi les plus anciennes paraissent tout à fait unies : telle est la chasuble de Guillaume, évêque du Mans, en 1183. On en rencontre également d'unies dans les types du treizième et du quatorzième siècle, époques où la beauté du vêtement semble se traduire par les plis d'une étoffe fine et souple, plis dont la raideur des broderies viendrait, sans doute, contrarier l'effet. Robert, évêque de Beauvais, en 1240, — Guillaume III, évêque d'Angers, en 1313, — et tous les évêques de Lisieux, revêtent la chasuble unie dont nous venons de parler.

Fig. 353. — Robert, évêque de Beauvais, 1240.

Fig. 354. — Robert, archevêque de Rouen, 1209.

Sur le sceau de Robert, archevêque de Rouen, en 1209, la simplicité de la chasuble unie est relevée par un fermail en losange posé sur la poitrine. Chez Ives, abbé de Cluni, en 1266, un fermail trilobé rompt la monotonie du vêtement.

Certaines chasubles sont garnies, autour du cou, d'une large bordure d'orfroi comme dans le type d'Étienne, évêque de Noyon, en 1213.

D'autres fois, le galon circulaire est placé plus bas que l'encolure. Telle est la chasuble d'Aymon, évêque de Mâcon, en 1228, — et celle d'Alain, évêque d'Auxerre, en 1151-1161, dont le parement soutient un joyau.

Fig. 355. — Martin, abbé de Cerisy, 1190.

Mais l'ornement le plus usité, caractéristique pour ainsi dire, consistait en une bande de riche étoffe appliquée verticalement sur le devant depuis le bas jusqu'en haut où elle était arrêtée par un fermail, un bijou ou une pierre fine enchâssée. C'est ainsi que les sceaux figurent les chasubles de Martin, abbé de Cerisy, en 1190, — d'Alexandre, abbé de Jumièges, en 1217, — de Richard, abbé de Lire, en 1224, — de Pierre, évêque de Meaux, en 1225 (fig. 356), — et de Hugues de Montréal, évêque de Langres, en 1226.

Fig. 356. Alexandre, abbé de Jumièges, 1217.

Fig. 357. Gui de Mello, évêque d'Auxerre, 1248.

Quelques types présentent un parement vertical terminé à son extrémité supérieure par une traverse de même étoffe, ce qui lui donne la figure d'un *tau*. Les chasubles de Gui de Mello, évêque d'Auxerre, en 1248, — de Guillaume de Pontoise, évêque d'Agen, en 1249, — d'Itier de Mauny, évêque de Laon, en 1254, — de Guillaume, abbé de Cluni, en 1256, offrent cette particularité.

Chez d'autres, le parement vertical vient s'ajouter à une bordure du tour de cou comme sur le sceau de Roger, évêque de Laon, en 1185, — de Nicolas, abbé de Saint-Jean-en-Vallée, en 1219, où la bordure couvre entièrement les épaules. — Ou bien le parement vertical se combine avec un parement de tour d'épaules et forme ainsi en coupant ce dernier un ornement en croix. Le type de Litery, abbé de Moutier-la-Celle, en 1222, fournit un exemple de cette disposition.

Fig. 358.
Nicolas, abbé de St-Jean-en-Vallée.
1219.

Bien souvent, le parement vertical partant du bas de la chasuble s'arrête sur la poitrine, où il se bifurque en forme d'un V, enveloppant les épaules à la manière du pallium des archevêques. Le type d'Adam, évêque de Senlis, en 1258, présente cette nouvelle variété. La ressemblance de ce parement avec l'insigne archiépiscopal est même quelquefois augmentée par une décoration de croisettes, décoration qu'on remarquera dans la chasuble de Barthélemy, évêque de Beauvais (fig. 352), en 1165. — Sur le sceau de Baudouin, évêque de Noyon, en 1157, le parement en V est orné de perles;

Fig. 359.
Litery, abbé de Moutier-la-Celle.
1222.

— il porte un joyau losangé dans le type de Guillaume, évêque d'Avranches, au douzième siècle. — La chasuble d'Hervé, évêque de Troyes, en 1218, offre un exemple de ces parements en V de la plus grande largeur et sur lequel se détache en haut la croix suspendue au cou du prélat.

Fig. 360. — Hervé, évêque de Troyes, 1218.

Il existe enfin des chasubles qui réunissent dans leur décoration tous les parements précédents. Ainsi dans la chasuble de Pierre, évêque de Saintes, en 1245, le parement vertical aboutit à un parement d'encolure et se croise sur la poitrine avec une bifurcation en V. Chez Raimond, abbé de Saint-Martial de Limoges, en 1230, le parement vertical affecte au-dessus du V la forme d'une croix.

Parmi les chasubles à parements compliqués, nous en mentionnerons deux, appartenant à la seconde moitié du douzième siècle, dont les ornements, à larges bordures serties de perles, rappellent le goût byzantin. Elles appartiennent à Thibaud d'Heilly, évêque d'Amiens, en 1170, et à Philippe, évêque de Rennes (fig. 362), en 1179-1182.

Fig. 361. Pierre, évêque de Saintes, 1245.

Citons enfin à titre de rareté, du moins sur les sceaux, la chasuble armoriée d'Antoine, évêque de

Durham, en 1298; *une croix ancrée* de grande dimension occupe le devant de son vêtement d'apparat.

En établissant les différences qui précèdent, j'ai dû, ne m'occupant que des évêques, laisser de côté les chasubles archiépiscopales qui sont représentées unies. L'insigne distinctif qui les décore, le pallium, en étant le plus bel ornement, on a dû les figurer unies, sans doute, afin d'empêcher, entre les parements et le pallium, une confusion inévitable. Toutefois quelques-unes échappent à ce parti pris et offrent certaines décorations particulières. Ainsi la chasuble de Rotrou, archevêque de Rouen, en 1175, semble porter sur le devant, près de l'encolure, un parement en forme de rectangle allongé; la chasuble de Guillaume, archevêque de Sens, en 1259, est brodée d'annelets autour des épaules.

Fig. 302. — Philippe, évêque de Rennes, 1179-1182.

Fig. 303. — Rotrou, archevêque de Rouen, 1175.

LE PALLIUM

Aux vêtements qui viennent d'être décrits, l'archevêque en ajoutait un autre tout particulier qu'il passait par-dessus la chasuble dans les grandes solennités de l'Église. C'était le *pallium*, l'insigne caractéristique des plus hautes fonctions archiépiscopales.

Le pallium consistait en une bande de laine blanche formant un cercle posé sur les épaules et dont les extrémités retombaient l'une devant la poitrine, l'autre le long du dos, jusqu'au-dessous du bord de la chasuble. Cette bande, décorée devant et derrière de cinq croix rouges d'abord, puis noires, était cousue sur la chasuble ou fixée par des épingles d'or à têtes ornées de pierres fines, de jacinthes. Comme on le voit par cette description, le pallium archiépiscopal est déjà bien loin du manteau qui porte le même nom.

Fig. 561.
D'après le sceau d'Eudes Rigaud, archevêque de Rouen, 1250.

Réduit à l'état d'emblème, il semble plutôt dériver de la *palla* mérovingienne, qui comporte la même disposition et n'en diffère que par un peu plus de largeur.

Aux sous-diacres apostoliques appartenait le soin

de veiller à sa fabrication. On employait à cet effet une laine provenant d'agneaux jumeaux sans tache, bénits le jour de sainte Agnès dans l'église de ce nom et envoyés ensuite dans un monastère où ils étaient nourris jusqu'au moment de la tonte. Après sa confection, le pallium était déposé dans la basilique du Vatican, la veille de Noël, sur le corps des apôtres saint Pierre et saint Paul, où il restait toute la nuit. Le lendemain on le livrait aux fonctionnaires préposés à la garde de cet insigne.

Les métropolitains devaient, dans les trois mois de leur consécration, faire la déclaration de leur foi et recevoir du saint-siège le pallium, sans lequel le prélat titulaire ne pouvait dédier des églises, consacrer des évêques, ordonner des prêtres ni même se nommer archevêque.

Fig. 365.
Guillaume de Champagne,
archevêque de Sens, 1169-1177.

Le pallium ne se transmet pas, il suit l'archevêque dans la tombe.

Les sceaux offrent quatre variétés de pallium. Les deux plus anciennes appartiennent à deux types de Guillaume de Champagne, archevêque de Sens, en 1169-1177. Dans l'une, les extrémités de l'insigne sont pattées; dans l'autre elles se terminent en palette.

Aucune n'offre de traces de franges ni de pendeloques. Hugues de Toucy, archevêque de Sens, en 1158, porte également un pallium paté à ses extrémités.

Thibaud d'Amiens, archevêque de Rouen, en 1225, présente un exemple de la troisième variété. Sur le sceau du prélat, la partie retombante du pallium s'élargit insensiblement à partir du tour d'épaules jusqu'à son extrémité, qui est munie d'une frange.

Fig. 366.
Guillaume de Brosse, archevêque de Sens, 1262.

La quatrième variété se rencontre dans le type de Guillaume de Brosse, archevêque de Sens, en 1262. Ici le pallium conserve partout la même largeur. Il est garni d'une frange indispensable pour le faire tomber droit.

Je signalerai, en terminant, quelques exceptions. D'ordinaire on représente le pallium en étoffe unie, sans autre ornement que ses croisettes. Toutefois celui de Gilles Aycelin, archevêque de Narbonne, en 1306, est brodé de perles dans toute son étendue. Le pallium de Samson Mauvoisin, archevêque de Reims, en 1145, semble se trouver dans les mêmes conditions.

Les sceaux figurent en général ce vêtement formé d'une seule pièce. Et pourtant celui de Jean, archevêque d'Arles, en 1243 (fig. 307), paraît fabriqué de parties distinctes, rattachées ensemble par un fermail composé d'une croix nimbée.

En principe le pallium appartient exclusivement au métropolitain. Néanmoins les papes ont accordé quelquefois à certains suffragants le droit de le revêtir. Les sceaux n'ont pas manqué de relater cette faveur exceptionnelle. Tels sont ceux des évêques d'Autun, qui depuis Syagrius, en 590-600, jouissaient de ce privilège par une concession de Grégoire le Grand. Tels sont encore les sceaux des évêques du Puy, qui avaient été gratifiés de la même distinction sous l'épiscopat de Pierre de Mercœur, en 1048-1052, par le pape Léon IX.

Fig. 367.
D'après le sceau de Jean, archevêque d'Arles. 1213.

LA CHAPE

Il est un autre vêtement représenté sur les sceaux, la chape, que l'évêque porte lorsqu'il se montre processionnellement, et que le prêtre officiant revêt dans les cérémonies où il n'y a pas de consécration.

La chape s'appelait autrefois le *pluvial*. C'était le manteau de ville du prêtre, manteau rond, assez ample, descendant jusqu'aux pieds, ouvert sur le devant, muni d'un capuchon et destiné, comme son premier nom l'indique, à garantir du mauvais temps.

L'Église en fit un vêtement d'apparat. Ainsi réservée pour les solennités du rite, l'ancienne chape conserva encore longtemps sa forme générale, son ampleur et le capuchon. Il n'en fut pas de même des tissus qui la composaient.

Au simple drap succèdent les étoffes les plus somptueuses. On emploie la soie, le brocart, les broderies d'or, les franges les plus riches. Le fermail qui maintient la chape sur le devant de la poitrine se couvre de pierres fines, de perles et d'émaux. On y figure des sujets de sainteté tels que l'Annonciation, le Christ en croix, des images de saints mêlées à des emblèmes héraldiques.

En 1422, le chapitre de Notre-Dame de Paris fait vendre à Gillet Prosart, orfèvre, « deux fermaulx de chape d'argent dorez, esmaillez. L'un des fermaulx a six rouelles : les quatre entaillées de petits oyseaux, et les deux à barres blanches et perses traversées en deux escus. Et l'autre fermail a les ymages de Nostre-Dame tenant son enfant, et les trois roys de Coulongne, et quatre demi-rons où sont les quatre évangélistes. » Le même chapitre se dessaisit « d'un fermail de chape esmaillé auquel estoit le trespassement de Nostre-Dame, Nostre-Seigneur et ses apôtres, et autour en quatre demi-rons, les quatre évangélistes. »

Au quinzième siècle, la chape devint l'habillement

que nous connaissons aujourd'hui, raide, tendu sur les épaules, sans plis et sans grâce, ne possédant plus du capuchon qu'un simulacre figuré par un appendice rond bordé de franges.

Les sceaux de Henri, chantre de Troyes, en 1227, — de Roger, sous-chantre de Chartres, en 1231, — de Humbert, prévôt de la

Fig. 368.
Henri, chantre de Troyes, 1227.

Fig. 369.
Roger, sous-chantre de Chartres, 1231.

Sainte-Chapelle de Dijon, en 1272, — du prieur de Vigan, en 1303, nous offrent la chape avant sa malencontreuse transformation.

LES GANTS ET L'ANNEAU

Les gants, symbole d'investiture, sont, chez les évêques du moyen âge, de soie ou de peau. Leur décoration consiste en une croix dans un nimbe, brodée au dos.

Ils ne paraissent sur les sceaux d'une façon distincte, mais sans détails, que vers le milieu du treizième siècle. Tous semblent faits de peau, avec un poignet, sorte de garde, coupée de biais. Des spécimens de gants se voient dans les types de Robert de Cressonsart, évêque de Beauvais, en 1240, — de Thomas de Beaumetz, archevêque de Reims, en 1259, — de Renaud, évêque de Paris, en 1282, — de Bérenger, abbé de Figeac, en 1295.

Fig. 370.
Bérenger,
abbé de Figeac,
1295.

L'anneau symbolise le mariage des prélats avec l'Église. Il figure dans le costume des évêques à la même époque que les gants et ne nous donne pas plus de détails que ces derniers. Le graveur l'a nettement indiqué, avec la saillie formée par la pierre fine, sur les sceaux de Guillaume de Brosse, archevêque de Sens, en 1262, — d'Érard, évêque d'Auxerre, en 1271, — de Gui, archevêque de Bourges, en 1277, — de Jean, évêque de Langres, en 1296.

LES SANDALES

D'APRÈS les conciles, le soulier que l'officiant était tenu de chausser pour la célébration des offices devait être le soulier à la romaine, un soulier très couvert. Les sceaux ne nous offrent aucun renseignement à leur égard. Mais d'autres monuments figurés nous présentent les chaussures ecclésiastiques avec une empeigne montante terminée par une languette; derrière la languette, une bride passe sur le cou-de-pied et maintient la chaussure. Le quartier est élevé et muni de deux ailerons d'où partent des cordons de cuir blanc qu'on enroulait autour de la jambe. L'empeigne de certains souliers paraît fendue dans toute sa longueur et fermée par un lacet blanc. Les chaussures ecclésiastiques portaient au moyen âge le nom de sandales.

LA MITRE

La dignité épiscopale se reconnaissait à la mitre et à la crosse. La mitre n'a pas de représentation figurée avant le onzième siècle. Les auteurs appartenant à des âges précédents la dépeignent comme une sorte de bonnet phrygien, sans pattes latérales, fixé autour de la tête par un cordon dont les bouts retombent par derrière.

Dans l'imagerie des sceaux, les plus anciennes mitres se composent d'un bonnet à fond bas, bordé d'une bandelette qui ceint le front et se noue par derrière en laissant retomber ses deux bouts, les fanons. Ce bonnet présente de chaque côté, au-dessus des oreilles, une proéminence arrondie en forme de corne. De là le nom de *mitre cornue* donné à cette coiffure en usage pendant le douzième siècle et dont on trouvera des exemples variés dans les types de

Hugues d'Amiens, archevêque de Rouen, en 1154, de Pierre Lombard, évêque de Paris, en 1159. Chez ce dernier, les ornements de la bandelette rappellent ceux du parement de la chasuble. La mitre d'Arnoul, évêque de Lisieux, en 1170, porte, de plus que les précédentes, un riche galon séparant les appendices cornus.

Fig. 371.
Pierre Lombard,
évêque de Paris.
1159.

Au treizième siècle, la coiffure épiscopale change d'aspect. Sa forme avait même commencé de se modifier bien avant cette époque, vers le milieu du douzième siècle, mais c'est au treizième que la mitre cornue disparaît tout à fait, pour faire place à une coiffure dont les cornes ou les pans prennent une disposition toute différente. Les pans étaient latéraux, ils vont maintenant se placer l'un sur le front, l'autre sur le derrière de la tête. D'abord très

Fig. 372. — Arnoul.
évêque de Lisieux, 1170.

bas et échancrés sur leur bord extérieur comme dans les types de Hugues III, évêque d'Auxerre, vers 1144 (fig. 332), et de Manassès, évêque de Langres, en 1187, ils s'élèvent ensuite et finissent en un angle aigu à bords droits chez Gui, archevêque de Sens, en 1191, — chez Guillaume, archevêque de Bourges (fig. 373), en 1201, — Richard de Gerberoy, évêque d'Amiens (fig. 374), en 1206. Sur ce dernier sceau, les pans sont décorés d'un galon qui part de leur sommet et descend sur la bandelette, les partageant ainsi dans toute leur hauteur en deux surfaces égales.

Vers 1230, 1233, les deux pans qui, dans les exemples précédents, se réunissent au moment où ils aboutissent à la bandelette, viennent se joindre à une certaine distance au-dessus de celle-ci et paraissent donner à la mitre plus d'ampleur et plus d'élégance. Les coiffures de Gautier, archevêque de Sens, en 1230, et de Henri, archevêque de Reims, en 1233, appartiennent à ce modèle. Dans le type de l'archevêque de Reims, le pan est orné de deux petites croix séparées par le galon médian. L'officialité de Paris, en 1250, offre un très beau spécimen de mitre posée de profil, aux fanons frangés et sertis de perles.

Fig. 373.
Guillaume, archevêque de Bourges, 1201.

Fig. 374.
Richard de Gerberoy, évêque d'Amiens, 1206.

Fig. 375.
Henri, archevêque de Reims, 1233.

Fig. 376.
D'après le sceau de l'officialité de Paris, 1250.

A la fin du treizième siècle, la mitre devient encore plus ample, elle s'élargit encore davantage à partir du bandeau qui ceint la tête. Son étoffe se garnit d'arabesques, les orfrois se sèment de pierres fines. Ce changement se remarque dans les types de Jean, évêque de Langres, en 1296, — de Pierre Ier, archevêque de Reims, en 1297, — de Renaud de la Porte, archevêque de Bourges, en 1317.

Fig. 377.
Jean, évêque
de Langres.
1296.

Fig. 378.
Pierre Ier,
archevêque de
Reims, 1297.

A partir de cette dernière date, les pans de la mitre, franchement aigus jusque-là, commencent à prendre des contours arrondis et grandissent surtout en hauteur, comme le démontrent les sceaux des évêques de Paris : Guillaume et Foulques de Chanac, en 1340 et 1345, — Jean de Meulan, en 1361. — La dimension dans ce sens ne fait qu'augmenter à la fin du quatorzième siècle et laisse pressentir la mitre de nos jours, mitre d'une exagération à renverser toutes les règles du bon goût.

Les évêques n'ont pas seuls été appelés à porter la mitre. Des concessions papales ont permis quelquefois à des abbés, à des chanoines de la poser sur leur tête.

LA CROSSE

Dans la cérémonie de sa consécration, l'évêque reçoit l'anneau et le bâton pastoral, la crosse. L'anneau le fiance à l'Église; la crosse représente la puissance spirituelle.

On considère dans la crosse : la hampe, la volute et la pointe. Un sens symbolique a été rattaché à chacune de ses divisions. La forme droite de la hampe rappelle au prélat la justice, la rectitude dans le gouvernement. L'enroulement de la volute lui conseille la douceur envers les âmes pieuses, la bonté qui les attire. Le pied qui se termine en pointe émoussée est un emblème de juste sévérité, une arme contre les ennemis de la foi.

L'anneau, le pommeau, le nœud que l'on voit à l'extrémité de la hampe, à l'endroit où la volute prend naissance, semble provenir des époques primitives, lorsque la crosse était un bâton court sur lequel le prélat s'appuyait en tenant le pommeau dans la main. On a cru reconnaître, dans sa forme sphérique, le symbole de la Divinité.

La crosse entrait aussi dans la cérémonie de la consécration abbatiale. Orderic Vital, qui écrivait au onzième siècle, dit que l'investiture des évêchés et des abbayes se donnait par le bâton pastoral.

Les abbés, d'après certains liturgistes, devaient, lorsqu'ils portaient la crosse, en tourner la volute vers l'épaule, tandis que les évêques tenaient la volute dirigée en dehors, vers les assistants. Les monuments figurés viennent à chaque instant donner un démenti formel à cette théorie.

Vers les derniers temps du moyen âge, on rencontre sur les sceaux des crosses garnies d'un voile, d'un *sudarium*, attaché au haut du bâton, près du nœud. Ce linge fin était destiné à s'interposer entre la main du prélat et la hampe.

Parmi les matières employées dans la confection des crosses, on remarque : le bois, la corne, l'ivoire, le cristal, le fer, le cuivre, l'argent et l'or.

Les crosses en bois passent pour très anciennes. Le métal le plus en usage était le cuivre, que l'on décorait de nielles, d'émaux, de filigranes, de pierres précieuses. Les crosses d'argent sont plus rares; quelques-unes, cependant, existent encore. Le musée de Cluny possède une crosse en ivoire du plus beau travail : une branche de lierre court tout le long de la volute, dont le centre renferme la Vierge debout, tenant l'Enfant Jésus et accostée de deux anges. Quant aux crosses revêtues de lames d'or, elles n'étaient pas, selon la remarque de l'abbé Barraud, de celles qui pouvaient parvenir jusqu'à nous.

Les auteurs qui se sont occupés des crosses pastorales les ont classées d'après leur genre d'ornementation, d'après les attributs figurés dans la volute. Ils ont distingué les crosses simples, les crosses à serpents ayant la gueule simplement ouverte, à serpents mordant tantôt la croix, tantôt une pomme, broutant un feuillage ou luttant avec l'agneau. Puis viennent les crosses se terminant en fleuron épanoui; celles qui portent des sujets religieux, dont les plus fréquents représentent saint Michel terrassant le dragon, l'Annonciation, le Couronnement de la Vierge; les crosses à décoration architecturale. De ces divisions systématiques, celles qui comprennent les serpents ont servi de prétexte à un symbolisme qui nous paraît exagéré et que nous n'expliquerons pas ici. Il eût été peut-être plus sage et plus juste de reconnaître dans toutes ces figures de dragons ou de serpents une tradition de l'ornementation orientale pareille à celle des étoffes employées par l'ancienne Église. Mais, dans le moyen âge, tout devint prétexte à des spéculations symboliques.

Les crosses figurées sur les sceaux ne donnent pas lieu à une étude si détaillée. Trop petites pour recevoir dans leur proportion naturelle les motifs qui les ornaient, elles ne nous indiquent que des ensembles. Nous devons d'autant plus regretter cette simplification, ce sacrifice nécessaire, que les travaux des archéologues portent sur des sujets à date incertaine, tandis que les sceaux donnent une série chronologique très sûre et en même temps très fournie de crosses dignes, par leur seule forme générale, d'appeler la plus grande attention.

Il suffira, pour s'en convaincre, de jeter les yeux sur les crosses pastorales dont nous donnons ici le dessin, depuis la crosse si simple du onzième siècle jusqu'à la crosse architecturale du seizième siècle avec sa volute en S et le sudarium attaché à sa douille.

La plus ancienne ne remonte pas au-delà de 1067. Nous sommes déjà loin, à cette date, du petit bâton court, souvenir du *baculum* antique, bâton un peu recourbé du bout, orné de viroles d'orfèvrerie et serti de pierres fines. La crosse de Richard, archevêque de Sens, en 1067, est courte, il est vrai, sans apparence de nœud, mais elle possède déjà la volute.

Fig. 379.
1067.

Dans le type de Hugues II, évêque d'Auxerre, en 1126, la volute toute simple est accompagnée d'un nœud à sa naissance. Un autre nœud sépare, en bas, la hampe de la pointe. Les crosses de Barthélemy, évêque de Beauvais, en 1165, — de Thibaud d'Heilly, évêque d'Amiens, en 1170, — de Guillaume aux Blanches-Mains, archevêque de Reims, en 1182, — de Guillaume de Rupière, évêque de Lisieux, en 1202,

Fig. 380. Fig. 381.
1126. 1170.

Fig. 382. Fig. 383.
1202. 1233.

— de Henri II, archevêque de Reims, en 1233 (fig. 383), présentent avec une certaine variété le même aspect de simplicité.

Vers 1225, l'extrémité de la volute commence à s'orner. Elle se termine tantôt en trèfle, tantôt en fleuron, dans les crosses de Thibaud d'Amiens, archevêque de Rouen, en 1225, — de Laurent, abbé de Saint-Lomer de Blois, en 1226, — de Philippe, archevêque d'Aix, en 1255, — de Guillaume de Brosse, archevêque de Sens, en 1262.

Sur le sceau de Pierre de Montbrun, archevêque de Narbonne, en 1282, la volute finit en tête de serpent ou de dragon.

Fig. 384. 1225.

Fig. 385. 1255.

A partir de 1289, la volute, indépendamment de sa décoration intérieure, s'agrémente, au dos, d'un rinceau à feuillages espacés, à crochet, courts d'abord, mais qui s'allongent et deviennent plus nourris à mesure qu'on approche de la fin du quatorzième siècle. Des exemples de cette nouvelle ornementation se trouvent sur les crosses de Guillaume de Grès, évêque d'Auxerre, en 1289 (fig. 386), — de Jean, évêque de Langres, en 1296 (fig. 387), — de Pons, abbé de Saint-Sauveur d'Arles, en 1303 (fig. 388), — de Jean de Cominis, évêque du Puy, en 1305 (fig. 389), — de Louis de Villars, archevêque de Lyon, en 1307 (fig. 390), — de Mathieu des Essarts, évêque d'Évreux, en 1308, — de Robert de Courtenay, archevêque de Reims, en 1314, — de l'abbé de Belloc, en 1317, — de l'abbaye de Saint-Sauveur de Vannes, en 1381.

A cette même date de 1381, la forme générale de

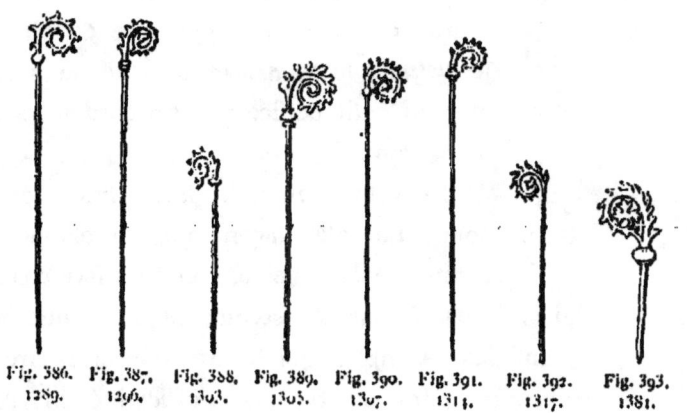

Fig. 386. Fig. 387. Fig. 388. Fig. 389. Fig. 390. Fig. 391. Fig. 392. Fig. 393.
1289.   1296.   1303.   1305.   1307.   1314.   1317.   1381.

la volute change. Jusque-là elle était arrondie; à présent nous allons la voir se contourner en S et ce nouveau type va s'accentuer davantage à mesure qu'on approchera de la Renaissance, tout en conformant sa décoration au genre d'architecture religieuse en vigueur. On sait qu'au moyen âge l'architecture religieuse a servi de modèle à tous les objets de mobilier, à toutes les constructions. Elle occupera même une plus grande place dans les crosses. On entourera les douilles d'édicules à arcades, comme au sceau de Jean Binet, abbé de Saint-Maur-des-Fossés, en 1512; on les enrichira de statuettes.

Fig. 391.
1512.

Des crosses architecturales avec des volutes en S se remarquent sur les sceaux de Frank Oudegherst, abbé de Saint-Winoc de Bergues, et de Martin, abbé de Saint-Vaast d'Arras, en 1529. La crosse de ce dernier présente de plus le voile, le *velum*, le *sudarium* attaché au sommet du petit édifice par un cordon garni d'un gland.

Le velum, en toile fine plissée, était coupé de telle façon que développé il formait habituellement une surface circulaire. Il paraît sur les sceaux plus tôt que ne l'indiquent les exemples qui viennent d'être cités. On le rencontre dans un type de l'officialité d'Évreux, à la date de 1234. Ici le velum est attaché à la douille au-dessous et à une petite distance du nœud.

Ajoutons en terminant que certains archevêques portent la croix au lieu de la crosse. Le sceau de Philippe, archevêque de Sens, en 1339, représente le métropolitain tenant une croix fleuronnée montée sur une longue hampe.

Fig. 397. — Philippe, archevêque de Sens, 1339.

Ornement tiré du manuscrit français n° 2643, à la Bibliothèque nationale, xv° siècle.

LES

TROIS PERSONNES DIVINES

Initiale du xv° s., tirée du ms. fr. n° 343, à la Biblioth. nationale.

ES documents figurés du moyen âge qui sont parvenus jusqu'à nous n'offrent aux recherches qu'un nombre bien limité d'exemples. Leur étude ne fournirait à l'archéologie que des notions incomplètes, des dates quelquefois peu certaines, si la sigillographie avec sa précision chronologique ne leur apportait un appoint de témoignages relativement considérable.

Le travail que l'on va lire a pour but de faire connaître les éléments particuliers fournis par les sceaux sur l'iconographie divine. Il présente encore un autre intérêt.

Il nous montre ces monuments contenant la tradition des premiers âges chrétiens et la transmettant aux artistes de la Renaissance, après l'avoir enrichie des conceptions propres au moyen âge.

DIEU LE PÈRE

La représentation matérielle de Dieu le Père ne fut pas admise par l'ancienne Église; l'image de Jéhova ne devait pas rappeler Jupiter. L'idolâtrie inspirait aux premiers chrétiens une horreur si grande qu'ils durent avoir recours, dans la manifestation de leur dogme, à des signes conventionnels, c'est-à-dire au symbolisme. Pour exprimer l'intervention du Tout-Puissant, ils adoptèrent une main bénissante sortant d'un nuage. Ce n'est que par exception et dans de rares scènes, toutes tirées de l'Ancien Testament, qu'ils firent usage de la figure humaine appliquée à la première Personne.

Le moyen âge resta fidèle à ce principe; il ne représenta le Père sous la figure d'un homme que dans l'expression symbolique de la Trinité. Hors de cette conception nouvelle, dont l'origine remonte à la fin du douzième siècle, le Très-Haut ne revêt une forme humaine qu'aux approches de la Renaissance.

L'art religieux des temps moyens continua donc

l'emploi de la main bénissante, mais avec une tendance à l'humaniser. Ainsi la plupart des sceaux ne nous offrent plus la main divine nue ; presque toujours le poignet est revêtu de l'aube sur laquelle retombe la manche de la dalmatique ; quelquefois même le nuage est supprimé.

Le sceau de la maladrerie de Saint-Denis, en 1213, — les contre-sceaux de l'abbaye de Saint-Benoît-sur-Loire, en 1248, — du prieuré de Saint-Martin-des-Champs, en 1264 ; — de l'abbaye de Marmoutier, en 1275, témoignent de l'altération de type que nous venons de signaler.

La main céleste bénit à la manière des Latins, avec les trois premiers doigts étendus et les deux autres repliés. Un seul

Fig. 398. D'après le sceau de la maladrerie de Saint-Denis, 1213.

Fig. 399. Contre-sceau du chapitre de St-Étienne de Châlons-sur-Marne. 1317.

contre-sceau appartenant au chapitre de Saint-Étienne de Châlons, en 1317, présente la main entièrement ouverte. C'est la main donatrice, dite aussi rayonnante parce qu'on l'a souvent figurée dès les premiers siècles avec un faisceau de rayons partant de chaque doigt.

Dans une lapidation de saint Étienne, sur le sceau d'Étienne, doyen rural de Piacé, en 1237, un nimbe, émanation lumineuse circulaire, attribut de la Divinité et des saints, entoure la main céleste. Et sur le sceau de l'Hôtel-Dieu de Châteaudun, en 1367, la même main est accompagnée du soleil, de la lune et des étoiles, symbolisant le domaine du souverain des cieux.

En 1379, le chapitre de Saint-Paul, dans l'église de Saint-Étienne de Metz, avait adopté pour contre-sceau la main du Père, posée sur un nimbe chargé d'une croix, caractère qui pourrait la faire attribuer au Christ, s'il n'était démontré, comme on le verra dans les représentations de la Trinité, que la tête du Père a quelquefois été entourée du nimbe appartenant au Fils.

Fig. 100.
Contre-sceau
du chapitre de Saint-Étienne de Metz.
1379.

Au reste, dans ce type, la légende présente également un sens qui n'est pas ordinaire. Au lieu de l'inscription habituelle *dextera Dei*, *palma Dei*, on lit : *Manus doctoris gentium*, qualification réservée à saint Paul, le patron du chapitre messin. Peut-être a-t-on voulu concentrer dans une seule image l'idée de Dieu le Père et celle du Docteur des nations.

Une sculpture du douzième siècle, au portail de la cathédrale de Ferrare, fournit un autre exemple de la main du Père posée sur un nimbe crucifère.

Tantôt la main divine occupe seule tout le champ du sceau, tantôt elle plane au-dessus d'un sujet pieux, charitable ou rappelant les temps de persécution. D'autres fois, comme dans le type d'Adam de Chambly, chanoine de Reims, en 1222, elle tient un livre ouvert, le livre de la loi chrétienne qui nous vient du ciel.

Elle bénit une main qui l'implore, sur le sceau de Hugues, abbé de Saint-Barthélemy de Noyon, en 1181; elle bénit aussi des priants, comme par exemple Gautier II, archevêque de Sens, en 1230, ou bien un religieux nommé Dreux de Nesle, en Vermandois, en 1259.

La présence du Tout-Puissant à la célébration du saint sacrifice nous est révélée par une main bénissant un calice, soit que le vase mystique repose sur un autel seul ou devant le prêtre et les assistants comme aux sceaux de Thomas de Châteaufort, chanoine de Saint-Denis du Pas, en 1252, — d'Hubert de Goussainville, chanoine de Paris, en 1225, — de l'abbaye de Saint-Josse au Bois, en 1281, — soit que la main céleste s'étende sur le calice tenu par l'officiant, ainsi qu'on le remarque dans le type d'Asselin, ancien abbé de Saint-Victor, en 1255, — ou sur le célébrant lui-même, comme dans le sceau de Renaud, archiprêtre de Bourges, en 1209.

Fig. 401. Asselin, ancien abbé de Saint-Victor, 1255.

La même main mystérieuse préserve des flammes le livre de saint Dominique, tandis que le livre des Albigeois disputant avec le saint est entièrement consumé, selon la légende gravée sur les sceaux du prieur des Dominicains de Douai, en 1273 et 1399. Elle répand ses bénédictions sur sainte Élisabeth lavant les pieds à un pauvre, dans le type de l'hôpital de Valenciennes, en 1263. Elle assiste au couronnement de la Vierge par le Fils, composition figurée sur le sceau des frères Mineurs de Sanguesa en Navarre, en 1303.

Nous la retrouvons encore dans les scènes de mar-

Fig. 402. — D'après le sceau de la ville de Saint-Antonin, 1308.

tyre : soutenant saint Étienne lapidé, sur les sceaux de Geoffroi, évêque de Châlons, en 1246, — de  Guillaume de Brosse, archevêque de Sens, en 1262, — de l'abbaye de Saint-Étienne de Caen, en 1379; — accompagnant de ses bénédictions saint Antonin dans sa barque, sur le sceau de la ville de ce nom, en 1308; — encourageant saint Laurent sur le gril, dans le type de l'abbaye de Joyenval, en 1244; — bénissant la tête de saint Jean dans un plat, au contre-sceau de Guérard, abbé de Saint-Jean-

Fig. 403.
Contre-sceau
de Guérard,
abbé de Saint-
Jean-d'Angély.
1317.

d'Angély, en 1317; — assistant à la résurrection du Christ, sur le sceau du gardien des frères Mineurs de Besançon, en 1321.

Dans certaines compositions, la main du Père tient, sur la tête des saintes victimes mortes en témoignant leur foi, une couronne suspendue, attribut indiquant la récompense réservée dans le ciel à saint Étienne, à saint Laurent, à sainte Catherine, etc. On devra consulter à ce sujet les sceaux d'Aleaume de Cuissy, évêque de Meaux, en 1264, — du prieur de Sainte-Catherine du Val-des-Écoliers, en 1272, — des Dominicains d'Arras, en 1303; ce dernier type représente saint Laurent sur le gril avec un bourreau attisant le feu.

La main du Seigneur bénit l'offrande du juste sous les traits d'Abel lui présentant un agneau, sur le sceau de Gobert, doyen de Metz, en 1308. Enfin, dans le type de Jean, ministre des Trinitaires d'Arras, en 1268, elle bénit un pélican sur son nid, emblème de Celui qui donna tout son sang pour nous racheter.

Sous Philippe-Auguste, l'art chrétien s'enrichit d'une conception nouvelle du symbole de la Trinité. Dieu le Père, assis sur un trône d'architecture, tient devant sa poitrine et montre un crucifix dont le pied descend jusqu'à terre. Les deux bras de la croix reposent par leur extrémité dans la paume de chaque main divine. Le Saint-Esprit, sous la forme d'une colombe, vole de la face du Père à la tête du Christ.

La plus ancienne de ces représentations, assez nombreuses sur les sceaux, appartient au chapitre de Sainte-Sophie dans le jardin de l'abbaye de Saint-Médard de Soissons, en 1303.

Dans la nouvelle imagerie de la Trinité, qui vient d'être mentionnée, la première Personne est figurée par un vieillard barbu, à longs cheveux. La tête est nue, quelquefois dépourvue d'attribut, mais le plus souvent entourée d'un nimbe simple, radié ou crucifère : nimbe radié, dans le type des indulgences des Trinitaires, au seizième siècle; nimbe crucifère, sur les sceaux du prieur de la Trinité de Mantes, en 1379, et de Jean de la Batterie, abbé de Saint-Sauveur d'Anchin, en 1429.

L'habillement comporte une tunique et un manteau attaché devant la poitrine, le manteau largement entr'ouvert pour l'écartement des bras qui soutiennent la croix. Ces détails sont nettement exprimés dans les types de l'abbaye de Sainte-Catherine du Mont, à Rouen, en 1367, — de Jean, évêque de Murray (Écosse), en 1449. Dans ce dernier exemple, le Père bénit de la droite.

Fig. 401.
D'après le sceau
de Jean,
évêque de Murray.
1449.

Vers la fin du quinzième siècle, l'imagerie de la Trinité donne à Dieu le Père le costume d'un pape, avec la tiare, la chape et l'aube. La tête n'est plus nimbée. La figure papale du Père se rencontre sur les sceaux des abbés d'Anchin, depuis Hugues de Lohes, en 1482.

Une autre expression symbolique des trois Personnes divines, bien différente de celle qui précède, nous est fournie par le sceau d'Antoine de Crevant, abbé de la Trinité de Vendôme, en 1523.

Dieu le Père, en vêtement papal, barbu, la tiare en tête et sans nimbe, paraît assis sur un bisellium, côte à côte avec le Christ. Entre eux se voit un monde crucifère, sur lequel ils posent chacun une main. En

Fig. 405.
D'après le sceau d'Antoine de Crevant, abbé de la Trinité de Vendôme, 1523.

haut plane la colombe dans une auréole de rayons.

La première Personne figure encore dans une Annonciation de 1474. Sous un portique, la Vierge, écoutant les paroles du messager céleste, reçoit des rayons émanant du Père que l'artiste a placé à gauche, au-dessus de l'entablement. Dans les rayons voltige la colombe, symbole de l'Esprit saint. Dieu le Père, en buste, la tête nue, sans nimbe, à longs cheveux et barbu, pose la main sur un monde surmonté de la croix. Cette dernière image du Père, rappelant le goût italien, se rencontre sur le sceau de Jean de Certes, archidiacre dans l'église de Bordeaux, chapelain du pape et auditeur du sacré palais.

DIEU LE FILS

1° ICONOGRAPHIE DU CHRIST

Dans les représentations du Fils, le moyen âge suivra la tradition des premiers siècles comme il l'a déjà acceptée pour exprimer l'idée du Père.

Sans toutefois renoncer au symbolisme, les anciens chrétiens, imposant silence à leurs scrupules, crurent pouvoir recourir à la figure humaine dans leurs images d'un Dieu fait homme; de même l'esthétique religieuse du moyen âge nous montrera le Verbe éternel dans son incarnation ou sous le voile du symbole.

Les sceaux reproduisent la figure du Fils en buste, à mi-corps, debout ou assis, et quelquefois même ils ne donnent que la tête seule.

Sous la plupart de ces aspects, la tête est nue, les cheveux longs et bouclés, séparés sur le milieu du front, le visage ovale allongé et portant, dans les images les plus anciennes, une barbe courte, taillée en pointe et bifurquée au menton. Plus tard la barbe devient arrondie du bas.

Des exemples du Christ à barbe archaïque se rencontrent sur les sceaux de l'abbaye de Fécamp, au douzième siècle, — du chapitre de Sainte-Croix d'Orléans, en 1209 ; — tandis que le type de Henri de Gand, archidiacre de Tournay, en 1287 (fig. 410), offre un spécimen de barbe arrondie.

Contrairement à l'usage habituel aux premiers siècles, le Christ est rarement en adolescent imberbe. Cependant le moyen âge a respecté ce principe dans les types de

Fig. 406.
D'après le sceau de l'abbaye de Fécamp, XIIIe siècle.

l'abbaye de Morigny, en 1196, — du chapitre de Saint-Sauveur de Blois, en 1261.

Nous avons dit que la tête était nue, mais il existe quelques exceptions à cette disposition. Une couronne ceint la tête du Christ, roi des cieux, sur les sceaux du prieur de l'abbaye de Saint-Denis, en 1299, — du couvent de la Thieuloye, en 1425.

Fig. 407.
D'après le sceau de l'abbaye de Morigny. 1196.

Nue ou couronnée, la tête du Fils paraît presque toujours entourée de cette émanation lumineuse, circulaire, qu'on a appelée le nimbe et que l'Église emprunta aux anciens dieux et aux empereurs. Le nimbe du Christ présente ce caractère distinctif qu'il est décoré d'une croix patée qui semble le couper en

318   LE COSTUME D'APRÈS LES SCEAUX

quatre parties égales. — Sur le sceau de Sainte-Catherine du Mont, à Rouen, en 1244, un nimbe crucifère à circonférence radiée entoure la tête du Rédempteur. — Dans le type de l'abbaye de Saint-Sauveur d'Anchin, en 1153, les extrémités de la croix dépassent le bord du nimbe. Il en est de même chez le maître de l'hôpital du Saint-Esprit de Besançon, en 1321. Dans ce dernier exemple, la branche supérieure de la croix prolongée finit elle-même en une petite croix.

Fig. 408.
D'après le sceau de Pierre, maître de l'hôpital du Saint-Esprit de Besançon, 1321.

Une des rares figures de Christ dépourvu de nimbe se voit sur le sceau d'Hamelin, doyen de Verneuil, en 1255 (fig. 411). Au contre-sceau de Guillaume, abbé de Figeac, en 1214, la tête n'offre pas d'attribut lumineux, mais le Christ à mi-corps est placé devant un grand nimbe crucifère occupant tout le champ.

L'habillement du Fils consiste en une tunique recouverte du manteau des philosophes grecs posé sur une ou sur les deux épaules, un des pans s'enroulant autour du corps au-dessous de la ceinture. Le *pallium* recouvrant les deux épaules se voit dans les types de l'abbaye d'Anchin et de l'abbaye de Fécamp. Le sceau de l'abbaye de Morigny (fig. 407) présente le manteau drapant une seule épaule. Les pieds sont nus, et leur nudité devient au moyen âge un attribut constant.

Le sceau du chapitre de Saint-Sauveur de Harlebeke, en 1407, offre l'exemple, unique dans la collection des Archives nationales, d'un Christ en costume de diacre, l'étole passée en sautoir de gauche à droite.

Dans presque tous les types, le Christ bénit à la manière latine, comme le Père. La main bénissante, d'ordinaire élevée à droite à la hauteur du visage, se trouve quelquefois placée devant la poitrine. Un Christ dans ce dernier geste est gravé sur le sceau du prieuré de Lihons-en-Santerre, en 1303.

Fig. 409.
Sceau du chapitre de Saint-Sauveur de Harlebeke, 1407.

L'action de bénir est presque constante dans les diverses figures du Fils; cependant la main droite tient le livre de la loi dans le type d'Hamelin, doyen de Verneuil, en 1255 (fig. 411); elle montre un phylactère dans celui de la chapelle de Sainte-Marie de Clermont-Ferrand, en 1264.

En même temps qu'il bénit de la droite, le Verbe porte à la main gauche la croix de l'Église triomphante, croix de résurrection qui dérive du labarum constantinien, nue ou garnie d'une banderole; d'autres fois, sa main gauche tient le livre de la loi ou un monde crucifère.

Fig. 410.
D'après le sceau de Henri de Gand, archidiacre de Tournay, 1287.

La croix est nue dans les types de l'abbaye de Saint-Sauveur d'Anchin, en 1172, du chapitre de Sainte-Croix d'Orléans au douzième siècle. Une banderole flotte à la hampe sur le sceau de Henri de Gand, archidiacre de Tournay, en 1287, et chanoine de Courtrai, en 1295 (fig. 410).

Le livre que l'on remarque à la main du Christ est le plus souvent fermé, comme en témoignent les sceaux de l'abbaye de Lessay, au douzième siècle, — de Guillaume, doyen de Chichester, en 1302; — il déroule ses pages ouvertes sur les sceaux des abbayes de Fécamp et d'Eename, au douzième siècle.

Le Christ soutient un monde crucifère dans le type d'Hamelin, doyen de Verneuil, en 1255, et dans les types plus modernes de Geoffroi, archidiacre d'outre-Loire dans l'église d'Angers, en 1312, — de l'abbaye d'Anchin, en 1443, — de la Sainte-Chapelle de Bourges, au quinzième siècle.

Fig. 411.
D'après le sceau d'Hamelin, doyen de Verneuil, 1255.

Dans les figures assises, le siège du Fils consiste d'ordinaire en un trône d'architecture, sorte de banc décoré selon le style en vigueur à la date du sceau. Quelquefois, mais bien rarement, un pliant ou un arc-en-ciel remplacent le trône architectural.

Les dessins qui accompagnent ce texte nous dispensent d'indiquer des exemples de ce dernier. On remarquera un pliant à têtes d'animaux, le seul que nous ayons rencontré, sur le contre-sceau de l'abbaye de la Trinité de Lessay, au douzième siècle; tandis que la face de la même abbaye nous offrira le Christ dans une auréole ogivale, assis sur deux arcs-en-ciel à courbe opposée et soudés par leur convexité. Le Fils est encore assis sur un arc-en-ciel dans le type des Dominicaines de la Thieuloye, près Arras, en 1425 (fig. 414).

Nous n'avons considéré jusqu'à présent que le Christ seul, sans nous occuper de certains attributs et de certaines pièces qui l'accompagnent assez fréquemment. Il convient de signaler à leur tour ces accessoires et de traduire le sens caché sous leur symbole.

Après le nimbe que nous avons déjà fait connaître, un des

Fig. 412. — D'après le sceau de l'abbaye de la Trinité de Lessay, XIIe siècle.

principaux attributs est l'auréole, la gloire, émanation lumineuse enveloppant tout le personnage, limitée tantôt par une ogive, comme celle que nous venons de citer, tantôt par un quadrilobe, quelquefois soutenue par des anges, comme par exemple au sceau de

Fig. 413. — D'après le sceau de l'abbaye de Saint-Tibery, 1303.

l'abbaye de Saint-Tibery, en 1303.

Le Christ est escorté du soleil et de la lune dans le type de Saint-Sauveur de Blois, au douzième siècle; — du soleil, de la lune et d'une étoile, au sceau du prieur de l'ordre de la Pénitence de Jésus-Christ en Espagne, en 1258. Comme nous l'avons déjà expliqué, la présence de ces mondes indique l'universalité de la puissance divine.

Les lettres grecques A et ω, l'alpha et l'oméga qui accostent la figure du Sauveur dans le type du prieuré de Lihons-en-Santerre, en 1203, répètent le texte de saint Jean : « Je suis le commencement et la fin de toutes choses, » *Ego sum* A *et* ω, *initium et finis* (Apocalypse, XXI, 6); comme les lettres latines A et M gravées sur le sceau du prieur d'Hesdin, au treizième siècle, nous reportent à la Salutation angélique, au souvenir de Marie joint à l'image de son fruit béni : *Ave, Maria.*

Parfois, au lieu de simples accessoires, ce sont des personnages empruntés au Nouveau Testament qui accompagnent le Fils de Dieu. Il est accosté des têtes de saint Pierre et de saint Paul, dans le type de Guillaume, doyen de Chichester, en 1302. Le sceau de Sainte-Marie de Clermont-Ferrand, en 1264, offre les têtes des douze apôtres entourant leur divin maître, les têtes des disciples d'une proportion plus petite que celle du Christ. Le sceau des Dominicaines de la Thieuloye, en 1425 (fig. 414), représente, dans une auréole en losange, le Verbe assis sur un arc-en-ciel entre les figures symboliques des quatre évangélistes.

Nous devions esquisser d'abord, dans leur caractère général, les traits principaux qui distinguent la deuxième Personne divine. Il est temps dès à présent de faire connaître, d'après les sceaux, la figure de Jésus parcourant les diverses phases de sa vie terrestre.

La première sera la Nativité.

Les sceaux de l'abbaye de Grandchamp, en 1271,

Fig. 414. — D'après le sceau des Dominicaines de la Thieuloye, 1425.

— de la prieure de la Thieuloye, en 1367, reproduisent la venue du Sauveur. L'enfant divin, le corps enveloppé de langes maintenus par des bandelettes croisées, repose sans intermédiaire dans la crèche entre le bœuf et l'âne, ou bien, comme au sceau de l'abbesse des Clarisses d'Aix, au quatorzième siècle, Jésus, plus libre sous l'étoffe qui l'emmaillote, est installé dans un berceau de forme ovoïde placé dans la crèche. Au-dessus de l'enfant brille l'étoile miraculeuse; et, sur le sceau de l'abbaye de Grandchamp, deux lampes éclairent l'humble asile.

Dans le type de la prieure de la Thieuloye, la Vierge, par un geste de tendresse familier aux mères, tient la main de Jésus endormi, tandis que Joseph, assis aux pieds du lit, les deux mains appuyées sur un bâton, contemple cette scène à la lueur d'une lampe suspendue à la place occupée sur les sceaux précédents par l'étoile miraculeuse.

Fig. 415.
D'après le sceau de la prieure de la Thieuloye.
1367.

En 1255, l'abbaye de Noyon représente, sur un sceau malheureusement incomplet, l'épisode de l'Adoration des mages. On n'aperçoit plus de Jésus assis sur les genoux de sa mère que son bras bénissant. Le mage le plus rapproché, barbu, couronné, une chlamyde nouée sur l'épaule et posée sur une ample tunique ceinte, dans une attitude respectueuse à demi fléchie, présente des deux mains l'or enfermé dans un vase. Derrière lui, les deux autres rois attendent debout, tenant chacun leur offrande. Au talon du premier personnage, on distingue la molette d'un éperon rappelant le long voyage entrepris.

Fig. 416.
D'après le sceau de l'abbaye de Noyon.
1255.

La Présentation au Temple se voit au sceau du gardien des frères Mineurs de Toulouse, en 1274. La

Vierge tient sur l'autel Jésus debout et nimbé, qu'un personnage nimbé, saint Siméon sans doute, semble vouloir prendre dans ses bras. Un deuxième type, celui de Gazon de Savigny, évêque de Laon, en 1297, figure à droite de l'autel la Vierge debout et portant son enfant; de l'autre côté, Siméon étend ses mains vers Jésus, prononçant les paroles bien connues.

Plusieurs de nos monuments reproduisent le Baptême du Christ. Dans la composition la plus simple, le Sauveur, entièrement nu et dans une colonne d'eau du Jourdain montant jusqu'à la ceinture, la tête entourée du nimbe qui lui est propre, tient les mains jointes devant la poitrine. A sa gauche, saint Jean, en tunique de peau de bête, répand sur l'épaule de Jésus l'eau du baptême puisée dans une buire. En haut, la colombe descend d'un nuage sur la tête du Sauveur. Tel est le sujet traité sur le sceau de l'abbaye de Saint-Jean-au-Bois, en 1303.

Sur le sceau de Jacques, abbé de Saint-Jean de Valenciennes, en 1318, le Christ nimbé et dans une colonne d'eau comme il vient d'être dit, la main gauche posée sur la hanche, paraît bénir devant lui. Saint Jean, en pénule de peau, lui répand sur la tête l'eau contenue dans un vase. A gauche, on remarque la tunique de Jésus, soutenue probablement par une main indistincte.

Dans un type de l'abbaye de Chocques (fig. 417), en 1315, c'est un ange qui tient la tunique, tandis que saint Jean, une main sur l'épaule du Christ, élève la droite vers la colombe qui descend du ciel, portant une ampoule à son bec. Exemple assez rare de l'Esprit-Saint apportant l'ampoule qui doit servir au baptême de Jésus.

Fig. 417.
D'après le sceau
de l'abbaye de Chocques.
1315.

Le Repas chez le pharisien se trouve figuré sur le sceau de l'Hôtel-Dieu ou de la Madeleine de Rouen, en 1366. Jésus nimbé, en tunique, assis à l'extrémité de la table, étend la main vers un de ses disciples qui lui présente une coupe. La sœur de Lazare, Marie-Madeleine, étendue sur le sol, vient de répandre l'huile parfumée; elle essuie de sa chevelure les pieds du Rédempteur. On voit, en haut, la partie supérieure d'un édifice surmonté d'une coupole.

Les sujets reproduisant la Résurrection de Lazare nous offrent le Christ debout, nimbé, dans le costume des philosophes, seul ou avec des assistants, bénissant Lazare ou le tirant par le bras.

Fig. 418.
D'après le sceau
de
Jean de Corbigny,
chapelain du duc
de Bourgogne,
1305.

Sur les sceaux de Pierre de Chalon, archidiacre d'Autun, en 1302, — de Jean de Corbigny, chapelain du duc de Bourgogne, en 1305, la composition ne renferme que les deux personnages essentiels. Jésus bénit Lazare d'une main et tient de l'autre la croix de l'Église triomphante.

Dans les types de la maladrerie de Pontféraud, en 1247, et de l'hôpital de Saint-Lazare de Paris, en 1399, le Sauveur prend Lazare par le bras. Ce dernier exemple comprend un nouveau personnage, la Madeleine agenouillée derrière son frère.

Sur un autre sceau de Saint-Lazare de Paris, en 1264, Marthe et Madeleine accompagnent Jésus.

La scène est encore plus complexe dans le type de Saint-Lazare de Beauvais, en 1477. Le Christ y paraît suivi de saint Pierre à mi-corps, et de l'autre côté du sépulcre se tiennent Marie-Madeleine et Marthe. Dans le champ, on lit les paroles du Sauveur, telles que les relate saint Jean, XI, 43 : LAZARE, VENI FORAS. La même inscription, mais ainsi abrégée : LA VE FO, se rencontre, sur un ciel constellé, dans le type déjà cité de Jean Corbigny, chapelain du duc de Bourgogne (fig. 418).

Le sceau de Hugues de Cipro, cardinal-évêque de Palestrina et légat *à latere*, en 1435, offre une Transfiguration entièrement conforme au récit des livres sacrés. On y voit le Christ debout et nimbé, dans le costume traditionnel si souvent décrit, sur une montagne, entre Moïse et Élie. Au bas sont les trois disciples, Pierre, Jacques et Jean ; l'apôtre du milieu assis, ébloui par l'éclat de la divinité ; celui de gauche élevant la tête, étendant les mains en signe d'admiration ; le troisième renversé, frappé d'étonnement.

L'histoire évangélique nous apprend qu'après la

Cène, Jésus, voulant donner un exemple d'humilité à ses disciples, ôta son manteau et leur lava les pieds. Le chapitre de Lille a choisi ce motif en l'honneur de saint Pierre, son patron. Comme il a été fait dans tous les monuments antiques, les apôtres y sont représentés par un seul d'entre eux, par celui qui devait recevoir les clefs du royaume céleste. Le Christ nimbé, en tunique, sans pallium, un genou en terre, tient dans ses deux mains, au-dessus d'un vase, le pied de l'apôtre. Sur la tête du Sauveur, la divine colombe vole entre des étoiles.

Fig. 119.
D'après le sceau
du chapitre de Saint-Pierre
de Lille. 1426.

Le nimbe crucifère distingue le Christ; la tête du disciple ne comporte qu'un nimbe simple. Les actes auxquels sont suspendus les types du chapitre de Lille portent les dates de 1426 et de 1509.

Le douloureux épisode de la Flagellation a été gravé sur le sceau des frères Mineurs de Beauvais, en 1303.

Nimbé, nu jusqu'à la ceinture d'où part une petite jupe s'arrêtant au genou, les mains liées à un poteau placé devant lui, Jésus est frappé par deux bourreaux armés d'un fouet à trois lanières. D'autres fois, comme au sceau des frères Mineurs de Douai, à la date de 1308, au lieu du fouet, un des deux bourreaux brandit les verges.

Avec Jésus portant sa croix, nous observons une interprétation figurée toute différente de celles que les œuvres des maîtres et les saintes Écritures mêmes ont consacrées. De trois sceaux représentant le portement de croix, celui de Pons de Saint-Gilles, frère prêcheur, en 1255, avec celui des frères Mineurs de Senlis, en 1303, nous offrent un Christ à la démarche dégagée, portant légèrement l'instrument du supplice. Ce n'est que dans le type des frères Mineurs de Doullens, au seizième siècle, que l'on a cherché à exprimer une certaine fatigue douloureuse, une attitude plus accablée.

Fig. 426.
D'après le sceau des frères Mineurs de Senlis, 1303.

Sur ces trois sceaux, le Christ est nimbé ou sans nimbe, tantôt revêtu d'une tunique talaire comme chez les frères Mineurs de Senlis, tantôt portant une tunique qui finit au genou comme au type de Pons de Saint-Gilles.

Sur le sceau des frères Mineurs de Senlis, la croix, de celles qu'on appelle latines, présente la branche inférieure affûtée à son extrémité. Le champ contient, en caractères gréco-latins, l'inscription :

$$\frac{IbCXP}{C}$$

Jhesus Christus.

Le Sauveur sur la croix a déjà jeté sa dernière exclamation humaine, le Christ est mort. Son corps n'a même plus la rigidité qui suit les derniers moments, il s'affaisse, soutenu seulement par les clous qui le suspendent au gibet. Sa tête penchée sur l'épaule, nimbée ou dépourvue de nimbe, ne présente pas la couronne d'épines; ce dernier attribut paraît seulement à la Renaissance. On a tiré ses vêtements au sort, il est à peu près nu. Une petite jupe nouée à la ceinture et tombant jusqu'au genou constitue tout l'habillement, et même, aux quinzième et seizième siècles, l'art chrétien n'hésite plus à rappeler que Jésus a subi nu son dernier supplice; la jupe est réduite à une étroite draperie serrée autour des reins, comme on peut s'en assurer par les sceaux des grands maîtres des Dominicains, Léonard de Mansuetis, en 1475, et François Silvestre, en 1528.

Fig. 421.
D'après le sceau
du chapitre du Saint-Sépulcre
de Caen. 1226.

Le corps du Rédempteur repose, il est vrai, droit sur la croix, la tête seulement penchée, dans le type du chapitre du Saint-Sépulcre de Caen, en 1226; mais en général, la rigidité a fait place, comme nous l'avons dit, à l'affaissement, et cet anéantissement de la force musculaire est surtout indiqué sur les sceaux de Munio, maître de l'ordre des frères Prêcheurs, en

1286, et de Gui, cardinal du titre de Sainte-Croix à Jérusalem, en 1379. Des gouttes de sang coulent de ses blessures, dans le type de la Grande-Chartreuse, en 1431.

Jésus subit le dernier supplice sur la croix dite latine, croix à quatre branches droites, l'inférieure plus longue que les trois autres. A la supérieure est le plus souvent fixé l'abrégé du titulus : INRI. Sur le sceau de Munio que nous venons de citer, les deux branches transversales de la croix, au lieu de se continuer en ligne droite, forment entre elles un V très ouvert. Le bois est brut, ébranché seulement sans être équarri, au sceau du chapitre de Sainte-Croix d'Orléans, en 1317.

Fig. 422.
D'après le sceau de Munio, maître des frères Prêcheurs, 1286.

Quelques croix présentent un appui, un *suppedaneum*, fixé à la branche inférieure, sur lequel les pieds étaient cloués séparément ou croisés l'un sur l'autre. De là, un clou pour chaque pied comme au sceau du Saint-Sépulcre de Caen (exemple qui porte à quatre le nombre des clous de la Passion), ou un seul clou pour les deux pieds, variante la plus ordinaire.

La plupart des sceaux déjà mentionnés, auxquels nous ajouterons celui de la Chartreuse de Vauvert, en 1291, offrent la croix plantée sur une éminence figurant le Golgotha.

Nous n'avons envisagé jusqu'à présent que le

crucifix seul. Il convient maintenant de parler de ses divers accompagnements : accessoires symboliques, priants, saints patrons, et surtout des témoins les plus intéressants de la Passion, la Vierge et saint Jean.

Le crucifix repose sur un champ de rameaux fleuris dans les types de Pierre, cardinal du titre de Saint-Ange, en 1404, — de Jourdain, cardinal des Ursins, en 1417, — de Barthélemy Texier, maître de l'ordre des frères Prêcheurs, en 1428.

Un pélican, symbole de la Rédemption, somme la branche supérieure de la croix, sur les sceaux de la Grande-Chartreuse, en 1431, — du maître des frères Prêcheurs, en 1475 et 1528.

En outre d'un ou de plusieurs priants agenouillés au pied de la croix, la branche supérieure est accostée du soleil, de la lune ou de deux étoiles; quelquefois même la croix se dresse dans un ciel constellé comme aux sceaux des frères Mineurs de Lyon, en 1293, — du maître de l'ordre des Dominicains, en 1428 et 1528.

On la rencontre cantonnée des figures symboliques des quatre évangélistes, dans le type de Thierri d'Ubach, général des religieux de l'ordre de Sainte-Croix, en 1544.

D'autres fois c'est la branche inférieure de la croix qui est accostée de deux roses, de deux étoiles, d'une étoile et d'un lis ou de deux tiges de lis plantées à son pied, ainsi qu'on le voit sur les sceaux de Pierre de Hendecourt, prieur de l'abbaye de Saint-Bertin, en 1306, — des maîtres des frères Prêcheurs, en 1475 et en 1528.

Dans le type de la Grande-Chartreuse, en 1431, un petit personnage émergeant d'un sépulcre entouré d'ossements rappelle le prodige des morts sortant de leurs tombeaux.

Sur certains sceaux, tels que celui des frères Mineurs de Lyon, en 1293, on lit l'inscription grecque IHC XPC, — ou bien, comme au sceau des Dominicains de Lille, en 1403, une banderole enlaçant le crucifix porte : FIDES TUA TE SALVUM FECIT (saint Luc, XVII, 19, et XVIII, 42).

Parmi les saints patrons figurent, entre autres : saint Honoré en évêque, dans le type du prieuré de Saint-Honoré-lès-Abbeville, en 1362 ; les fondateurs d'Ordres, saint François, saint Dominique, dans leur costume professionnel, ceux-ci appartenant par leur date à la Renaissance.

On voit encore aux pieds du crucifix qui sert de type au chapitre de Sainte-Croix d'Orléans, en 1317, une priante couronnée, surmontée de l'inscription HELENA. C'est sainte Hélène, l'impératrice, mère du grand Constantin, qui retrouva le bois de la croix.

Mais il est deux personnages que l'on rencontre surtout au pied du crucifix : Marie, mère de Jésus, et Jean, le disciple bien-aimé. Bien avant que le *Stabat* eût inspiré des chefs-d'œuvre, les tailleurs de sceaux avaient compris la situation dramatique de la mère et du fils d'adoption.

Ils les ont représentés debout, le visage appuyé sur la main en signe d'affliction, ou les mains jointes, le corps tordu par la douleur. Les plus anciens crucifix accompagnés de la Vierge et de saint Jean se remarquent sur les sceaux des Chartreux de Vauvert, en 1291, — de Pierre de Hendecourt, prieur de l'abbaye de Saint-Bertin, en 1306, — du chapitre de Sainte-Croix d'Orléans, en 1317, — de Gui, cardinal du titre de la Sainte-Croix à Jérusalem, en 1379, — de la Grande-Chartreuse, en 1390.

Fig. 423.
D'après le sceau de la chartreuse de Vauvert, 1291.

Dans le type de Jean du Mans, frère mineur, en 1267, le crucifix est montré et soutenu par deux saints religieux.

Fig. 424.
D'après le sceau du frère mineur Jean du Mans, 1267.

Fig. 425.
D'après le sceau des Carmes-Billettes, 1475.

Nous ne pouvons nous empêcher de citer, en terminant ce qui regarde les crucifix, une curieuse légende gravée sur le sceau des Carmes-Billettes, en 1475. Elle représente un miracle arrivé du temps de Philippe le Bel. Un juif fait bouillir dans une marmite une hostie qu'il a transpercée ; pendant qu'il active les flammes, un crucifix apparaît au-dessus de la chaudière, aux yeux de deux femmes étonnées du prodige. Pour expliquer plus clairement le sujet, l'artiste a figuré l'hostie sur la paroi extérieure du vase.

Vers la fin du moyen âge et pendant les premières années de la Renaissance, l'imagerie religieuse s'est complu dans la reproduction d'une scène des plus touchantes et des plus poétiques : le Christ descendu de la croix, reposant sur les genoux de sa mère. On rencontre cette composition dans les types de Michel de Monchy, prieur de Sainte-Croix de Tournay, en 1248, — du cardinal Georges d'Amboise, en 1505, — de Jean du Chemin, prieur de Saint-Saulve de Valenciennes, en 1565. — Sur le sceau du prieur de Sainte-Croix de Tournay, se dresse derrière le groupe une croix accostée, en haut, du soleil et de la lune que deux anges semblent tenir.

Sur le sceau de Georges d'Amboise, saint Jean contemple le Christ et pose en même temps la main sur le cardinal prosterné.

Nous ne saurions omettre de placer en regard de ces *pietà* certains *Ecce homo* symboliques de la Passion que l'on rencontre quelquefois sur les sceaux.

Le Christ à mi-corps, nimbé, nu jusqu'à la ceinture où naît un morceau de draperie, les mains attachées devant la poitrine, paraît sortir d'un tombeau.

Tantôt deux anges agenouillés le soutiennent, comme dans le type de Jean Philippe, provincial de l'ordre des frères Mineurs en France, en 1579; tantôt le Sauveur est accosté de saint Paul et de saint Pierre, comme dans le type de Pierre IV, évêque de Cambrai, en 1351.

Des représentations plus modernes, telles que le sceau de François Wisson, commissaire de Grégoire XIII, en 1575, montrent un *Ecce homo* tenant le fouet et les verges, devant une croix, sur un ciel constellé d'étoiles.

Le Christ dans son tombeau, tel est le sujet que les grands maîtres des Hospitaliers avaient fait tailler sur leurs contre-sceaux, dès 1193. Sous une toiture à coupoles ou à clochetons, Jésus est étendu, enveloppé dans son linceul, les mains croisées sur la poitrine ou les bras placés le long du corps. Une lampe suspendue à la voûte, la croix de résurrection plantée à la tête du sépulcre, un encensoir qui se balance vis-à-vis les pieds, complètent le funèbre tableau. Le nimbe crucifère n'entoure pas toujours la tête du Sauveur.

Fig. 126.
D'après le contre-sceau des grands maîtres des Hospitaliers, dès 1193.

Parmi les sceaux des Hospitaliers, on doit mentionner plus spécialement les types des grands maîtres Geoffroi du Donjon, en 1193, — Foulques de Villaret, de 1307 à 1314; — les types de l'Hôpital même, de 1356 à 1534.

Deux sceaux, appartenant l'un au provincial de l'ordre de la Pénitence de Jésus-Christ en France, en

1258, l'autre à Adenet Houssel, simple clerc de la cuisine de la comtesse d'Artois, en 1371, représentent la descente aux limbes.

Sous un ciel étoilé, le Rédempteur debout et nimbé, tenant la croix triomphale et foulant aux pieds le dragon, saisit le bras d'Adam accompagné d'Ève et les retire tous deux d'une immense gueule ouverte, une gueule de crocodile.

Fig. 427.
D'après le sceau du provincial de l'ordre de la Pénitence, en France, 1258.

De tous les sujets traités par les graveurs du moyen âge, la Résurrection est sans contredit celui où ces modestes artistes ont développé les plus belles qualités.

Fig. 428.
D'après le sceau de l'abbaye du Saint-Sépulcre de Cambrai, 1320.

Harmonie de l'ensemble, noblesse de la pose, finesse d'exécution, tout nous révèle des hommes véritablement doués. C'est avec une grande élévation de sentiment qu'ils ont représenté, sous le costume traditionnel, le Christ debout, nimbé, imberbe, c'est-à-dire renaissant dans la jeunesse éternelle, une jambe déjà hors du tombeau, tenant la croix de l'Église triomphante et bénissant le monde. Tantôt ils l'accompagnent du soleil et de la lune, attributs de la royauté céleste ; tantôt ils le font encenser par deux anges. On reconnaîtra des qualités faites pour nous étonner dans les types des frères Mineurs, de Châlons-sur-Marne, en 1254, — de Jean le Doux, abbé du Saint-Sépulcre de Cambrai, en 1268, — de cette abbaye même, en 1320 (fig. 428). Ce dernier type nous offre de plus le groupe des trois soldats endormis.

Il ne peut être question en ce moment que des résurrections où figure le Christ; nous réservons pour un autre travail celles qui ne donnent plus que le tombeau vide de l'Homme-Dieu ressuscité.

L'Apparition à la Madeleine figure sur les sceaux de Sainte-Marie-Madeleine d'Aigueperse, en 1307, — du prieur de la Madeleine de Salins, en 1317, — de Nicolas, prieur de l'Hôtel-Dieu de Rouen, en 1366, — des abbesses d'Étrun, en 1365, 1382, 1397, — de l'abbaye de Vézelay, en 1469.

Fig. 429.
D'après le sceau du chapitre d'Aigueperse.
1307.

Le Rédempteur debout, nimbé, imberbe, en costume philosophique, tient la croix de résurrection et semble par son geste écarter Marie-Madeleine. Celle-ci, agenouillée, étend les mains vers Jésus. Un arbre les sépare. Dans le champ de la Madeleine d'Aigueperse sont écrites les paroles prononcées par le Christ, NOLI ME TANGERE (saint Jean, XX, 17). Sur le sceau de l'abbaye de Vézelay, on lit l'appel fait par Jésus à la Madeleine : MARIA, et la réponse de la Madeleine reconnaissant son divin maître : RABONI (saint Jean, xx, 16).

Nous n'avons rencontré l'Apparition aux apôtres que sur un seul sceau de date bien récente, celui de la Propagation de la foi, en 1635. C'est l'illustration du texte de saint Marc, xvi, 14 et 15 : « Allez, par tout le monde, prêcher l'Évangile. » Jésus debout, de profil à droite, en tunique et pallium, sans nimbe, tenant la croix de résurrection, donne ses instructions aux apôtres groupés devant lui. La légende dit : EUNTES IN UNIVERSUM MUNDUM PRÆDICATE EVANGELIUM OMNI CREATURÆ.

Après avoir fait passer sous nos yeux les principaux événements de la vie terrestre du Christ, les sceaux nous offrent encore la figure du Verbe dans la gloire éternelle, comme il doit se montrer au jour du jugement, assis sur un trône resplendissant, entouré des instruments de la Passion, montrant les blessures faites à ses mains divines.

La tête entourée du nimbe crucifère, il paraît revêtu du costume traditionnel des philosophes, ou porte seulement une chape dont les bords écartés découvrent sa poitrine déchirée par la lance. On le voit quelquefois entouré d'une auréole en ogive soutenue par deux anges à genoux, comme sur le sceau de Nicolas, cardinal du titre de Saint-Eusèbe, en 1322. Dans cet exemple, Jésus porte la tunique et l'ancien pallium.

Il ne garde, au contraire, que la chape seule sur les sceaux de Jean, abbé de Saint-Sauveur d'Anchin, en 1374, — de la Faculté de théologie de Paris, en 1398.

Le Christ, assis sur un arc-en-ciel dans le type de Jacques, doyen de chrétienté de Lille, en 1259, occupe un trône sur les autres sceaux qui viennent d'être énumérés. Au sceau de la Faculté de théologie,

Fig. 130. — D'après le sceau de la Faculté de théologie de Paris, 1398.

on remarquera que ce même trône repose sur un arc-en-ciel.

Le type de l'abbé d'Anchin nous montre le souverain Juge accompagné de deux anges occupant deux niches latérales. Deux anges l'accompagnent également sur le sceau de la Faculté de théologie; mais ici les anges tiennent l'un la lance et les trois clous, l'autre la croix et la couronne d'épines; de plus, quatre médaillons, placés aux quatre coins, renferment les figures symboliques des quatre évangélistes.

2° SYMBOLES DU CHRIST

L'AGNEAU. — Le Précurseur apercevant Jésus pour la première fois s'écrie : « Voici l'agneau de Dieu. » Aussi les premiers chrétiens représentent-ils saint Jean-Baptiste montrant le Messie symbolisé par l'agneau. C'est pourquoi l'agneau fut le premier signe conventionnel sous lequel ils figurèrent le Christ.

La sigillographie a souvent reproduit cet ancien emblème de l'agneau, et par l'agneau on doit également entendre le bélier, car saint Ambroise dit que le bélier est pris pour symbole du Verbe. N'est-ce pas le bélier qui fut sacrifié par Abraham à la place de son fils Isaac ?

Les sceaux nous offriront donc quelquefois le bélier au lieu de l'agneau et notamment dans les types de P. de Milly, doyen de Meulan, en 1233, — des frères Mineurs de Tudela, en 1303, — de la ville de Tirlemont, en 1339 (fig. 431).

Agneaux ou béliers porteront l'attribut caractéristique du Christ, le nimbe crucifère; cependant quelques-uns échappent à la règle ordinaire. De ce nombre est l'agneau de l'abbaye du Jard, en 1224. Des agneaux nimbés, nous ne relaterons que deux exemples : l'un, sur le sceau de Toulouse, où l'on remarque un nimbe crucifère entouré de rayons; l'autre, sur le sceau de Béziers, en 1226, offre un nimbe orné d'un cercle intérieur de perles ou de grènetis.

Tous les agneaux que nous étudions appartiennent à l'Église triomphante. Ils portent tous la croix nue ou garnie d'un gonfanon, d'un étendard glorieux. La

Fig. 131. — D'après le sceau de la ville de Tirlemont. 1339.

croix simple se rencontre dans les types les plus anciens, comme celui de Pierre de Corbeil, évêque de Cambrai, en 1199. La croix à gonfanon pourrait se classer d'après les pointes de l'étoffe. On distingue en effet des flammes simples et des flammes à deux, à trois, à quatre, même à cinq divisions. La flamme est unique dans le type de la ville de Carcassonne, en 1303; — elle comprend cinq divisions à partir de la hampe dans celui de Baudouin, chanoine de Saint-Pierre de Douai, en 1229.

En adoptant l'agneau pour emblème, certaines communautés chargèrent le gonfanon des armoiries qui leur étaient propres. Le gonfanon de l'agneau de Rouen, en 1363, porte un léopard. En 1403 et 1423, une bannière rectangulaire aux armes remplace le gonfanon sur le sceau des Carmes de Clermont-Ferrand. Elle porte *d'hermines au sautoir* avec trois queues d'hermines attachées au bord de la bannière. La croix devient aussi quelquefois héraldique, l'agneau de Toulouse tient *la croix cléchée, vidée et pommetée,* emblème armorial de cette ville.

L'agneau divin affecte deux maintiens différents. Il va droit devant lui, la tête en avant, ou il retourne la tête ; de plus, il marche à droite ou à gauche indifféremment. Il suffira de citer le type précédent et celui de l'abbaye de Conques, en 1251, où la tête regarde dans la direction du corps. Dans le type de Narbonne, en 1218, la tête est tournée dans un sens contraire à la marche de l'agneau.

Si l'on étudie ensuite comment l'agneau tient la croix, on observe qu'il la porte avec un pied de devant relevé dans cette intention. Tantôt l'extrémité du fût repose sur la sole du pied, tantôt elle se trouve prise dans la fourche des ongles et les dépasse.

Sur le sceau de l'abbaye de Conques, en 1251, le bout de la haste repose sur le pied ; elle est passée dans la fourche à la plupart des sceaux déjà mentionnés, auxquels nous ajouterons le sceau du chapitre de Montbrison, en 1308. Un arrangement particulier se remarque dans un type de Narbonne, en 1303 : le bâton de la croix s'articule à angle droit avec une autre pièce qui va rejoindre le pied.

L'agneau tient la croix de résurrection droite ou penchée en arrière. Dans ce dernier cas, le pied qui la supporte est en avant du pied qui pose à terre.

Fig. 432.
D'après le sceau de
Jean le François,
chanoine de
Fauquembergue,
1256.

Nous retrouvons près de l'agneau les mêmes accessoires symboliques que nous avons vus accompagner le Christ : le soleil, deux soleils, le soleil et la lune. Dans le type de Sigebert, chanoine de Noyon, en 1207, le mot AGNVS surmonte l'agneau. Et sur le sceau de Jean le François, chanoine de Fauquembergue, en 1256, deux oiseaux perchés accostent la croix du triomphe.

La Croix. — La croix nue, le symbole par excellence, le plus fréquent, sinon le plus ancien des emblèmes chrétiens, signifie la deuxième Personne. Présentée aux fidèles bien avant le crucifix, elle conquit aussitôt leur vénération.

Saint Paulin leur avait dit : Où est la croix, là est le martyr, et ils considérèrent la croix comme le divin Rédempteur lui-même.

La sigillographie compte plusieurs sortes de croix :

1° La croix à quatre branches égales, s'élargissant d'ordinaire à leur extrémité. Elle est connue sous le nom impropre de croix grecque. C'est la croix que l'on voit inscrite dans le nimbe du Christ.

2° La croix latine, à branches inégales, l'inférieure la plus longue et la supérieure la plus courte, taillée sur le modèle d'une personne étendant les bras. C'est la croix humaine.

3° Les sceaux nous fournissent encore la croix à deux traverses, la plus haute plus courte que l'autre et paraissant à certains archéologues n'être qu'une transformation du listel de bois où se fixait le titulus du condamné.

La croix la plus ancienne, le tau, croix à trois branches, sorte de double potence que l'on dit avoir été le véritable instrument de supplice du Christ, ne figure pas sur les sceaux. A moins qu'on ne veuille la reconnaître dans l'attribut porté par saint Antoine et qui nous paraît plutôt une crosse primitive que l'emblème du gibet sur lequel expira Jésus. On a cru cependant distinguer le tau sur certaines Trinités du moyen âge.

Nous donnerons d'abord des exemples de la croix grecque seule ou accompagnée d'accessoires symboliques dont nous avons expliqué déjà la signification.

Les sceaux de Bernard, abbé de Ham-lès-Lillers, en 1223, — de la ville d'Alet, en 1240, — des Mathurins de Meaux, en 1303, — des Chartreux de

Macourt, près Valenciennes, en 1337, portent tous une croix grecque seule. Elle sert de signe distinctif, brodé sur la manche du vêtement, chez les Hospitaliers de Saint-Jean de Jérusalem, à partir du douzième siècle.

La croix grecque est anglée de quatre fleurons dans le type de Robert, cardinal du titre de Saint-Étienne in *Monte Cœlio*, en 1214, et de quatre fleurs de lys dans celui de la ville de Tournay, en 1288.

Fig. 433.
D'après le sceau de l'abbaye de Charroux, 1308.

On la rencontre accostée des lettres grecques alpha et oméga suspendues par une chaîne à la rosace qui entoure la croix, au sceau de l'abbaye de Saint-Sauveur de Charroux, en 1308. Réminiscence des croix des premiers siècles, qui présentaient les deux lettres symboliques attachées à leur traverse.

Elle est cantonnée de deux lunes et de deux soleils dans le type de l'officialité de l'archidiacre de Bric, en 1262; — des figures symboliques des évangélistes, au sceau du couvent de la Sainte-Trinité de Limoux, en 1303; — cantonnée des lettres gothiques composant le mot MARIA (M, A, RI, A) dans le type de Jean, prieur de Sainte-Croix de la Bretonnerie, en 1482; — de deux fleurs de lys et des lettres A, M (AVE MARIA) sur le sceau de l'hôpital de

Fig. 434.
D'après le sceau de Jean, prieur de Sainte-Croix de la Bretonnerie, 1482.

Roncevaux, en 1322; — de quatre fleurs de lys sur celui de l'abbaye de Sainte-Croix de Poitiers, en 1396.

On voit une croix grecque posée sur un champ fleuri dans le type de la Grande-Chartreuse, en 1367.

Tout en reproduisant la croix grecque sous la forme consacrée par l'ancienne imagerie religieuse, le moyen âge l'enrichit quelquefois de décorations au goût de l'époque. Ainsi des croix grecques à extrémités fleuronnées, le corps sillonné de légers filets, se voient sur les sceaux de Manassès, évêque d'Orléans, en 1212, — du prieur de Saint-Martin de Londres, en 1303, — des Chartreux de la Prée-lès-Troyes, en 1365. — Et ces croix grecques fleuronnées sont accompagnées comme les croix simples d'emblèmes religieux,

Fig. 435.
D'après le sceau de Guillaume de Crépy, chancelier de l'église de Saint-Quentin. 1275.

héraldiques ou professionnels. La commanderie du Temple à Paris, en 1290, cantonne sa croix fleuronnée de quatre croisettes. — Guillaume de Bussy, évêque d'Orléans, en 1242, angle la croix de quatre fleurs de lys, avec ces mots pour légende : O CRUX ADMIRABILIS. — Guillaume de Crépy, chancelier de l'église de Saint-Quentin, en 1275, cantonne sa croix fleuronnée de quatre clefs, par allusion à ses fonctions. — Sur le sceau de l'hôpital de Sainte-Croix d'Arras, les extrémités, ansées au lieu d'être ornées de fleurons, sont accostées de deux petits rats.

C'est cette même croix grecque à branches égales

et patées que nous étudions ici, qu'on a fixée au haut d'une tige, d'une hampe et quelquefois d'une colonne, pour en faire la croix dite de résurrection ou triomphante, étendard glorieux que l'on voit à la main du Christ ou porté par l'agneau divin.

Nous présenterons d'abord une croix grecque dont la branche inférieure destinée à être fichée a été

Fig. 436. — D'après le sceau de la ville de Lyon, 1271.

affûtée. Elle existe sur le sceau du chapitre de Sainte-Croix d'Étampes, en 1221. — Le prieuré de Saint-André de Rameria, en 1266, et l'Hôtel-Dieu de Nemours, en 1343, offrent la croix grecque montée sur une hampe. — La hampe, accostée de deux croisettes, est tenue par une main, dans le type de Philippe le Berruier, évêque d'Orléans, en 1235.

Sur les sceaux de la ville de Lyon, en 1271 et 1320, figure une croix grecque montée au haut d'une colonne.

Des croix grecques fleuronnées ont été également élevées. Celle de Jean, curé de Barastre, en 1270, est portée sur un pied exhaussé par des degrés. Un type semblable appartient à la commanderie du Temple, à Paris, de 1290 à 1446, avec un priant d'un côté et le château du Temple de l'autre.

Au moyen âge, la croix de Passion, le bois équarri « fourni par un rejeton de l'arbre de vie du Paradis terrestre », le gibet retrouvé par la mère de l'empereur Constantin et dont les précieuses reliques ont opéré tant de miracles, est une croix latine.

Les sceaux la reproduisent tantôt seule, tantôt accompagnée d'accessoires, parmi lesquels on remarque surtout les instruments de la Passion.

La croix latine seule se voit sur les sceaux de l'hôpital de la Vraie-Croix de Béthune, en 1355, — de Henri, abbé de Saint-Adrien de Grammont, en 1330; cette dernière élevée sur un perron et plantée sur une montagne.

Dans le type de Pierre de Corbigny, chanoine d'Aire, en 1285, la croix est tenue et adorée par deux anges. Dans celui des frères Prêcheurs d'Auxonne, en 1398, un roi présente à l'adoration de deux religieux, surmontés d'une étoile, une croix latine fleuronnée. Le sceau des Chartreux de Villefranche, en 1452, offre une croix mystique munie de deux ailes qui naissent de son pied.

Fig. 437.
D'après le sceau de Pierre de Corbigny, chanoine d'Aire. 1285.

Les instruments de la Passion accompagnant la croix latine ne paraissent que sur les sceaux des quinzième et seizième siècles.

La couronne d'épines se voit au sceau de la mairie des Chartreux de Paris à Sollers-en-Brie, en 1460.

Elle figure en même temps que les trois clous dans les types de Nicolas, cardinal du titre de la Sainte-Croix à Jérusalem, en 1431, — du provincial du tiers ordre de Saint-François, en 1636, 1662; — tandis que la croix de la mairie de Saulx appartenant aux Chartreux de Paris, en 1458, ne porte que les trois clous seuls. — Ces derniers avec le fouet et les verges se trouvent sur le sceau de la confrérie des Quatre-Mendiants d'Essling, au quinzième siècle.

Quant au titulus, on le remarque sur les sceaux déjà cités des Dominicains d'Auxonne, du cardinal de la Sainte-Croix et de la confrérie d'Essling. Dans ce dernier type, il est porté par une tige fixée au sommet de la branche supérieure, beaucoup plus courte que d'ordinaire.

L'image la plus complète de la croix de la Passion nous est offerte dans le type des Clarisses d'Arras, au seizième siècle. Non seulement tous les instruments y sont représentés, mais encore un cœur remplace le Sauveur sur la croix.

La croix à double traverse paraît sur les plus anciens sceaux. Dès la fin du douzième siècle, les

Hospitaliers de Saint-Jean de Jérusalem l'avaient choisie pour emblème.

Elle figure dans leurs types accostée de l'A et de l'Ω, dominant le plus souvent un monde sous lequel on remarque la lettre E couchée, *Eternitas?* Ses branches sont tantôt droites, tantôt patées, c'est-à-dire élargies à leur extrémité.

Fig. 138.
Jean-Ferdinand de Redia, grand maître des Hospitaliers, 1384.

Parmi les sceaux des Hospitaliers, nous citerons ceux des grands maîtres : Geoffroi du Donjon, en 1193; — Foulques de Villaret, en 1307; — Jean-Ferdinand de Redia, en 1384; — Baptiste des Ursins, en 1476.

D'autres établissements ou d'autres personnages ont également employé la croix à double traverse. L'abbaye de Fontgombaud, en 1268, — le maître de l'hôpital du Saint-Esprit de Besançon, en 1327, — Pierre, sous-chantre de Paris, en 1225, l'adoptèrent pour signe de leur individualité. — Le sceau de l'hôpital de Sainte-Marie *ad Sanctum Gallum (S. Maria del Bigallo)*, à Florence, présente au treizième siècle une croix à double traverse, plantée et potencée à chacune de ses branches,

Fig. 139.
D'après le sceau de Léon, cardinal du titre de la Sainte-Croix à Jérusalem, 1224.

sauf à la supérieure; celle-ci est surmontée d'un fleuron qui rappelle les armes de la ville. — Dans le type de Léon, cardinal du titre de la Sainte-Croix à Jérusalem, en 1224, une croix en bois brut, seulement ébranché, porte une inscription sur ses deux traverses. A la supérieure, on lit : IHS NA REX IVD, *Jhesus Nazarenus rex Judeorum;* à l'inférieure : IMAGO IC DNI, *Imago Jhesu Christi domini.*

En 1299, la ville d'Ypres avait déjà pris la croix à deux traverses pour emblème héraldique. On la rencontre encore au quinzième siècle dans les armoiries de la ville de Saint-Omer.

LE MONOGRAMME DU CHRIST. — Comme la croix, le monogramme du Christ date des premiers siècles chrétiens. Combiné de façon à retracer à la fois les deux premières lettres grecques du nom du Christ et le gibet sur lequel il expira, il offrait le double avantage d'exprimer en même temps l'idée du Fils et celle du Rédempteur. Quelquefois, au lieu des sigles répondant seulement au nom du Christ, il était composé d'initiales rattachant ce nom à celui de Jésus.

Fig. 440. — D'après le sceau du prévôt général de l'ordre des Jésuites, 1610.

On peut se faire une idée du prix attaché à ces lettres mystiques par le nombre de monuments anciens sur lesquels on les trouve marquées. Basiliques primitives, sarcophages, coupes funéraires, lampes, bijoux, monnaies, portent tous l'empreinte divine.

A une époque relativement moderne, paraît un nouveau monogramme; celui-ci, du nom de Jésus, en trois lettres IHS, la lettre du milieu surmontée d'une croix. C'est ce dernier signe dont les Jésuites ont conservé le souvenir sur leurs sceaux, comme on peut le voir dans le type du prévôt général de l'ordre, en 1610 (fig. 440). Dans cet exemple, l'inscription est soulignée des trois clous de la Passion.

Fig. 441.
D'après le sceau de la Grande-Chartreuse, 1441.

On retrouve encore le monogramme de Jésus, en lettres gothiques, sur le sceau de la Grande-Chartreuse, en 1441 ; il est entouré de la légende explicative : HOC NOMEN VITE ETERNE.

LE PÉLICAN. — Au douzième siècle apparut dans l'imagerie religieuse, à la suite des volucraires, un autre symbole du Rédempteur, le pélican, emblème du Christ dans sa Passion.

Le moyen âge accueillit avec un pieux enthousiasme la nouvelle allégorie de l'oiseau sauvant ses petits de la mort au prix de son sang; les poètes lui consacrèrent des pages venues jusqu'à nous. Saint Thomas d'Aquin la célébra dans une de ses hymnes en l'honneur du saint Sacrement : *Pie Pelicane, Jesu Domine, — Me immundum munda tuo sanguine*. Et lorsque, se sentant vieillir, la muse mondaine de Thibaud le Posthume chercha ses inspirations dans les hautes sphères du christianisme, elle chanta le pélican.

> Diex est ensi comme li pelicans,
> Qui fait son nid el plus haut arbre sus,
> Et li mauvais oiseaus qui vient de jus,
> Ses oiseillons occit, tant est puans.
> Li peres vient destrois et angoisseus,
> Dou bec s'occit, de son sanc dolereus,
> Vivre refait tantost ses oiseillons.
> Diex fist autel, quant fut sa Passion,
> De son dous sanc racheta ses enfans.
> . . . .

Ainsi s'exprimait, vers 1238, dans ses chansons religieuses, Thibaud IV, comte de Champagne et de Brie, roi de Navarre.

Parmi les sceaux qui reproduisent la touchante image, les plus anciens représentent le pélican, la tête nimbée, perché sur le bord de son nid, se déchirant la poitrine. Au-dessous, ses petits reçoivent chacun dans leur bec un jet du sang qui doit les revivifier. Les ailes de l'oiseau, fermées d'ordinaire, sont ouvertes dans le type de Guillaume de Mons, chanoine de Cambrai, en 1227.

Fig. 412.
D'après le sceau de Guillaume de Mons, chanoine de Cambrai. 1227.

Cette même composition ne comporte pas de nid, les pieds du pélican reposent sur un arc-en-ciel. Par exception, l'oiseau n'est pas nimbé.

Les autres exemples du pélican offrent tous un nid

construit entre deux feuilles sur une tige, à l'exception du type de Gautier d'Armentières, doyen de La Bassée, vers la fin du douzième siècle, sur lequel le nid existe, mais sans arbre apparent.

Sur la plupart des sceaux on distingue trois petits tendant le cou, le bec ouvert; celui que nous venons de citer n'offre qu'un seul petit, étendu sans vie dans le nid. Le type de Guillaume de Mons nous en présente deux, l'un étendu sur le sol, l'autre debout agitant les ailes.

L'arbre n'est le plus souvent qu'un arbre de convention à feuillages d'ornement; cependant on reconnaît un chêne, symbole de foi robuste, sur les sceaux de Guillaume de Château-Landon, chanoine de Sens, en 1281, — de Hugues, chapelain de la comtesse d'Alençon, en 1291, — de Jean Hémar, prévôt de l'abbaye du Mont-Saint-Éloi, en 1365.

Les mêmes accessoires symboliques que nous avons déjà si souvent eu l'occasion de mentionner, le soleil, la lune, les étoiles, et quelquefois la main céleste, complètent les représentations du pélican. On rencontrera ces emblèmes de la puissance céleste sur les sceaux d'Elbaud, chanoine de Nivelle, en 1272, — de Baudouin de Bapaume, chanoine de Thérouanne, en 1302, — du prieur de l'abbaye d'Aiguevive, en 1303, — du gardien des Frères-Mineurs de Salins, en 1303. Une croix surmonte le pélican dans le type du gardien des Frères-Mineurs de Lens, en 1323.

Nous devons appeler l'attention sur le sceau de Jean, curé d'Ennevelin, en 1292. La tige qui supporte le nid est placée dans un vase où s'abreuvent deux colombes, symbole eucharistique, joint au symbole de la Rédemption. Aux quinzième et seizième siècles, une synthèse analogue se trouve exprimée dans certains crucifix, où le nid du pélican repose au sommet de la croix. Le symbole du sacrifice accompagne dans ceux-ci l'image du sacrifice réel.

Fig. 113.
D'après
le sceau de
Jean, curé
d'Ennevelin,
1292.

Le Christ dans l'Eucharistie. — L'Eucharistie, ce mystère dont les apôtres même ne saisirent pas d'abord le sens, fut un de ceux que la primitive Église dut envelopper de plus de symboles. La sigillographie nous a conservé quelques traces de ses anciens emblèmes.

Le premier que nous citerons appartient par son sujet aux temps bibliques voisins de la création. Abel, tête nue, revêtu d'une longue tunique déceinte, fléchissant le genou, élève son offrande vers le Seigneur. Cette offrande c'est l'agneau, l'Agneau divin qui doit être immolé pour le salut des hommes. En haut la main céleste bénit celui qu'une inscription désigne par les mots : IVSTVS ABEL. Telle est l'image figurée sur le sceau de Gobert, doyen de Metz, en 1308.

Fig. 114.
D'après le sceau
de Gobert,
doyen de Metz,
1308.

On doit encore regarder comme un symbole eucharistique un calice dans lequel descend du ciel une colombe, motif reproduit au sceau de Jean de Hérinnes, chanoine de Cambrai, en 1228.

Fig. 415. D'après le sceau de Jean de Hérinnes, chanoine de Cambrai. 1228.

Deux oiseaux buvant à la même coupe sont également considérés comme présentant une signification analogue. Parmi les types nombreux répétant cette idée, il suffira de mentionner les sceaux de Pierre de Boisses, chanoine de Levroux, en 1263 ; de Foulques, chanoine de Montfaucon, en 1272. Sur le premier, deux colombes, et sur le second, deux paons, s'abreuvent à la coupe sacrée. Une disposition semblable a déjà été signalée plus haut sur le sceau du curé d'Ennevelin.

Fig. 416. D'après le sceau de Pierre de Boisses, chanoine de Levroux. 1263.

Le poisson, dont l'appellation grecque ΙΧΘΥΣ a servi, dans les temps de persécution, à rappeler la personne du Christ, et qui signifiait aussi le baptême, a été employé comme symbole eucharistique dans l'Église primitive. Nous croyons, sans oser l'affirmer, voir un poisson mystique sur le sceau d'un clerc, nommé Geoffroi de Monceaux, en 1266. Un contre-sceau de Jacques de Dinan, archidiacre de Thérouanne, en 1240, sur lequel deux dauphins sont accompagnés d'une colombe nimbée, semble offrir la même signification.

Si nous considérons les représentations eucharistiques au point de vue de l'administration du sacrement, nous remarquons la sainte hostie sur le sceau des Trinitaires de Meaux, en 1303. Un prêtre en chasuble, tenant le saint ciboire, donne la communion à un malade assis sur son lit. En haut, une lampe suspendue éclaire la scène.

Fig. 117.
D'après le sceau
des Trinitaires
de Meaux. 1303.

Nous avons eu déjà l'occasion de signaler la sainte hostie que le graveur a reproduite sur la face extérieure de la marmite où un juif la fit bouillir (fig. 425).

LE SAINT-ESPRIT

POUR représenter la troisième Personne, le moyen âge n'a jamais employé que la colombe, adoptée par la primitive Église.

L'oiseau, symbole de l'Esprit-Saint, se rencontre dans l'imagerie de la Trinité; il figure dans les principaux événements de la vie du Christ, on le trouve surtout dans l'Annonciation.

Posée sur l'épaule du Père, la colombe se penche vers la tête du divin crucifié dans le type de Sainte-Sophie au jardin de l'abbaye de Saint-Médard de Soissons, en 1303. Entourée d'une auréole de rayons, elle plane entre le Père et le Fils au-dessus d'un monde crucifère, dans le type d'Antoine de Crevant, abbé de la Trinité de Vendôme, en 1523.

Dans certaines Annonciations, l'Esprit-Saint vole vers Marie, tantôt sortant d'un nuage, tantôt porté par un faisceau de lumière. D'autres fois il est entouré d'une auréole radiée ou flamboyante. On peut consulter à ce sujet les types de Guillaume de Montagu, sergent de l'abbaye de Savigny, en 1421, — de Pierre de Pintaflour, de Jean de Venduille (fig. 455), de Michel d'Esnes, évêques de Tournay, en 1576, 1589 et 1610.

Il a déjà été parlé de la salutation angélique figurée sur le sceau de Jean de Certes, archidiacre dans l'église de Bordeaux, en 1474, dans laquelle la colombe se joue dans un faisceau lumineux rayonnant de Dieu le Père à la Vierge.

Les descriptions du baptême du Christ nous ont également fourni l'occasion de remarquer l'Esprit-Saint présidant à ce grand fait évangélique, et de citer plus spécialement le sceau de l'abbaye de Saint-Jean de Chocques, en 1315 (fig. 417), où la colombe descend tenant à son bec l'ampoule qui doit servir à baptiser le Sauveur.

Nous l'avons vue encore, dans les types de Saint-Pierre de Lille (fig. 419), en 1426 et en 1509, voletant entre deux étoiles pendant que le divin Maître lave les pieds de son disciple saisi d'étonnement.

Les sceaux n'ont pas manqué de reproduire l'Esprit-Saint descendant sur les apôtres, tantôt accompagné de langues de feu, tantôt soufflant sur la tête de chacun d'eux des rayons enflammés, les ailes à demi pliées dans le type de l'abbaye du Mont-de-Sion à Jérusalem, en 1289, — tout à fait étendues dans le type d'Annibal, cardinal du titre des Douze-Apôtres, en 1270.

Les généraux des frères Mineurs, au seizième siècle, avaient fait graver sur leurs sceaux la Vierge entourée des douze apôtres. En haut plane la colombe, la tête élevée, émettant des rayons flamboyants.

En 1423, le type d'un concile de l'Église de France nous offre les membres de la docte réunion éclairés par le Saint-Esprit. La colombe, les ailes étendues, la tête relevée, est suivie des bustes accolés du Père et du Fils sortant d'un nuage. Le Père est barbu, le Fils imberbe. Indépendamment des rayons qu'envoie cette Trinité, des flammes semblables à des vagues descendent de la poitrine de la colombe, enveloppant dans leurs tourbillons les prélats et les religieux assemblés. On doit noter cette curieuse disposition des trois Personnes divines dans laquelle l'Esprit-Saint occupe le premier rang et remplit la fonction principale.

Il est une autre colombe qu'on a nommée colombe inspiratrice et que les sceaux représentent conseillant les saints évêques, soutenant les martyrs, assistant les docteurs.

Dans le type de Pierre de Richebourg, moine de Marchiennes, en 1224, l'Esprit-Saint s'approche des lèvres de la Vierge qui présente un scapulaire à un religieux à genoux. La colombe encourage saint Quentin qu'une main armée décapite, dans le type de l'abbaye de Joyenval, en 1244. Dans le type des frères Mineurs de la province de Flandre, en 1287, la colombe nimbée, comme le Fils, du nimbe crucifère, plane sur un livre qu'un religieux écrit.

Nous voyons l'Esprit-Saint descendre sur la tête de saint Euverte, qui fut évêque d'Orléans vers 340, sur le sceau de l'abbaye de ce nom, au douzième siècle (fig. 448). La légende raconte que la volonté divine se manifesta dans l'élection du prélat : une colombe se posa sur la tête du saint pendant que le peuple réuni procédait au choix d'un évêque.

La colombe descend sur la tête de Barnabé, évêque d'Osma, en 1346. — Elle repose sur la tête de Pierre de Colmieu, prévôt du chapitre de Saint-Omer, en 1236, — sur l'épaule de Michel, archidiacre d'Auxerre, en 1278. — Portant un phylactère à son bec, l'oiseau divin descend sur un personnage nimbé, recevant un livre des mains d'un prélat, sur le sceau des frères Mineurs d'Arras, en 1303, et cette attribution pourrait faire donner le nom de saint François au personnage nimbé.

Nous avons dit tout ce que les sceaux nous apprennent de l'iconographie de la troisième Personne. La colombe tenant le rameau d'olivier est un symbole de paix. Elle trouvera sa place dans le cours d'un autre travail. Nous la mentionnons ici parce qu'elle peut à la rigueur rappeler les premières paroles du Christ en abordant ses disciples : *Pax vobis*.

Fig. 148.
D'après le sceau de l'abbaye de Saint-Euverte d'Orléans, xii° siècle.

Ornement tiré du manuscrit français n° 2613, à la Bibliothèque nationale, xv° siècle.

LES ANGES

Initiale du xv° siècle, tirée du manuscrit français n° 2617, à la Biblioth. nationale.

os recherches dans le domaine divin nous conduisent à examiner le groupe de la hiérarchie céleste, les séraphins, les archanges, les anges, milice obéissante d'un Dieu terrible ou miséricordieux, intelligences chargées d'exécuter les ordres d'en haut, ailés pour accomplir leur mandat avec rapidité, toujours jeunes et beaux parce qu'ils sont immortels.

Les séraphins sont l'ordre le plus élevé des chœurs célestes que nous offrent les sceaux. Ils sont représentés avec six ailes, selon la vision d'Isaïe (VI, 1 et 2) : *Vidi Dominum sedentem super solium excelsum..... Seraphim stabant super illud; sex alæ uni et sex alæ alteri; duabus velabant faciem ejus et duabus velabant pedes ejus et duabus volabant.* Sous trois paires d'ailes qui constituent, à la vérité, presque un vêtement, le corps des séraphins est nu, comme, par exemple, dans les types d'Humbert II, dauphin de Viennois, patriarche d'Alexandrie, en 1354, et de l'abbaye du Saint-Sépulcre de Cambrai, en 1320 et 1597. Un nimbe entoure leur tête.

Fig. 449.
D'après le contre-sceau de l'abbaye du Saint-Sépulcre de Cambrai. 1320.

Si parmi les trois archanges canoniques il en est un, Raphaël, que les graveurs de sceaux ne nous ont encore jamais présenté, en revanche l'occasion de prodiguer les images de saint Michel et de Gabriel ne leur a pas fait défaut. Saint Michel surtout a été figuré par eux sous différents aspects : tantôt seul et sans attributs spéciaux, tantôt pesant les âmes, le plus souvent combattant le dragon.

Représenté seul, saint Michel tient un sceptre fleuronné et un globe conformément à la tradition byzantine, ou bien une palme, la main droite restée libre se portant en avant par un geste oratoire ou de bénédiction. L'habillement comprend le manteau des philosophes grecs

Fig. 150.
D'après le sceau de la ville de Bruxelles. 1339.

ou une chape recouvrant une tunique fermée par une riche ceinture. Ainsi qu'il convient à un archange, saint Michel est toujours ailé. Ces détails trouvent leur confirmation dans l'examen des sceaux de Richard, abbé du Mont-Saint-Michel, au douzième siècle, — de Michel, prieur de Sainte-Geneviève, en 1206, — de la ville de Bruxelles, en 1339 (fig. 450).

Dès 1210, une pierre gravée d'une basse époque, formant le sceau de Chrétien, chanoine d'Amiens, représente saint Michel pesant une âme. A ses pieds, le défunt assis semble attendre le résultat de l'épreuve. — En 1297, sur le sceau de l'officialité d'Albert, archidiacre de Reims, saint Michel debout, ailé, en costume philosophique, tient d'une main un livre et de l'autre une balance. Il pèse une petite âme. A ses pieds, à droite, le diable accroupi allonge ses mains crochues, prêt à saisir sa proie. Au moyen âge, la figure du diable a remplacé le défunt. — Dans le type de Manuel de Galbis, juge au concile de Bâle, en 1438, l'archange, revêtu d'une chape, tient la balance et de la main droite brandit l'épée qui lui servit à combattre les anges rebelles; mais on ne distingue ici ni âme ni démon.

Saint Michel combat le dragon debout, les deux pieds posés sur le dos du monstre. Dans un type de l'abbaye du Mont-Saint-Michel, datant du douzième siècle et que l'on retrouve encore en usage au quatorzième, le chef de la milice céleste frappe le dragon dans la gueule, du manche d'une croix stationale, tandis que la main droite bénit.

Le saint Michel du chapitre de Beauvais, peut-être aussi ancien que le précédent et d'un emploi tout aussi persistant, offre une action différente. Armé d'un

Fig. 151.
D'après le sceau du chapitre de Saint-Michel de Beauvais, XIIᵉ siècle.

bouclier, il brandit l'épée qui doit exterminer la bête diabolique.

Entre ces deux armes, la croix ou l'épée, le moyen âge donna la préférence à la première. L'épée reprend un peu de faveur à la Renaissance; nous la rencontrons sur les sceaux de l'abbé de Saint-Michel de Tonnerre, en 1467-1494, — de l'abbaye du Mont-Saint-Michel, en 1520. Mais l'attribut de la croix a toujours été le plus fréquemment usité, soit que l'archange frappe des deux bras, soit que brisant la gueule du dragon d'un coup porté par une seule main, il emploie l'autre à se couvrir d'un écu. Des exemples de saint Michel frappant des deux mains avec le fût de la croix se remarquent sur les sceaux de Godefroi, doyen du chapitre de Gand, en 1229, — du prieur de Saint-Michel de Bastebore, en 1255, — d'Aubri, doyen de Dijon, en 1269.

Lorsque saint Michel tient un écu, son arme défensive est marquée d'ordinaire d'une croix, que remplacent quelquefois les armoiries propres à l'établissement ou au personnage possesseur du sceau. Ainsi le doyen de Saint-Pierre de Saintes, en 1275, — Robert, abbé de Lire, en 1276, — la ville de Gaillac, en 1308, scellent d'un saint Michel armé d'un bouclier chargé d'une croix.

Fig. 152.
D'après le sceau de la baronnie de Saint-Pair, 1462.

L'archange porte un écu *chevronné* sur le sceau d'Étienne, abbé de Saint-Maixent, en 1275; — un écu chargé de *trois coquilles* sur le sceau de la baronnie du Mont-Saint-Michel à Genêts, en 1395, de *trois coquilles au chef de France* sur les sceaux de la baronnie de la même abbaye à Ardevon, en 1452, à Saint-Pair, en 1462; — un écu *écartelé de lions,* sur le sceau de la ville de Bruxelles, en 1471.

Saint Michel combattant le dragon revêt d'ordinaire le costume traditionnel des philosophes grecs; alors les pieds sont nus.

Toutefois, au quinzième siècle, on le rencontre enfermé dans l'armure du temps. Dès 1416, le sceau d'Arnoul, curé de Grez, représente l'archange coiffé du petit bassinet. Les types des baronnies d'Ardevon et de Saint-Pair, cités plus haut, figurent saint Michel couvert de l'armure complète. Sur le sceau de Georges Pot, abbé de Saint-Michel de Tonnerre, en 1467-1494, l'archange porte également l'habillement chevaleresque. Mais à part l'exemple de la coiffure de guerre, du bassinet, que nous venons de mentionner, la tête est nue et presque toujours nimbée.

Gabriel, l'archange de l'Annonciation, le messager céleste envoyé vers Marie, paraît sur tous les sceaux représentant la Salutation angélique. Interprétant diversement sa posture, les graveurs nous le montrent à genoux, ou debout dans une attitude fléchie, avec un geste tantôt impératif, tantôt persuasif; une fois assis, une autre fois à mi-corps descendant du ciel dans un nuage. Même dans certains cas il est seul, sans autre signe distinctif que l'inscription qui l'entoure.

On ne rencontre l'archange agenouillé devant la Vierge que dans le cours du quinzième siècle. Les sceaux de Jacques de Metz-Guichard, doyen du chapitre de Cambrai, auditeur du sacré palais, en 1421, — de Guillaume, évêque de Paris, en 1453, en fournissent des exemples.

Saint Gabriel debout, dans une attitude fléchie, se voit aux sceaux du provincial des frères Prêcheurs en

France, en 1371, — du chapitre de Noyon, en 1395.

Le geste semble impératif sur les sceaux d'Eudes Rigaud, archevêque de Rouen, en 1256, — de Guillaume de Flavacourt, son successeur, en 1296, — de l'abbaye de Longchamps, en 1379.

L'archange prend une pose persuasive dans les types du chapitre de Chartres, en 1207, — de l'hôpital Comtesse à Lille, en 1248, — du prieur des Chartreux de Macourt, près Valenciennes, en 1353. On peut encore faire entrer dans cette der-

Fig. 453.
D'après le sceau de l'hôpital Comtesse, à Lille, 1248.

nière catégorie les anges mouvementés de la Renaissance comme on en rencontre sur les sceaux des évêques de Tournay : Charles de Croy, en 1564, — Pierre Pintaflour, en 1576, — Jean de Venduille, en 1589 (fig. 455).

Le type de Renaud Michel, archiprêtre de Maguelone, en 1269, offre le rare exemple d'un saint Gabriel assis.

L'archange descend du ciel dans un nuage sur la tête de la Vierge, au sceau de l'abbaye de Molesme, en 1245.

Fig. 454.
D'après le sceau de l'abbaye de Molesme, 1245.

Parmi les types reproduisant l'archange seul, sans autre signe distinctif que la légende, nous citerons les sceaux du prieuré de la Charité, en 1203 et en 1209.

Considéré sous le rapport de l'habillement, saint Gabriel revêt tantôt une dalmatique, tantôt la chape, mais le plus souvent il porte le costume des philosophes grecs. On reconnaît la dalmatique, sur le sceau de Jacques de Metz-Guichard déjà mentionné; la chape, sur le contre-sceau d'Eudes Rigaud, en 1256, et dans un type des Célestins de Paris, en 1505.

La tête est toujours nue, quelquefois nimbée. Le caractère de la nudité des pieds existe ici comme chez l'archange saint Michel. Les ailes affectent des poses et des mouvements variés selon le caprice de l'artiste ou la place dont il pouvait disposer. Elles sont abaissées, élevées, déployées, l'une basse, l'autre haute, etc.

Les attributs ordinaires de l'archange Gabriel consistent en un phylactère portant les premiers mots de la salutation AVE MARIA, un sceptre fleuronné, un fleuron, une palme, une croix.

Presque toujours, un pot de fleurs d'où s'élève un lis, symbole de virginité, se trouve placé entre l'ange et Marie. Des phylactères que l'archange tient à la main et qui, droits d'abord, se développent avec des courbes plus gracieuses à mesure qu'on approche de la Renaissance, nous ne parlerons pas en détail. Il suffira de rappeler le sceau de Jacques de Metz-Guichard, sur lequel le phylactère part de la bouche de l'ange pour aboutir à l'oreille de la Vierge.

Gabriel porte à la main gauche un sceptre fleuronné dans le type du chapitre de Chartres, en 1207, — de l'archiprêtre de Maguelone, en 1269, — et au seizième siècle chez les évêques de Tournay déjà cités. Le sceau du prieuré de la Charité, en 1203, représente Gabriel un fleuron à la main. L'attribut de la palme se remarque au type du provincial des frères Prêcheurs en France, en 1303 et en 1371. Enfin la croix

Fig. 455. — D'après le sceau de Jean de Venduille, évêque de Tournay. 1589.

élevée par l'archange se voit sur le sceau de Guillaume, prieur de Corneliano (?), en 1258.

Nos petits monuments offrent encore des anges, personnages indéterminés formant quelquefois seuls le sujet du sceau, quelquefois acteurs dans une scène ou bien entrant simplement comme accessoires dans une composition principale.

On a représenté les anges seuls avec des attributs variés. Ils tiennent un encensoir, soufflent dans une trompette, montrent la croix, écrivent, etc.

L'ange à l'encensoir dans les types de Gui, chapelain de la comtesse d'Alençon, en 1291, — de Gilles, abbé d'Auchy, en 1311, rappelle la vision de saint Jean, l'ange de l'Apocalypse, devant l'autel, un encensoir d'or à la main.

Sur les sceaux du prieur des frères Prêcheurs de Paris en 1320 et en 1371, d'Amiens en 1387, l'ange embouchant la trompette nous ramène à l'idée du jugement dernier. Le sceau des frères Prêcheurs de Rouen, en 1243, représente un ange assis devant un pupitre et écrivant, et l'on remarque aux sceaux de l'abbaye du Saint-Sépulcre de Cambrai, au douzième siècle et en 1223, un ange assis au tombeau du Christ ressuscité.

Fig. 436.
D'après le sceau de l'abbaye du Saint-Sépulcre de Cambrai, XIIe siècle.

Quelquefois la composition comprend deux anges concourant à un même but. Ainsi deux anges, tenant chacun un encensoir, élèvent la couronne d'épines dans le type des frères Prêcheurs d'Amiens, en 1387. Ou bien agenouillés, ils soutiennent la croix et l'adorent comme sur le sceau de Pierre de Corbigny, chanoine d'Aire, en 1285 (fig. 437).

Parmi les sujets qui comportent la participation d'un ange, nous mentionnerons surtout :

La venue du Sauveur annoncée aux bergers, sur le sceau des Clarisses d'Aix, au quatorzième siècle ;

Saint Pierre délivré dans sa prison, au type du cardinal Julien de la Rovère, en 1481;

Les saintes femmes au tombeau du Christ, sur les sceaux de Guillaume, patriarche de Jérusalem, en 1137, — du prieuré du Saint-Sépulcre, en 1240;

Saint Just et saint Pasteur couronnés par un ange, sur le sceau de Gilles Aycelin, archevêque de Narbonne, en 1306.

La vision de sainte Bathilde, reine de France et religieuse à Chelles, au septième siècle, a été retracée sur le sceau d'Adèle, abbesse de Chelles, en 1301. Près de mourir, la femme de Clovis II aperçoit devant son lit, sur une échelle, un ange l'invitant à venir partager le séjour des bienheureux.

Lorsque dans une composition les anges sont employés comme auxiliaires ou à titre de serviteurs, c'est habituellement par paires et avec une sorte de symétrie architecturale. Alors ils adorent, encensent, portent des cierges, jouent des instruments.

Deux anges encensent le Christ sortant de son tombeau, sur le sceau de l'abbaye du Saint-Sépulcre de Cambrai, en 1320 (fig. 428). Un couple semblable encense la Vierge, au sceau de la Nation de Picardie, en 1398.

On remarque dans le type d'Humbert II, dauphin de Viennois, patriarche d'Alexandrie, en 1354, deux anges en adoration devant la Vierge.

Le sceau du prieur des hermites de Saint-Jean-

Baptiste, au treizième siècle, figure le Christ dans sa gloire, accompagné de deux anges sonnant de la trompette; au bas, un mort sortant de son tombeau rappelle le jour du jugement. La même idée se trouve répétée sur le sceau de la Faculté de théologie, en 1398; le Christ dans sa gloire est accosté de deux anges portant les instruments de la Passion.

La viole, le psalterium, entre les mains des anges, n'ont plus la terrible signification de la trompette.

Fig. 457.
D'après le sceau d'Eudes Rigaud, archevêque de Rouen, 1256.

Leur but au contraire est de peindre et de nous faire désirer les voluptés du séjour des bienheureux. Deux anges jouant de ces instruments se rencontrent sur le sceau de Guillaume de Chanac, cardinal du titre de Saint-Vital, en 1275.

Citons encore les deux anges portant des cierges, qui accompagnent la Vierge, dans le type d'Eudes Rigaud, archevêque de Rouen, en 1256, — sainte Agnès, dans le type de l'abbaye de Lourcine, en 1379; — les deux anges servant la Trinité, sur un sceau de Jean de le Batterie, abbé d'Anchin, en 1429; — et enfin le sceau de la chambrerie de Louis de Beaumont, évêque de Paris, en 1480, représentant la Vierge transportée au ciel par quatre anges, deux à deux.

Le costume des anges est le même que celui des

archanges; on les revêt de l'aube ou de la dalmatique, et le plus souvent du costume traditionnel des philosophes grecs. Ils sont nimbés, ailés, la tête et les pieds nus.

N regard des esprits de lumière, des intelligences célestes, plaçons l'archange rebelle, le diable, qui joue un si grand rôle au moyen âge, et les démons, ses auxiliaires malfaisants.

Voici d'abord le plus ancien type du tentateur, le serpent des premiers temps bibliques. Quelques personnages du nom d'Adam, tels que le clerc artésien Adam de Vimy, seigneur de Baudimont, en 1257, — Adam, doyen du chapitre de Lens, en 1254, ont choisi pour sujet de leur sceau Adam et Ève au moment de leur faute, alors que le serpent, enroulé autour de l'arbre de science, les entraîne à leur chute.

Le diable, sous une forme humaine ou plutôt simiesque, avec des ailes de chauve-souris, apparait ensuite, en 1297, sur le sceau de l'officialité d'Albert, archidiacre de Reims. Accroupi sous la balance de saint Michel, il guette l'âme reconnue trop légère et frappée d'indignité.

Un démon, que sainte Catherine semble éloigner, se voit au sceau de Jean II, abbé de Sainte-Geneviève, en 1312. Il est debout comme un homme, ailé, couvert de poils, armé de griffes, le corps terminé par une queue touffue, semblable à celle d'un loup.

Le sceau du prieuré du Val-des-Écoliers à Paris, en 1375, représente sainte Catherine disputant avec les docteurs. Au-dessus de ces derniers, le démon qui les inspire, un démon à face humaine, les oreilles larges, la bouche démesurément grande et montrant des dents aiguës, semble argumenter aussi avec la sainte.

Dans le sujet choisi par la Nation de Normandie, en 1398, le diable, sous des traits humains, couvert de poils, cornu, sans ailes, les extrémités armées de griffes aiguës, s'efforce de submerger une nef où se trouve un religieux que la Vierge secourt. Un diable à peu près semblable au précédent se remarque dès 1337 sur un sceau des communes de Frise. Il tient une bourse, et deux personnages armés chacun d'une épée l'ont renversé et le frappent.

Fig. 458.
D'après le sceau
de l'Université de Paris,
nation de Normandie, 1398.

Quelques compositions fournissent des exemples de deux démons associés dans un même but. Ainsi l'on croit voir sur le sceau de Pierre de Charny, archevêque de Sens, en 1269, deux démons habillés en docteurs, coiffés du bonnet pointu, debout et disputant avec un saint assis. — Deux autres démons figurent sur le sceau du Val-des-Écoliers de Laon, en 1307. Ceux-ci, en forme de dragons ailés, cornus, à quatre pattes, s'attachent à faire sombrer une barque portant trois mariniers. L'un des démons secoue l'avant du bateau ; l'autre, grimpé sur la vergue, joint ses efforts à ceux de son compagnon. Saint Nicolas préserve la nef du naufrage.

Dans un type du Val-des-Écoliers de Paris, en 1385, ce ne sont plus des démons qui tourmentent sainte Catherine ; mais deux démoniaques, la tête en bas et les pieds en l'air, se dressent de chaque côté de la sainte.

Les scènes d'exorcisme permettent d'étudier encore les figures du démon. De la bouche du possédé sort d'ordinaire un petit homme cornu à ailes de chauve-souris. C'est principalement dans les types des religieux Trinitaires que l'on rencontre ces sortes de représentations. Chacun sait que saint Mathurin, apôtre du Gâtinais, était invoqué pour les démoniaques et surtout pour les méchantes femmes. On pourra consulter à ce sujet le sceau des Mathurins de Paris, en 1327, et de leurs ministres (fig. 459).

Dragons ailés, hommes velus, cornus, avec ou sans appendice caudal, à figure grimaçante, tels sont les types de démon que l'on rencontre sur les sceaux. Ils ne sont pas nombreux et, l'on doit le reconnaître, ne témoignent pas d'une grande richesse d'imagination. Les graveurs n'ont pas déployé, dans leurs diables d'une laideur trop naïve, les qualités que nous avons reconnues ailleurs. Ils ont voulu nous effrayer sans y réussir.

Nous avons borné là notre étude du diable, mais si l'on veut considérer le dragon comme une expression de Satan, on devra rechercher les types de saint Michel, saint Georges, saint Vigor, saint Marcel, etc., etc., sans compter les sceaux reproduisant le dragon seul.

Fig. 459.
D'après le sceau des Mathurins de Paris, 1327.

Ornement tiré d'un manuscrit français de la Bibliothèque nationale, xve siècle.

LA VIERGE ET LES SAINTS

Initiale du xve siècle,
tirée du ms. fr. n° 2643, Biblioth. nat.

'ICONOGRAPHIE des sceaux religieux offre de nombreuses figures de saints, les uns revêtus seulement de leur costume professionnel, les autres dans leur martyre ou dans leur triomphe, la plupart accompagnés des attributs qui leur sont propres.

Sans tenir compte des questions de prééminence, nous examinerons les Saints dans l'ordre qui paraît offrir aux recherches plus de facilité.

Nous ne pouvons nous dispenser toutefois de donner la première place à la mère du Christ.

Les personnages dont l'habillement a été décrit dans les chapitres précédents seront l'objet d'une analyse rapide. Mais il nous sera permis d'insister sur les types offrant une caractéristique utile à l'artiste comme à l'archéologue.

LA VIERGE

L'Église primitive multiplia les images du Christ. Le moyen âge se plut à répéter la figure de Marie. Par leurs nombreuses reproductions de la Vierge, les sceaux témoignent du pieux enthousiasme de l'époque.

Dès la première moitié du douzième siècle, ils la représentent dans sa gloire, en buste, à mi-corps, debout, assise, seule ou portant l'enfant Jésus, rappelant la tradition grecque ou conforme à la manière latine; ils figurent son Assomption et son Couronnement. De nombreuses Annonciations, la naissance de Jésus, l'Adoration des mages, des *pietà*, la Vierge au pied de la croix et puis au tombeau du Christ, nous racontent sa vie terrestre.

La Vierge seule. — Nous étudierons d'abord la Vierge seule, son vêtement et ses attributs.

Quelques types offrent l'image de Marie debout ou à mi-corps, de face, les deux mains ouvertes devant la poitrine, la paume en dehors, c'est-à-dire dans un geste d'adoration. C'est la Vierge orante dont les sceaux d'Adalbert d'Uzès, évêque de Nîmes, en 1174, — de l'abbaye de Pontlevoy, en 1255, fournissent des exemples.

Parfois, une seule main reste orante, tandis que l'autre tient un sceptre fleuronné ou bien un fleuron; nous citerons à ce sujet les sceaux de l'abbaye de Cormeilles, en 1243, — du chapitre de Noyon, en 1174. — Une main est orante et l'autre tient un livre au sceau du prieuré de Longpont, au douzième siècle.

On voit une Vierge de face, les mains jointes, dans le type du chapitre de Condé, en 1163.

Les deux mains de la Vierge tiennent un livre ouvert devant la poitrine, sur le sceau de l'abbaye de Beaugency, en 1300. Et, détail curieux, ses deux mains paraissent couvertes de son vêtement, comme les mains qui, dans l'antiquité, signifiaient le respect.

Fig. 460.
D'après le sceau de l'abbaye de Pontlevoy, 1255.

Marie tient un livre et un sceptre fleuronné dans les types de l'abbaye de Vicogne, en 1149 (fig. 461), — de l'abbaye de Bonne-Espérance, en 1155 (fig. 465). — Le sceptre fleuronné devient un simple fleuron aux sceaux du chapitre de Noyon, en 1209, — de la prévôté de Watten, en 1279.

Au lieu d'un livre, la Vierge tient avec le sceptre un monde crucifère dans le type du chapitre de Notre-

Dame de Rouen, au douzième siècle ; — une croix, dans celui du chapitre de Senlis, en 1213 (fig. 466); — une couronne fermée, sur le sceau du chapitre de Tournay, en 1257.

Fig. 461.
D'après le sceau de l'abbaye de Vicogne, 1149.

La Vierge est assise sur des sièges de différentes formes : tantôt sur un simple banc, comme au sceau du chapitre de Corbeil, en 1222; tantôt sur un banc garni d'un coussin, comme au type du chapitre de Rouen au douzième siècle. Le sceau du chapitre de Saint-Jean de Lyon, en 1307, offre un banc à dossier. — Dans un type du chapitre de Paris, en 1259, la Vierge repose sur un siège d'architecture. Elle est dans une chaière au sceau de l'abbaye d'Homblières, en 1223. Le sceau de l'abbaye de Vicogne, en 1149, la représente sur un pliant. Marie est assise sur un arc-en-ciel dans le type de l'abbaye de la Charité d'Angers, en 1232 (fig. 463).

Fig. 463.
D'après le sceau du chapitre de Paris, 1259.

Un nimbe entoure d'ordinaire la tête de la Vierge seule ; lorsqu'elle est figurée sans la couronne, le nimbe ne manque jamais ; ce nimbe est des plus simples, fort rarement perlé.

Si nous considérons la coiffure, nous distinguerons les Vierges ne portant que le voile et les Vierges couronnées.

Le voile consiste dans une pièce d'étoffe légère posée sur la tête, cachant la naissance des cheveux et retombant sur les épaules. C'est un diminutif du pallium féminin chez les Carolingiens. Il se croise le plus souvent sur le devant du cou; d'autres fois ses deux extrémités retombent séparées, une sur chaque épaule.

Fig. 463.
D'après le sceau de l'abbaye de la Charité d'Angers, 1232.

Des exemples de voile croisé devant le cou se voient aux sceaux de l'abbaye de Bonne-Espérance, en 1155 (fig. 465), — du chapitre de Condé, en 1163. — Les extrémités du voile tombent sur chaque épaule, dans le type du prieuré de la Charité-sur-Loire, en 1203.

Fig. 464.
D'après le sceau de l'abbaye de Fontgombaud, 1268.

Chez les Vierges couronnées, la couronne se porte sur le voile ouvert ou croisé que nous venons de décrire. Elle comporte quatre fleurons, comme le démontrent les sceaux du chapitre de Paris, en 1259 (fig. 462), — du chapitre de Senlis, en 1213 (fig. 466). On remarque toutefois un diadème sans fleurons et décoré de pierres précieuses dans le type de l'abbaye de Fontgombaud, en 1268.

Dans les figures de la Vierge seule, la chevelure se trouve complètement cachée. Nous ne connaissons qu'une seule exception où les cheveux débordent le voile. C'est le sceau de Notre-Dame de Paris, en 1259 (fig. 462), qui le fournit.

Le vêtement de corps de la Vierge comporte deux tuniques et quelquefois un manteau.

La tunique extérieure, la seule apparente, consiste dans la *stola*, sorte de dalmatique ceinte ou déceinte, portant sur certains sceaux une bordure d'étoffe précieuse autour du cou, aux manches et au bas de la jupe. Elle est encore ornée, mais rarement, d'un clave, parement vertical semblable au parement de la chasuble sacerdotale.

Le sceau du chapitre de Noyon, en 1209, offre une large ceinture plate, des manches richement décorées et relevées de perles.

Un tour de cou précieux avec un parement vertical se voit au sceau du chapitre de Condé, en 1163.

La stola constitue dans certains types le seul vêtement extérieur de la Vierge seule. Nous citerons à ce sujet les sceaux du chapitre de Condé, — de l'abbaye d'Eaucourt, en 1162, — du chapitre de Corbeil, en 1222.

Sur certains sceaux, la stola change de nature. Elle devient le bliaud collant et déceint, à longues manches pendantes, que nous avons vu figurer dans l'habillement féminin au douzième siècle. Les types de l'abbaye de Vicogne, en 1149 (fig. 461), — de l'abbaye de Pontlevoy, en 1255, constatent ce sacrifice à la mode de l'époque.

Lorsque la Vierge seule revêt un manteau, ce vêtement comporte des modèles différents.

Une chape attachée devant la poitrine par un fermail se voit aux sceaux de l'abbaye de Bonne-Espérance, en 1155, — de l'abbaye d'Étrun, en 1204.

Le manteau philosophique porté sur une épaule et roulé autour de

Fig. 465.
D'après le sceau de l'abbaye de Bonne-Espérance, 1155.

la taille, à la façon du manteau des apôtres, figure dans le type du chapitre de Noyon, en 1209, — de l'abbaye d'Homblières, en 1223.

Les sceaux du chapitre d'Arras, en 1200, — de l'abbaye de Morienval, en 1275, offrent un manteau posé sur les deux épaules, les bords écartés sans attache apparente. Dans le type de Marie, abbesse de Sainte-Croix de Poitiers, en 1396, la Vierge porte un manteau semblable tout semé de fleurs de lys.

Fig. 466.
D'après le sceau du chapitre de Senlis, 1213.

Un manteau attaché sur l'épaule comme la chlamyde antique drape la Vierge du chapitre de Senlis, en 1213.

On trouve enfin une Vierge revêtue de la pénule, dans le type de l'abbaye de Messines, en 1296.

Nous ne saurions parler en détail de la chaussure de Marie. Autant qu'on peut le voir sur les sceaux, le soulier paraît fermé. Il est la plupart du temps indistinct.

Fig. 467.
D'après le sceau de la Faculté de médecine de Paris, 1398.

En terminant ce qui regarde la Vierge sans l'enfant Jésus, il faudrait peut-être citer des exemples où des personnages l'accompagnent. Nous renverrons seulement au sceau de Gérôme, général des frères Mineurs, en 1277, sur lequel la Vierge au cénacle figure entourée des apôtres, ou bien au sceau de la Faculté de médecine de Paris, en 1398, qui la représente entre quatre docteurs.

La Vierge mère. — Certains établissements religieux ont conservé dans leur imagerie de la Vierge mère la tradition de l'église byzantine. Ils représentent Marie assise, tenant l'enfant Jésus assis de face entre ses genoux; la tête couverte simplement d'un voile, ou d'un voile et d'une couronne, et le voile est tantôt croisé devant le cou, tantôt ouvert. Ces Vierges ne sont pas nimbées. Elles portent la dalmatique seule ou recouverte d'une chape, ou bien le vêtement extérieur consiste en un manteau ouvert, rarement en une pénule.

La coiffure de la Vierge de l'abbaye de Coulombs, en 1232, offre le voile seul; de plus, la colombe descend sur la tête de Marie, par allusion au nom de Coulombs. Sur le sceau du prieuré de Sauceuse, en 1205, la Vierge porte la couronne fleuronnée. Dans le type du chapitre d'Évreux, au douzième siècle, on remarque un diadème sans fleurons.

La Vierge tient Jésus des deux mains, comme au sceau du chapitre de Soissons, en 1231 (fig. 468), ou d'une seule main comme dans le type de l'abbaye de Coulombs; alors la main restée libre porte un fleuron.

En 1205, le prieuré de Sauceuse offre une Vierge grecque revêtue de la chape fermée devant la poitrine. Sur le sceau de l'abbaye de Montebourg, au douzième siècle, on remarque un manteau ouvert. La Vierge porte une pénule dans le type déjà cité de l'abbaye de Coulombs.

Marie est assise sur un arc-en-ciel dans le type de l'abbaye de Montebourg, au douzième siècle, — sur un pliant, au sceau du chapitre d'Évreux. — Le sceau du chapitre de Soissons représente un siège d'architecture à dossier. — La Vierge sort à mi-corps d'un nuage sur le sceau de Geoffroi, prieur de la Charité-sur-Loire, en 1210.

Jésus, nimbé du nimbe crucifère, quelquefois dépourvu de cet attribut, bénit de la droite. L'autre main tient le livre de la loi, un monde surmonté d'une croix, ou s'appuie tendrement sur le genou de sa mère.

L'Enfant divin tient le livre, sur le sceau de l'abbaye de Coulombs, — un monde crucifère sur le sceau du prieur de la Charité-sur-Loire, en 1210. — Dans le type du chapitre de Soissons, en 1231, il dépose de chaque main une couronne sur la tête des bienheureux martyrs saint Gervais et saint Protais.

Fig. 468. — D'après le sceau du chapitre de Soissons, 1231.

La Vierge latine est celle que nous connaissons tous, la plus répandue, la Vierge qui porte son enfant sur un bras.

Les sceaux la représentent à mi-corps, assise, debout. Les Vierges debout appartiennent surtout au quatorzième siècle et sont bien moins fréquentes que les Vierges assises.

Un nimbe simple entoure d'ordinaire la tête de la

Vierge latine. Il est perlé dans le type de l'abbaye du Bec, en 1221, et semble crucifère sur un sceau de la ville de Narbonne, en 1243.

La coiffure consiste dans le voile seul ou recouvert de la couronne. Comme dans les figures précédemment étudiées, le voile est tantôt croisé devant le cou, tantôt ouvert, ses extrémités retombant librement sur chaque épaule. Rappelant dans les plus anciens types le grand voile juif, sa forme se rapproche, surtout au quatorzième siècle, du couvre-chef que portaient les dames.

Nous citerons seulement, comme exemple du voile drapant le devant du cou, le sceau de l'abbaye de Mont-Étif, en 1220. Le voile long se voit au type de G. de Bousies, prévôt de la Capelle à Bruxelles, en 1251. Un sceau de Barthélemy de Mantoue, chanoine de Cambrai, offre le voile court, le couvre-chef.

La couronne est ouverte et comporte quatre fleurons comme les précédentes. On remarquera toutefois une couronne byzantine fermée, sur les sceaux de la ville de Narbonne, en 1218 (fig. 472), — du chapitre de Beaumont-sur-Oise, en 1252.

La Vierge de l'abbaye de Breteuil, en 1183 (fig. 469), porte un diadème serti de perles, cerclant un haut bonnet surmonté des quatre fleurons habituels.

Les exemples de la couronne reposant sans l'intermédiaire du voile sur les cheveux flottants sont fort rares; nous en avons rencontré dans les types de l'abbaye du Gard, en 1367 — et d'André, évêque de Cambrai, en 1393.

Bien qu'au moyen âge la chevelure tombant en liberté soit l'attribut de la virginité, Marie la cache d'ordinaire sous le voile.

Fig. 169.
D'après le sceau de l'abbaye du Gard. 1367.

L'habillement apparent de la Vierge latine comporte les mêmes pièces que nous avons rencontrées chez la Vierge seule : la tunique, seule ou recouverte du manteau.

L'ancienne stola richement bordée autour du cou, aux bras et à la jupe, se voit aux sceaux de l'abbaye de Breteuil, en 1183, — du prieuré de Longpont, en 1160. Les manches sont larges.

Une autre variété du même vêtement, à manches étroites, la jupe ample et plissée, attachée par une ceinture plate, se voit aux sceaux de l'abbaye du Bourg-Moyen, en 1235. Chez la Vierge de l'abbaye du Bec, en 1221, les plis du corsage retombent sur la ceinture. Le type de l'abbaye de Breteuil de 1205 offre une attache rectangulaire à pendants, fermant un tour de cou d'étoffe précieuse.

Fig. 170. — D'après le sceau de l'abbaye de Breteuil. 1183.

Au quatorzième siècle, la tunique rappelle le surcot

déceint que portaient alors les dames, comme aux sceaux de l'abbaye de Boulogne, en 1300, — de l'abbaye de Notre-Dame de Vertus, au quatorzième siècle, — du chapitre de Melun, en 1308 (fig. 474). Le type de l'abbaye de Boulogne présente une encolure ouverte en cœur, avec un fermail sur la bordure.

La Vierge figurée sur un sceau de Renaud de Ghore, chanoine de Cologne, en 1337, semble revêtue de la cotardie.

Le manteau philosophique forme le vêtement extérieur de la Vierge au sceau de l'abbaye de Breteuil, en 1183 (fig. 469.) — Dans les types du chapitre de Mantes, en 1210, — de l'abbaye du Bec, en 1221, une chape fermée remplace le manteau. —

Fig. 471.
D'après le sceau de l'abbaye de Notre-Dame de Vertus, xive siècle.

Sur le sceau du chapitre de Graçay, en 1308, on rencontre la pénule. Mais au quatorzième siècle, on habille la Vierge, la Vierge debout surtout, de la chape féminine à bords écartés, retenus par une bride. Les sceaux de l'abbaye de Cherbourg, en 1282, — du chapitre de Melun, en 1308 (fig. 474), en offrent des exemples.

D'ordinaire, la Vierge latine porte Jésus d'une main; l'autre main tient un sceptre fleuronné, dans le type de l'abbaye de Notre-Dame de Clairfontaine, en 1237; — un fleuron, au sceau du chapitre de Reims, en 1224; — une tige de lis, sur le sceau du chapitre de Laon, en 1403; — une fleur, sur celui de l'abbaye de Vicogne, en 1316.

Assez souvent, elle offre une pomme à son fils, et c'est dans ce geste que la figurent les types du chapitre de Melun, en 1308 (fig. 474), — de Marie de Dampierre, religieuse de Flines, en 1281.

Fig. 472. — D'après le sceau de Narbonne, 1218.

Une Vierge tenant un monde crucifère se voit au sceau du prieuré de Ham, en 1303.

Quelquefois Marie tient son enfant des deux mains. Le sceau de l'abbaye de Cantimpré, daté de 1207, en offre un exemple; ou bien une main soutient le bras bénissant de Jésus, comme au sceau du prieuré de la Charité-sur-Loire, en 1209. On la représente encore, au quinzième siècle, tenant le petit pied de l'Enfant-Dieu.

Dans certains types comme les sceaux de Narbonne, en 1218 (fig. 472) et 1243, la main restée libre prend la position de la main orante, ou bien la Vierge l'appuie sur sa poitrine.

Quant aux différents trônes qui reçoivent la Vierge latine, bancs, chaises, pliants, sièges d'architecture, nous ne répéterons pas ce qui a été dit au sujet de la Vierge seule. Mentionnons seulement un pliant décoré de pommettes sur le sceau de l'abbaye de Saint-Pierre-sur-Dives, en 1280; — une stalle de boiserie sur le sceau du chapitre de Reims, en 1363; — un siège à la romaine dans le type du chapitre de Cambrai, en 1322. — Au sceau de Jean, prieur du Bois-Seigneur-Isaac, en 1456, nous la rencontrons assise entre deux arbres, dans un croissant supporté par des ondes.

La Vierge, debout, porte Jésus sur le bras. Assise, elle le tient posé sur un genou. Quelquefois, cependant, on voit l'Enfant debout sur le siège à côté de Marie, ou prenant son point d'appui sur sa mère.

L'abbaye de Valseri, en 1292, représente dans son type l'Enfant debout, les pieds sur le banc. Il se tient tout droit sur le genou de sa mère au sceau du chapitre de Courtrai, en 1330.

Jésus est représenté la tête nue, entourée du nimbe crucifère ou du nimbe simple. Toutefois, cet attribut n'existe pas toujours. Nous ne trouvons qu'un seul exemple de l'Enfant couronné, sur le sceau de l'abbaye de Breteuil, en 1183 (fig. 469).

Presque toujours Jésus bénit le monde de la droite. La main restée libre tient un livre, le livre de la loi, sur le sceau de l'abbaye de Breteuil, en 1183 (fig. 469); — une pomme, symbole de rédemption, dans le type du chapitre de Melun, en 1308 (fig. 474); — la croix de l'Église triomphante au sceau de Narbonne, en 1218 (fig. 472); — un monde crucifère au sceau de l'abbaye de Lieu-Notre-Dame, en 1379. — On voit un sceptre fleuronné dans sa main, sur le sceau d'Isabelle, abbesse des Prés, à Douai, en 1417.

Au quatorzième siècle, Jésus a été quelquefois représenté embrassant sa mère, sa figure effleurant la joue dans un baiser, comme on peut le voir au contre-sceau de Hugues de Besançon, évêque de Paris, en 1326. C'est en s'inspirant de ce sujet que les maîtres italiens ont produit des chefs-d'œuvre inimitables.

Fig. 173.
D'après le contre-sceau de Hugues de Besançon, évêque de Paris, 1326.

La Vierge latine ne reste pas toujours isolée. On la rencontre servie par des anges céroféres, ou l'encensoir à la main, sur les sceaux de l'abbaye de Cherbourg, en 1282, et du chapitre de Melun, en 1308 (fig. 474). D'autres fois, les anges prient ou jouent d'instruments divers. Un sceau des communes de Frise, en 1338, figure la Vierge assise, gardée par deux hommes d'armes. Dans le type de l'abbaye de Cercamp, en 1352, Marie, debout, portant Jésus, abrite sous les pans de son manteau huit moines agenouillés.

Après avoir parlé de la Vierge seule et de la Vierge mère, nous dirons quelques mots des scènes terrestres et célestes où figure la Mère du Rédempteur.

Dans l'Annonciation, Marie, debout, écoute les paroles de l'archange, la tête couverte du pallium, habillée de la stola, la main droite en orante et la gauche tenant un livre, comme au type de l'abbaye de Belval, en 1262.

Fig. 474.
D'après le sceau du chapitre de Melun. 1308.

La tête sous un voile croisé devant le cou, elle porte la pénule

Fig. 475.
D'après le sceau de l'abbaye de Belval. 1262.

par-dessus la tunique, au sceau de l'abbaye de Molesme, en 1245.

Marie, déjà nimbée, reçoit le messager céleste, assise sur un banc garni d'un coussin, dans le type de Guillaume, prieur de Corneliano (?), en 1258.

On ne rencontre la Vierge agenouillée devant un prie-Dieu qu'au seizième siècle, comme, par exemple, sur les sceaux des évêques de Tournay.

En dire plus long sur l'Annonciation serait répéter ce que nous avons écrit au chapitre du Christ; nous y renvoyons le lecteur.

La Visitation se voit au sceau des frères Mineurs de Toulouse, en 1274.

Nous avons déjà montré, dans la Nativité, la Vierge reposant sur son lit et tenant la main de Jésus couché dans la crèche, en présence de saint Joseph. (fig. 415). D'autres sceaux, tels que celui des Dominicains de Beauvais, en 1303, reproduisent une variante où la présence de l'Enfant divin n'est pas indiquée. La Vierge dort, un ange l'encense pendant son sommeil; saint Joseph la contemple.

Une Adoration des mages se trouve au sceau de Laurent, abbé de Notre-Dame de la Capelle, en 1359. La Vierge couronnée, assise de profil dans une chaière, présente son fils à l'adoration des rois. Au-dessus de sa tête brille l'étoile miraculeuse.

Les types du gardien des frères Mineurs de Toulouse, en 1274, — de Gazon de Savigny, évêque de Laon, en 1297, figurent la Présentation au Temple. Leur petite taille ne se prête guère à l'étude. On distingue sur le premier la Vierge, revêtue du long voile traditionnel, tenant son enfant sur l'autel.

Le Christ nous a fourni l'occasion de parler de sa mère et de saint Jean au pied de la croix, abîmés dans leur douleur, la Vierge recouverte du long voile juif. C'est dans ce même vêtement que, sur le sceau de Jean du Chemin, prieur de Saint-Sauve de Valenciennes, en 1517, elle tient son fils mort sur ses genoux; qu'on la retrouve avec les deux Marie, au tombeau du Christ ressuscité, dans les types de Guillaume, patriarche de Jérusalem, en 1137, — du prieuré du

Saint-Sépulcre, en 1240, — de Jean le Doux, abbé du Saint-Sépulcre de Cambrai, en 1268.

Un sceau de l'abbaye de la Montagne-de-Sion, à Jérusalem, en 1290, représente la mort de la Vierge. Deux apôtres, dont l'un est saint Jean sans doute, assistent dans ses derniers moments la mère du Sauveur. Au-dessus, le Fils de Dieu, nimbé du nimbe crucifère, recueille dans ses bras l'âme de la Vierge sous la forme d'une petite figure nimbée.

L'Assomption, le premier terme de la vie glorieuse de la Vierge, figure sur le sceau de la chambrerie de Louis de Beaumont, évêque de Paris, en 1480. Quatre anges transportent au ciel la Vierge debout, enveloppée d'un grand voile, les mains jointes.

Plusieurs de nos monuments nous font assister au Couronnement de Marie par son fils. Nous n'insisterons pas sur une composition si connue. La Vierge nimbée ou sans nimbe, assise sur un bisellium, côte à côte avec le Christ, les mains jointes, le corps légèrement penché, la tête fléchie et voilée, porte la tunique seule ou recouverte du manteau. — Jésus dépose lui-même la couronne sur la tête de sa mère, au sceau d'Antoine, évêque de Durham, en 1298. — — Quelquefois, un messager céleste vient remplir cette fonction; alors le Christ bénit, comme dans le type du prieuré du Lay, en 1342. — Au sceau des frères Mineurs de Sanguesa, en 1303, la main divine répand ses bénédictions sur la tête de la Vierge.

LES SAINTS

Saint Achaire. — Un sceau de la trésorerie de Saint-Achaire d'Haspres, en 1439, représente le saint debout, tête nue, en costume épiscopal, exorcisant un possédé. Saint Achaire, bénissant, touche du bout de sa crosse un personnage à genoux, les mains jointes, au-dessus duquel s'envole un démon de forme humaine, cornu, aux ailes de chauve-souris. Il est ici question du second abbé de Jumièges, au septième siècle, celui dont le corps fut transporté au prieuré d'Haspres, par crainte des Normands.

S. Adrien. — Le saint debout, couronné, nimbé, dans le costume chevaleresque, figure sur le sceau de Napoléon, cardinal du titre de Saint-Adrien, en 1327.

Sainte Agnès. — La vierge-martyre, debout, nimbée, en chape, coiffée du couvre-chef, tenant une palme et un livre, entre deux anges cérofères, se voit dans un type de l'abbaye de Lourcine, au faubourg Saint-Marcel, à Paris, en 1379.

S. Aignan. — Le sceau du chapitre de ce vocable, à Orléans, représente, en 1286, saint Aignan recevant de saint Euverte, son prédécesseur au siège d'Orléans, le bâton pastoral. Tous deux sont debout; saint Euverte, drapé dans le manteau des philosophes; saint

Aignan, avec la mitre, l'amict, la chasuble, la dalmatique et l'aube.

S. Albin. — Il est représenté sur un sceau du chapitre de Saint-Albin de Namur, en 1421, debout, avec l'habillement sacerdotal, décollé, portant sa tête dans ses deux mains, devant sa poitrine.

Sainte Aldegonde. — La sainte qui donna son nom à l'abbaye de Sainte-Aldegonde de Maubeuge figure sur un sceau de ce monastère, au douzième siècle. Assise, dans le costume d'abbesse, avec la guimpe et la chape posée sur une robe à larges manches, elle tient sa crosse et un livre.

S. Allyre. — L'abbaye de Saint-Allyre de Clermont-Ferrand a fait graver sur un sceau de 1262 le saint évêque de Clermont, debout, en costume monacal, tenant un livre et une palme. Un sceau du chapitre de Saint-Allyre, près Montpeyroux, au quatorzième siècle, le représente au contraire célébrant, devant l'autel.

S. Amand. — Plusieurs sceaux ont reproduit la figure du célèbre évêque. Dans un type de l'abbaye de Saint-Amand, en 1186, il est à mi-corps, de profil, tête nue, crossé de biais, bénissant. Nous avons donné, au chapitre du vêtement sacerdotal, le dessin d'un sceau de 1290 qui le figure assis, revêtu de l'habillement liturgique.

C'est seulement au dix-septième siècle que les sceaux mentionnent la légende du serpent que, tout jeune encore, il chassa de l'île d'Oye, près La Rochelle. Ainsi le type de l'abbaye de Notre-Dame-de-Paix, à Saint-Amand, en 1652, le représente sous l'habit épiscopal, assis, revêtu de la chape, tenant une petite église, sans doute l'abbaye de Saint-Amand, et frappant du fût de sa crosse un dragon ailé qu'il foule aux pieds.

S. Amé. — Dans les types où le saint douaisien se trouve représenté, il est presque toujours accompagné de son gardien et successeur saint Maurant, et alors tous deux sont en buste ; saint Amé, constamment en évêque, saint Maurant en costume civil.

Fig. 476. — D'après le sceau du chapitre de Saint-Amé de Douai, 1202.

Toutefois le sceau du chapitre de Saint-Amé de Douai, en 1202, offre l'image de saint Amé seul, image d'un beau style archaïque, montrant un buste de profil, tête nue et crossé.

Saint Amé se trouve encore seul, debout, mitré, crossé, bénissant le trésorier du chapitre, à genoux, sur le sceau de Pierre de la Motte, trésorier du chapitre de Saint-Amé, en 1311.

Les bustes de saint Amé et de saint Maurant sont figurés sur un sceau du chapitre de Saint-Amé de Douai, en 1337, saint Amé en évêque comme nous l'avons dit, saint Maurant en bonnet à virgule. Sur un sceau de Merville, en 1426, saint Maurant porte un bonnet à bords relevés. Et dans un autre type de Merville, au dix-septième siècle, saint Maurant coiffe un chapeau à retroussis.

S. Andoche. — Nous croyons voir sur un sceau de Guillaume, doyen de Saulieu, en 1272, saint Andoche martyrisé à Saulieu, vers la fin du deuxième siècle, en compagnie de saint Thyrse et de saint Félix. Les trois saints debout, tête nue, sous un arbre, ont les pieds et les mains enchaînés. Saint Andoche porte la chasuble, saint Thyrse la dalmatique, saint Félix la tunique recouverte d'un manteau.

Fig. 477.
D'après le sceau de Merville, xviiᵉ siècle.

S. André. — Dès 1168, l'abbaye du Câteau nous offre l'image de l'apôtre assis, en costume philosophique, tête nue et nimbée, tenant la croix de l'Église triomphante et un livre.

Un saint André debout, dans le manteau des philosophes et montrant la croix qui porte son nom, se voit au sceau d'André d'Épinay, cardinal archevêque de Lyon et de Bordeaux, en 1497.

Il est en évêque, en 1163, sur un sceau du chapitre d'Avranches, debout, tenant une croix processionnelle et un livre.

Le saint, revêtu du costume monacal, debout, tête nue et nimbé, tenant devant lui un livre ouvert et une grande croix de Saint-André, figure au sceau d'André Piérin, abbé de Vaucelles, en 1593.

L'apôtre subit son martyre tantôt sur une croix latine, tantôt sur la croix qui porte son nom; la croix latine, dans la position verticale ou couchée. Chacun de ces types à la croix représente saint André tête nue, nimbé, habillé d'une longue tunique.

Les contre-sceaux de Richard, évêque d'Avranches, en 1259, — de Raoul de Thiéville, évêque du même diocèse, en 1277, représentent saint André sur une croix latine droite.

La croix latine est couchée dans les types d'Alain, doyen de Saint-André d'Avranches, en 1256, — de l'abbaye de Saint-André-au-Bois, en 1303. Le premier de ces deux exemples offre le crucifié encensé par un ange; au second, des têtes de spectateurs contemplent le martyr. Les extrémités ne sont pas clouées, mais retenues par des liens sur le gibet.

Fig. 479.
D'après le sceau
du chapitre de Viviers,
1305.

Fig. 478.
D'après le sceau
d'Alain, doyen de
Saint-André
d'Avranches, 1256.

Des figures de saint André sur la croix qui porte son nom se voient aux sceaux de Jean, curé de Saint-André de Lille, en 1274, — de Guillaume Bureau, évêque d'Avranches, en 1213; le contre-sceau porte la tête seule du saint, barbue, à longs cheveux.

Devons-nous voir un saint André, revêtu d'une

peau de bête, mis en croix sur un châssis en losange, dans le type du chapitre de Viviers, en 1305 ? (fig. 479)

S. Antoine le Grand. — Le patriarche des cénobites est figuré tantôt assis, tantôt debout, toujours nimbé, tête nue, barbu, le plus souvent en costume monacal, quelquefois en chape, tenant un tau, un livre et sa clochette, accompagné d'un pourceau à partir du quinzième siècle, et les pieds dans les flammes dès 1408.

Le saint revêt la chape dans les types de Saint-Antoine de Viennois, en 1406, — du prieur des Célestins d'Amiens, en 1408. Il porte le costume monacal sur les sceaux de Bertrand, de Gérenton, de Hugues, abbés de Saint-Antoine de Viennois, en 1388, 1406 et 1412.

Fig. 480.
D'après le sceau
de St-Antoine de Bailleul.
1484.

Saint Antoine, appuyé sur son tau, tient un livre et la clochette au sceau de Gérenton, abbé de Saint-Antoine de Viennois, en 1406.

Des flammes entourent les pieds du saint sur les sceaux des Célestins d'Amiens, en 1410, et de leur prieur, en 1408, — de Saint-Antoine de Bailleul, en 1484, et l'on remarque ici trois étages de flammes. — Son pourceau l'accompagne dans les types de Saint-Antoine de Bailleul, en 1484, — de la commanderie de Saint-Antoine de Viennois, à Paris, en 1489.

S. Antonin de Pamiers. — D'après la légende, saint Antonin fut décapité, et ses membres jetés à la rivière; mais sa tête, placée miraculeusement dans une barque, sous la garde de deux aigles, était recueillie et conservée dans la ville de Pamiers. Les sceaux de cette ville, en 1267 et 1303, représentent en effet une tête, accompagnée toutefois d'un bras, dans une nef défendue par deux aigles perchés sur ses caps. Dans le type de 1303, la main divine bénit. — Sur le sceau, plus conforme au récit, d'Étienne, prieur de Saint-Antonin de Pamiers, en 1303, la nef ne contient que la tête du saint.

Fig. 481.
D'après le sceau de Pamiers, 1267.

S. Arnoul. — Le saint évêque, mitré, crossé, bénissant, assis sur un pliant, dans les types du prieuré de Crépy, en 1256 et 1315, figure debout sur le sceau de Jean, prieur à cette dernière date.

S. Aubert. — Évêque de Cambrai en 633, regardé comme une des principales lumières de l'Église de France, saint Aubert est représenté en costume épiscopal sur les sceaux de l'abbaye et des abbés de Saint-Aubert.

Le plus ancien type de l'abbaye, en 1163, le figure

à mi-corps, tête nue, nimbé et crossé. En 1180, assis sur un pliant à tête d'animaux, mitré, crossé, il bénit.

En 1282, on le voit debout, et il conservera cette attitude dans la suite. Mais, en 1485, sur le sceau de Philippe Blocquel, abbé de Saint-Aubert, le saint évêque mitré, crossé, tenant un livre ouvert, revêt une chape à fermail en étoile; à gauche un ange à genoux, à droite l'abbé priant, l'accompagnent. L'ange est supprimé, il ne reste plus que l'abbé priant, dans les types des abbés Michel de Francqueville, en 1554, — de Jean Pelet, en 1578, — d'Antoine de Pouvillon, en 1600.

Fig. 482.
D'après le sceau de Philippe Blocquel, abbé de Saint-Aubert. 1485.

Au dix-septième siècle, la chape de l'évêque n'a plus de fermail, elle est retenue par une bride.

Dans le type du prieuré de Saint-Aubert de Boves, en 1442, saint Aubert mitré, crossé, bénissant, en chasuble, tient une croix à double traverse.

S. AUBIN. — Le sceau de l'abbaye de Saint-Aubin d'Angers, en 1232 (fig. 483), figure son patron assis sur un trône d'architecture, la tête dans un nimbe perlé, crossé de biais, bénissant. L'ancien évêque d'Angers, coiffé d'une mitre pointue à fanons, porte la chasuble, la dalmatique et l'aube.

S. Augustin. — Jusqu'au quinzième siècle, les sceaux représentent le fils de sainte Monique dans le costume épiscopal, en buste, assis ou debout : en buste, tête nue, tenant sa crosse et un livre, sur le sceau de l'abbaye de Saint-Augustin de Thérouanne, en 1206; — en buste de profil, crossé et mitré, dans le type de l'abbaye de Sainte-Marie de la Roche, en 1249.

Fig. 483.
D'après le sceau de l'abbaye
de Saint-Aubin d'Angers, 1232.

Debout, mitré, crossé, bénissant, il est entouré de quatre religieux, tête nue et tenant chacun un livre, sur le sceau du chapitre général des ermites de Saint-Augustin, en 1287; — debout, en évêque, entouré de moines, au sceau des Augustins de Bourges, en 1332.

Le saint figure en évêque assis au sceau de Jean, abbé de Saint-Augustin de Thérouanne, en 1381. Il tient sur ses genoux un phylactère, avec l'inscription : SURSUM CORDA HABEMUS. Une banderole, sur laquelle on lit : REGE GREGEM TUUM, le sépare de l'abbé priant à ses pieds. — En 1529, on le voit assis et mitré, revêtu d'une chape à fermail et parlant à quatre religieux.

Vers cette époque, l'usage est de le représenter en religieux. Sur le sceau des ermites de Saint-Augustin de Brou, en 1521, il figure debout, tête nue, en costume monacal, tenant un livre ouvert et un crucifix.

A partir du dix-septième siècle, saint Augustin, barbu, revêtu du costume religieux, le capuchon sur la tête, porte une église d'une main, et de l'autre un cœur transpercé d'une flèche. A ses pieds se voient une mitre et une crosse. C'est ainsi que le représentent les sceaux du commissaire des Augustins de la province de France, et du provincial des Augustins déchaussés de France, en 1729.

S. Barthélemy. — L'apôtre debout, tête nue, nimbé, en costume philosophique, tient le couteau, l'instrument de son martyre, et une palme, sur le sceau de l'abbaye de Saint-Barthélemy d'Éechout, à Bruges, en 1402. — A mi-corps, il porte un couteau et un livre, dans le type du chapitre de Saint-Barthélemy de Beauvais, au seizième siècle.

Fig. 484.
D'après le sceau
du chapitre de Saint-
Barthélemy de Beauvais,
XVIe siècle.

Sur les sceaux de la collégiale de Béthune, en 1257 et 1396, le saint, assis sur un trône d'architecture, n'a pour attribut que le livre.

Au contre-sceau de l'abbaye de Saint-Thierri-lès-Reims, en 1303, un bras armé d'un couteau, et sortant d'un nuage, symbolise le saint.

Sainte Bathilde. — Les sceaux de l'abbaye de

Chelles figurent sainte Bathilde en religieuse ou en reine. Debout, sous l'habit monacal, elle tient un fleuron, dans un type du douzième siècle; tandis qu'en 1335, la couronne royale posée sur ses tresses, revêtue de la chape, elle porte un sceptre fleuronné.

Le contre-sceau d'Adélaïde, abbesse de Chelles, en 1301, nous fait assister à la vision de la femme de Clovis II, lorsque la sainte, expirant dans son lit, aperçoit sur une échelle un ange qui lui montre le chemin du séjour des bienheureux.

S. Bavon. — Saint Bavon, comte, puis solitaire, apparaît debout, tête nue, en costume des philosophes, armé d'une épée et tenant un sceptre fleuronné, sur le sceau de l'abbé de Saint-Bavon de Gand, en 1348. Revêtu du même habillement, il est assis sur un trône d'architecture, dans le type de l'abbaye de Saint-Bavon de Gand, en 1448. Ici, le saint n'a plus l'épée, il conserve seulement le sceptre fleuronné et est accosté des lettres A et Ω.

Fig. 485.
D'après le sceau de l'abbaye de Saint-Bénigne de Dijon, 1307.

S. Bénigne. — Le sceau de l'abbaye de Saint-Bénigne de Dijon, en 1307, représente l'apôtre de la Bourgogne en évêque, à mi-corps, la tête nue et nimbée, tenant une palme et un livre. A droite et à gauche, la main d'un bourreau perce d'une broche l'épaule du martyr.

S. Benoit. — En 1248, sur un sceau de Saint-

Benoît-sur-Loire, le patriarche des moines d'Occident paraît tête nue, crossé, sous l'habillement épiscopal, tenant un livre ouvert. Dans tous les types suivants, le saint fondateur du Mont-Cassin revêt le costume monacal.

Assis sur un siège d'architecture, tête nue, nimbé, crossé, il tient un livre, sur le sceau de la mairie de l'église de Saint-Benoît, à Paris, en 1341. — Six religieux à genoux l'entourent, sur le sceau du chapitre de Saint-Benoît, à Paris, en 1379. — Un type de la congrégation de Saint-Maur, au dix-septième siècle, le représente debout, la tête couverte d'un capuchon, nimbé, bénissant saint Maur à genoux.

Sainte Benoite. — Le sceau de l'abbaye de Sainte-Benoîte d'Origny, au douzième siècle, représente la vierge-martyre debout, tête nue, en chape, tenant une palme et un livre.

S. Bernard. — Le fondateur de Clairvaux, nimbé, mitré, crossé et bénissant, se voit à mi-corps, au sceau d'Étienne, abbé de Clairvaux, en 1395. — Il est debout dans le même vêtement sacerdotal, et tient un livre, sur les sceaux de Guillaume et de Pierre, abbés de ce monastère, en 1432 et 1476.

Saint Bernard se voit encore debout, en costume monacal, tête nue, nimbé, tenant sa crosse et un livre, dans le type de Gilles de Roye, proviseur du collège de Saint-Bernard, à Paris, en 1449.

S. Bertin. — Pendant le quatorzième siècle, les

types de l'abbaye de Saint-Bertin représentent le saint assis, tête nue, la crosse à la main, bénissant ou tenant un livre. Sur le sceau de la confrérie de l'abbaye de Saint-Bertin, en 1454, le saint abbé, revêtu du costume monacal, tête nue, crossé, porte un petit navire.

Fig. 486.
D'après le sceau de la confrérie de l'abbaye de Saint-Bertin, 1454.

S. Calixte. — De 1129 à 1630, les sceaux de l'abbaye de Cysoing figurent le pape saint Calixte en costume épiscopal, bénissant, tantôt debout, tantôt assis, tête nue ou mitré.

Au lieu de la crosse, il tient quelquefois un calice, comme dans les types de ladite abbaye en 1215, 1250, 1286. — Sur le sceau de 1361, le saint, un livre ouvert à la main, porte une petite église de l'autre. — En 1442 et 1630, ses attributs sont la croix de triomphe et un livre, sa tête est couverte d'une tiare conique.

Chez certains abbés de Cysoing, tels que Jean, en 1441, et Denis de Lannais, en 1458, saint Calixte, revêtu du costume pontifical, coiffé de la tiare, tient la croix de triomphe et bénit.

Sainte Catherine. — La plupart des sceaux qui représentent sainte Catherine ont trait à la sainte qui fut vierge et martyre à Alexandrie. Ils la figurent presque toujours debout, les cheveux flottants, couronnée et nimbée. Elle porte une roue et une palme, dans le type de Raoul de Coucy, chantre de

Cambrai, en 1336, — tient une épée au lieu d'une palme, sur le sceau de Gui de Colmieu, doyen du chapitre de Thérouanne, en 1351, — foule aux pieds Maxime, son persécuteur, sur le sceau de Sohier Boulet, abbé d'Honnecourt, en 1492.

Debout, elle paraît toutefois en couvre-chef et cotardie, nimbée, tenant une palme et un livre, sur le sceau de l'Université de Paris, au quatorzième siècle. Elle est encore figurée debout entre deux démoniaques qui ont la tête en bas et les pieds en l'air, dans un type du prieuré du Val-des-Écoliers, en 1385.

Sur le sceau de ce prieuré, en 1375, la sainte, assise et dans le même costume, tenant un livre, discute avec deux docteurs debout, inspirés par un diable qui gesticule au-dessus de leur tête. Sainte Catherine dispute encore avec quatre docteurs, sur le sceau de Rohard, prieur du Val-des-Écoliers, à Paris, en 1382.

Fig. 487.
D'après le sceau du prieuré du Val-des-Écoliers, 1375.

SAINTE CATHERINE DE SIENNE. — La religieuse de Saint-Dominique figure à mi-corps, en voile et couronnée d'épines, la tête entourée d'un nimbe rayonnant, sur le sceau des Dominicaines de Douai, au dix-septième siècle. Elle tient de ses deux mains une croix ; au bas, on voit une tête de mort.

SAINTE CÉCILE. — Les sceaux de deux cardinaux du titre de Sainte-Cécile, Simon de Brie, en 1270,

Jean Cholet, en 1285, offrent l'image à mi-corps de cette martyre, couronnée et nimbée, tenant une palme. — La sainte figure en abbesse, debout, couronnée, une croix processionnelle à la main, dans un type du chapitre de Sainte-Cécile d'Albi, en 1303.

S. Célestin. — Assis, en vêtement sacerdotal, et tenant sa tiare par le sommet, comme s'il voulait la déposer, tel est le pape Célestin V, sur un sceau des Célestins de Paris, en 1638.

S. Celse. — Voy. S. Nazaire.

S. Chéron. — D'après la légende, des voleurs ayant rencontré saint Chéron dans un bois, lui coupèrent la tête. Le sceau de l'abbaye de Saint-Chéron de Chartres, en 1235, reproduit l'image de son patron, debout, en diacre, décollé, tenant sa tête dans ses mains, au-dessus d'une fontaine. Deux arbres simulent la forêt où le crime fut commis.

Fig. 488.
D'après le sceau
de l'abbaye de Saint-Chéron
de Chartres. 1235.

S. Christophe. — Le saint est représenté en martyr glorieux, debout, tête nue, nimbé, revêtu du manteau des philosophes, tenant une palme et un livre, sur le sceau du prieuré de Saint-Christophe de Halate, en 1240.

D'autres types, tels que les sceaux de Pierre, prieur du même prieuré, en 1270, — d'André, abbé de Phalampin, en 1515, nous offrent saint Christophe debout, nimbé, en costume philosophique, appuyé sur un bâton ou plutôt sur un arbre, traversant un torrent, portant le Christ sur son bras ou sur son épaule.

Sainte Claire d'Assise. — La mère des religieuses de Saint-François, debout, en costume monacal, entre deux chandeliers, tenant une palme, se voit au sceau de l'abbaye de Sainte-Claire de Clermont-Ferrand, en 1403; — ou bien, tenant un livre des deux mains, elle s'adresse à une religieuse agenouillée, comme au sceau de l'abbaye de Notre-Dame de Longchamps, en 1423.

Fig. 489.
D'après le sceau des Clarisses de Gand, xive siècle.

Le type des Clarisses de Gand, au quatorzième siècle, représente la sainte, nimbée, en abbesse, entre deux religieuses, bénissant la table où les pains se trouvèrent marqués d'une croix.

S. Clément, pape. — On remarque sur le sceau de Pierre Bertrand, cardinal du titre de Saint-Clément, en 1341, un personnage coiffé d'une tiare conique, revêtu du costume sacerdotal, tenant une ancre, bénissant, accosté de huit petits personnages. C'est saint Clément, pape et martyr, qui fut jeté à la mer avec une ancre au cou.

Fig. 490.
D'après le sceau de Pierre Bertrand, cardinal du titre de St-Clément, 1341.

Saint Clément, évêque de Metz. — Il figure en compagnie de saint Étienne sur un sceau de la ville de Metz, au quatorzième siècle. Mitré, nimbé, crossé, vêtu de la chasuble et de la dalmatique, il tient un dragon enchaîné.

Sainte Clotilde. — Le chambrier de l'abbaye de Sainte-Geneviève, en 1269, a pris pour sujet de sceau sainte Clotilde dans l'habillement royal, assise sur un

Fig. 491. — D'après le sceau de Metz, xive siècle.

Fig. 492. — D'après le sceau du chapitre de Saint-Cloud, 1224.

trône d'architecture à dossier, couronnée, nimbée, en chape, tenant un sceptre fleuronné. Derrière le siège se trouve l'inscription : SANCTA CLOTHILDIS.

S. Cloud. — Debout, tête nue, en costume sacerdotal, élevant les mains, le saint figure officiant à l'autel, sur le sceau du chapitre de Saint-Cloud, en 1224.

S. Corneille. — Un contre-sceau de l'abbaye de Saint-Corneille de Compiègne, en 1284, représente ce pape coiffé d'une tiare pointue, couvert de la chasuble, élevant la croix du triomphe, accompagné de saint Cyprien; celui-ci, mitré et crossé.

S. Crépin et S. Crépinien. — Saint Crépin se voit seul, en buste, de profil, tête nue, au sceau d'Alboin, abbé de Saint-Crépin-le-Grand de Soissons, en 1235. Saint Crépin et saint Crépinien, debout, têtes nues, se faisant vis-à-vis, dans le costume philosophique, tenant chacun une palme, sont représentés sur le sceau de l'abbaye de Saint-Crépin-le-Grand de Soissons, en 1202. Dans un autre type de la même abbaye, en 1235, une unique palme, sur laquelle ils portent chacun la main, sépare les deux saints.

Fig. 493.
D'après le sceau de l'abbaye de Saint-Crépin-le-Grand de Soissons, 1235.

S. Cyprien. — Voy. S. Corneille.

S. Cyr. — Le saint martyr, que le chapitre de Nevers reconnaissait pour son patron, était fils de sainte Julitte, issue de race royale. Ils furent plongés ensemble dans une chaudière entourée de flammes. Le contre-sceau d'Ameline, abbesse de Saint-Cyr de Berchères, en 1268, rappelle cet événement.

Fig. 494.
D'après le contre-sceau d'Ameline, abbesse de Saint-Cyr de Berchères, 1268.

Le sceau de Guillaume Cornut, évêque de Nevers,

en 1240, représente saint Cyr debout, tête nue, nimbé, tenant une palme.

Le type du chapitre de Saint-Cyr de Nevers, en 1317, figure le saint à mi-corps, dans les flots, couronné, nimbé, revêtu du costume philosophique et tenant une palme.

S. Denis. — On doit s'attendre à rencontrer sur beaucoup de sceaux l'image de saint Denis l'Aréopagite. Ils le représentent en buste, debout, assis, en martyr décollé, portant sa tête ou son test dans les mains, visité par le Christ dans sa prison.

Les abbés de Saint-Denis, de 1210 à 1460, ont pris pour contre-sceau le buste du saint patron, buste de face ou de profil, nimbé ou sans nimbe, mitré. Toutefois le contre-sceau de l'abbé Henri Ier le figure barbu et tête nue. Dans les types de la prévôté de Saint-Denis, en 1398 et 1503, la tête du saint, mitrée et nimbée, est élevée par deux anges à genoux.

Le saint, assis, tête nue, en chasuble et pallium, crossé, tenant un livre, figure au sceau de l'abbaye de Saint-Denis, au douzième siècle. On le rencontre encore assis, en costume épiscopal, mitré, crossé, bénissant, sur le sceau du chapitre de Saint-Denis d'Issoudun, en 1355.

Plusieurs sceaux représentent saint Denis debout, en costume épiscopal, tenant sa tête mitrée dans ses mains, le cou nimbé d'ordinaire. Nous citerons comme exemple les types suivants : les frères Mineurs de

Saint-Denis, en 1233; — les chambreries des évêques de Paris, Guillaume, Louis de Beaumont, Jean V, en 1453, 1478, 1496; — le chapitre d'Amiens, en 1304 et 1408; — la prévôté de l'abbaye de Saint-Denis, en 1287 et 1398, où le saint est accosté d'un clou de la Passion et d'une couronne; — Arras, en 1482, sous le nom de Franchise que lui imposa Louis XI.

En 1263, dans le type du provincial des Récollets de Saint-Denis en France, le saint, décapité, tient sa tête mitrée d'une seule main, et sa crosse de la droite; il est soutenu par deux anges.

Le saint, en costume sacerdotal et nimbé, tient seulement dans ses mains la partie du crâne que l'on appelle le *test*, sur les sceaux de l'abbaye de Montmartre, en 1216, 1239, 1280, — de Hugues, curé de Saint-Denis de Saint-Omer, en 1322.

Fig. 495.
D'après le sceau d'Eudes, doyen de chrétienté de Saint-Denis, 1233.

Nous donnons ici le type d'Eudes, doyen de chrétienté de Saint-Denis, en 1233, dans lequel le saint évêque, décollé, élève sa tête, le crâne appuyé dans ses mains, le menton en l'air.

Un autre sceau du prieuré de Saint-Denis de la Châtre, en 1379, représente le saint dans sa prison, à genoux, mitré, les mains jointes, visité par le Christ.

S. Dominique. — Saint Dominique est toujours représenté tête nue, nimbé, en costume monacal. Il tient souvent le livre de la règle, ou bien le livre que lui donna saint Paul dans une vision. Quelquefois il bénit, comme dans le type du sous-prieur des religieux dominicains de Bourges, en 1228. Ailleurs il paraît s'adresser à la Vierge, debout à côté de lui, comme sur les sceaux des frères prêcheurs de Douai, en 1275, et au dix-septième siècle. Serait-ce une allusion à l'apparition de la Vierge qui lui donna, dit-on, un chapelet?

On le représente aussi debout, en scapulaire, tenant une croix processionnelle, un livre et une tige de lis. Le lis indique ici que le saint conserva sa virginité jusqu'à sa mort. C'est ainsi qu'il est figuré dans le type des frères prêcheurs de Saintes, au dix-septième siècle.

Les sceaux n'omettent pas de mentionner sa dispute avec les Albigeois, alors que leur livre est consumé par les flammes, tandis qu'elles respectent le livre du saint. En haut, la main divine bénit cette scène, que l'on peut étudier sur les sceaux des prieurs des Dominicains de Douai, en 1273, 1372 et 1399, — et des Dominicains de Montargis, en 1381.

Certains types représentent saint Dominique tenant une croix et un livre, ayant à ses pieds une prieure à genoux. Tels sont les sceaux des prieures de l'Abbiette de Lille, en 1276, 1384 et 1403. Sur le sceau du prieuré de Prouillan, en 1274, saint Dominique soutient la prieure, à genoux devant la Vierge assise et tenant l'enfant Jésus qui bénit.

Nous citerons encore le sceau des Dominicains de

Saint-Omer, en 1453, sur lequel le saint, assis, de profil, dans une chaière, devant un pupitre chargé d'un livre, lit ou commente devant une assemblée de moines. Enfin on le voit debout, en costume monacal, tenant un livre et appuyé sur un bâton, dans le type du recteur des Dominicains de Saint-Omer, au quatorzième siècle.

S. Donatien. — Le sceau du chapitre de Saint-Donatien de Bruges, au douzième siècle, représente le saint assis, sur un siège d'architecture, tête nue, en costume épiscopal, tenant sa crosse et bénissant.

S. Éleuthère. — Voy. S. Rustique.

Sainte Élisabeth. — Debout, nimbée, en couvre-chef et en chape, la sainte fait l'aumône à deux pauvres, sur le sceau de l'abbaye de Sainte-Élisabeth du Quesnoy, en 1456.

Sur le sceau de l'hôpital de Sainte-Élisabeth de Valenciennes, en 1263, la sainte, nimbée, les jambes fléchies, le corps penché, coiffée d'un couvre-chef,

Fig. 196. — D'après le sceau de l'hôpital de Sainte-Élisabeth de Valenciennes. 1263.

tient au-dessus d'un vase le pied d'un pauvre, assis vis-à-vis d'elle. Le pauvre porte la main à sa tête, par le geste convenu d'affliction. En haut, la main divine bénit sainte Élisabeth.

Au sceau de l'hôpital de Lille, en 1428, un second pauvre attend, debout, derrière celui dont la sainte lave les pieds. Le type du même hôpital, en 1385, offre au second plan trois assistants.

S. ÉLOI. — D'ordinaire, les sceaux représentent saint Éloi avec ses attributs réunis d'évêque et d'orfèvre, quelquefois en orfèvre seulement ou en évêque, ou encore exerçant le métier de maréchal.

Il figure revêtu seulement du costume épiscopal, dans le type de Nicolas de la Boissière, archidiacre de Noyon, en 1260. Debout, nimbé, mitré et crossé, il bénit saint Quentin, à genoux, qu'un bourreau va décapiter. — Des représentations de saint Éloi, avec ses doubles attributs, se remarquent au sceau du prieuré de Saint-Éloi de Paris, en 1390; il est à mi-corps, en évêque, et accosté de deux clous. — Au sceau de la ville de Dunkerque, en 1328 et 1407, le saint, assis sur un pliant, mitré, dans le costume épiscopal, tient un livre et un marteau. — Dans le type de la nation de Picardie, en 1398, il est debout, nimbé, tête nue, et tenant d'une main des tenailles, de l'autre un marteau, il frappe sur une enclume, devant un personnage mitré, debout devant lui.

Saint Éloi, assis dans une chaière, nimbé, mitré et crossé, bénit un personnage à genoux, accompagné d'un cheval, dans les types de Pierre de Chevry, prieur de Saint-Éloi de Paris, en 1253, — des frères Mineurs de Noyon, en 1303.

Le sceau du prieuré de Saint-Éloi de Paris, en 1414, nous transporte dans le domaine de la légende. Saint

Éloi, assis de profil dans une chaière, coiffé d'un bonnet à virgule, tenant un marteau, ferre sur une enclume le pied qu'il vient de couper à un cheval; celui-ci, placé vis-à-vis, attend qu'on rajuste sa jambe.

S. Émilion. — Un évêque debout, tête nue, crossé, sur champ fleurdelisé, représente le saint du Bordelais dans le type de la ville qui porte son nom, en 1302.

Fig. 407.
D'après le sceau du prieuré de Saint-Éloi. 1414.

S. Étienne. — Le disciple du Christ doit à ses titres glorieux de premier diacre et de premier martyr d'avoir été choisi fréquemment pour patron, et d'avoir donné lieu, par conséquent, à une iconographie des plus variées. Les sceaux le représentent dans son triomphe, en buste, à mi-corps, assis, debout; dans son martyre, à genoux, seul sous une pluie de pierres, ou lapidé par un ou plusieurs bourreaux.

Dans ses bustes, saint Étienne, de face ou de profil, nimbé ou sans nimbe, est représenté tête nue, en costume de diacre. Ces deux caractères, la tête nue et la dalmatique, le suivront, au reste, dans toutes les reproductions.

Par une exception bien rare, le contre-sceau du chapitre de Châlons-sur-Marne, en 1446, le reproduit coiffé d'un bonnet à virgule, le bonnet du moyen âge, et le menton garni d'une barbe pointue.

Nous citerons, parmi les bustes, les contre-sceaux de Geoffroi, prieur de Saint-Nicolas, près Senlis, en 1229, — du chapitre de Châlons-sur-Marne, en 1446.

Le buste est entouré de pierres dans le type de Jean de Menterolles, évêque de Meaux, en 1299.

Fig. 175.
D'après le sceau
du chapitre de Meaux.
1217.

Le sceau du chapitre de Meaux, en 1217, offre un remarquable spécimen d'un saint Étienne de face, à mi-corps.

On voit le saint diacre assis sur un siège à têtes de dragon, et la tête nue, nimbé, une tige fleuronnée à la main, sur le sceau du chapitre de Bourges, en 1195.

Debout, nimbé et sans nimbe, dans son costume habituel, il tient un livre des deux mains, sur un sceau du chapitre d'Agde, en 1234. — Le saint tient une palme et un livre dans les types du chapitre d'Auxerre, en 1194 et 1277; — du chapitre de Châlons-sur-Marne, en 1317. — Il porte un livre et bénit, au sceau du chapitre de Saint-Étienne d'Agen, en 1217.

Un sceau de la ville de Metz, en 1604, représente le saint nimbé, tenant une palme et un vase rempli de pierres; il est accompagné de saint Clément. — L'attribut des pierres trouve d'ordinaire sa place dans l'intérieur du nimbe, comme sur le sceau de Laurent, évêque élu de Metz, en 1270. Dans le type d'Aleaume de Cuissy, évêque de Meaux, en 1264, la main divine tient une couronne au-dessus de la tête du martyr, que saint Paul accompagne.

Sur le sceau du chapitre de Saint-Étienne de Troyes, en 1470, le saint debout, de profil, reçoit une petite église des mains d'un personnage agenouillé.

A genoux, priant, accablé sous une pluie de pierres, saint Étienne porte d'ordinaire ses regards vers le ciel, qu'il voit entr'ouvert : *Ecce video cœlos apertos*.

On peut consulter, à ce sujet, les contre-sceaux de Gui, archevêque de Bourges, en 1177, — de Raymond d'Auberoche, évêque de Périgueux, en 1285.

Quelquefois saint Étienne courbe la tête comme sur le contre-sceau de Pierre de Cuissy, évêque de Meaux, en 1225. — Ailleurs, on voit seulement dans le champ deux mains armées de pierres, frappant le martyr, comme au sceau de Jean, archidiacre de Melun, en 1250.

Si nous passons aux scènes complètes de lapidation, nous rencontrons le saint martyrisé par un, deux et trois bourreaux; dans ces compositions, presque toujours, la main d'en haut répand sur lui ses bénédictions.

Lorsqu'il n'y a qu'un seul bourreau, c'est ordinairement par derrière qu'il lapide le saint, comme au contre-sceau de Geoffroi, évêque de Châlons-sur-Marne, en 1246.

Le type de la ville de Toul, en 1300, nous offre

un saint Étienne lapidé par devant; le martyr est coiffé d'un bonnet à virgule, comme dans l'exemple déjà cité du chapitre de Châlons-sur-Marne, en 1446.

Parmi les nombreuses images du saint entre deux bourreaux, on remarque celles qui se trouvent dans les types de Jacques de Clermont, doyen de Toul, en 1291, — de la ville de Metz, en 1297, — du chapitre de Saint-Étienne de Caen, en 1379, où l'action est très mouvementée.

Fig. 499. — D'après le sceau de Metz, 1297.

Sur le sceau de Vital Vaquier, prévôt de l'église de Toulouse, en 1280, les bourreaux frappent le martyr par derrière, tandis que devant saint Étienne apparaît en haut le Christ à mi-corps, nimbé d'un nimbe crucifère et bénissant.

Une scène de lapidation plus complexe se voit au sceau de Bertrand de l'Isle, prévôt de l'église de Toulouse, en 1270. Trois bourreaux frappent saint Étienne par derrière, tandis qu'un personnage nimbé, en costume philosophique, debout devant lui, le bénit et l'encourage. En haut paraît le Seigneur, à mi-corps, dans une gloire, sous laquelle deux anges agitent des encensoirs.

Le sceau du chapitre de Saint-Étienne de Toulouse, en 1280, reproduit une composition analogue. Quatre bourreaux frappent le martyr par derrière ; en haut sort d'un nuage une tête nimbée, accompagnée d'un bras qui bénit.

S. Eustache. — Une légende fort contestée raconte que saint Eustache, chef de la milice sous Trajan, fut converti par l'apparition du Christ dans la ramure d'un cerf qu'il chassait. Les sceaux de deux cardinaux du titre de Saint-Eustache, Uberto de Sienne, en 1270, et Pierre de Colonna, en 1297, reproduisent ce récit. Le saint, nimbé, tête nue, en chape, ayant derrière lui son cheval, s'agenouille devant le buste du Christ, qui lui apparaît entre les bois d'un cerf.

S. Eutrope. — On voit sur un sceau du prieur de Saint-Eutrope de Saintes, en 1301, un personnage à genoux, mitré, en chasuble, les mains croisées sur la poitrine, frappé d'un coup de hache à la tête par un bourreau debout devant lui. C'est saint Eutrope, évêque de Saintes, apôtre de la Saintonge et martyr.

S. Euverte. — La volonté de Dieu se manifesta, pendant l'élection de saint Euverte à l'évêché d'Orléans, par l'apparition d'une colombe qui descendit sur la tête du saint, le désignant ainsi au choix des assistants. Assis sur un siège à coussin, coiffé d'une mitre cornue, en vêtement épiscopal, crossé, tenant un livre et surmonté d'une colombe qui descend sur sa tête, tel est représenté le saint patron sur le sceau de l'abbaye de Saint-Euverte d'Orléans, au douzième siècle (fig. 448).

S. Évrard. — Les sceaux des abbés de Cysoing, Alard de Cuvillon, en 1578, — Jean des Rumaux, en 1618, représentent saint Évrard debout, armé de toutes pièces, le bas de la cuirasse garni d'une jupe. Il tient une épée et porte une petite église.

Sur les sceaux de la même abbaye, en 1250, 1286, c'est un chevalier du treizième siècle, le duc de Frioul, galopant, le grand heaume en tête, l'épée à la main.

S. Évroult. — Le saint figure, en 1274, sur le sceau de l'abbaye d'Ouche, dont il fut le fondateur. Assis dans une chaière, tête nue, nimbé, en vêtement sacerdotal et crossé, il tient une banderole avec ces mots : AUDITE FILII PRECEPTA MEA. Au contre-sceau, le saint, debout, tête nue, en chasuble et crossé, parle à trois religieux, debout devant lui.

S. Faron. — Évêque de Meaux, au septième siècle, le saint figure à mi-corps, en chasuble, mitré, crossé, bénissant, sur le sceau de l'abbaye de Saint-Faron de Meaux, en 1320.

S. Félix. — Voy. S. Andoche.

S. Firmin. — Les sceaux du chapitre d'Amiens, en 1328, 1334 et 1430, représentent le premier évêque d'Amiens debout, décollé, en costume sacerdotal, tenant dans ses deux mains sa tête mitrée; le tronçon du cou nimbé, dans le type le plus moderne. Sur le sceau de la nation de Picardie, en 1398, le saint, debout, de profil, décollé, tient des deux mains sa tête mitrée, au-dessus d'un autel recouvert d'une draperie. Dans un autre type du chapitre d'Amiens, en 1269, saint Firmin est représenté assis, sur un pliant recouvert d'un paile, mitré, crossé, bénissant.

S. Florentin. — Le saint, debout, en dalmatique, tête nue, nimbé, tient une palme et un livre sur le sceau de l'abbaye de Saint-Florentin de Bonneval, en 1265; le contre-sceau le représente à mi-corps, émergeant des flots, et tenant son livre des deux mains.

S. François d'Assise. — Le fondateur de l'ordre des frères Mineurs est en orant, les mains élevées, debout, de face, tête nue, nimbé, revêtu du costume monacal, dans les types des vicaires généraux des frères Mineurs, Jean Guiesdebier, en 1455, — Olivier Maillart, en 1489.

Assis et tenant un livre, il semble frappé d'étonnement en apercevant au-dessus de sa tête un séraphin crucifié, sur le sceau des religieux franciscains de Gand, en 1275.

Debout, nimbé, tête nue, en costume monacal, il coupe les cheveux d'un personnage agenouillé, sous la main divine qui bénit, dans le type de l'abbaye de Sainte-Claire, près Saint-Omer, en 1322.

Le saint, nimbé, en habit de religieux et tenant un livre, s'agenouille devant la Vierge, qui foule aux pieds le dragon, dans le type du couvent du tiers-ordre d'Ypres, en 1504; — il parle à sainte Claire sur le sceau des Clarisses d'Aix, au quatorzième siècle.

Mais les représentations les plus fréquentes du saint fondateur sont celles qui nous le montrent parlant aux oiseaux, tantôt seul, tantôt accompagné, tenant presque toujours son livre.

Saint François, seul, est entouré d'oiseaux, dans les types du ministre des frères Mineurs d'Aquitaine, en 1274, — des frères Mineurs de Beauvais, en 1303. — Sur le sceau du gardien des Franciscains de Troyes, en 1303, le saint, debout, de profil, paraissant sortir d'une église, s'adresse à un seul oiseau, voletant près de lui.

Fig. 500.
D'après le sceau du ministre des frères Mineurs d'Aquitaine.
1274.

Au dix-huitième siècle, les sœurs grises d'Orchies, — le tiers-ordre d'Amiens, — le ministre général des Capucins, ont choisi pour emblème saint François recevant les stigmates. Un crucifix envoie de ses blessures des rayons aux mains, aux pieds et au flanc du saint agenouillé.

Certains provinciaux du tiers-ordre, en France et en Lorraine, en 1636, 1662, ont fait graver sur leur sceau saint François à genoux au pied de la croix, la tenant pieusement dans ses bras.

Les Capucins de Bourbourg, au dix-septième siècle, nous montrent dans leur type saint François debout, tenant un livre ouvert, ayant à ses pieds un *Agnus*.

Chez les Récollets du Quesnoy, au dix-huitième siècle, saint François, debout, nimbé, porte le monogramme du Christ ihs dans une auréole radiée; on voit à ses pieds trois mitres.

S. Front. — Le premier évêque de Périgueux figure assis sur un siège d'architecture, nimbé, mitré, crossé et bénissant, accosté de deux anges thuriféraires, dans le type de Périgueux-Puy-Saint-Front, en 1223; — il frappe un dragon qu'il foule aux pieds, dans le type de la ville de Périgueux, en 1308.

Saint Front, debout, mitré, crossé, bénissant, figure au contre-sceau de Périgueux-Puy-Saint-Front, en 1223, et dans les types du chapitre de Périgueux, au treizième siècle.

S. Fuscien. — Sur un sceau de l'abbaye de Saint-Fuscien-au-Bois, en 1336, on voit le martyr amiennois à genoux, tête nue; derrière le saint, un bourreau s'apprête à le décapiter.

S. Gall. — Le type de l'abbaye de Saint-Gall, en Suisse, de 1610, représente son fondateur assis sur un banc, nimbé, tête nue, en costume religieux, tenant un baculum. A gauche, un ours, debout, reçoit le pain que lui donne d'habitude le saint abbé.

Sainte Geneviève. — Assise sur un pliant à têtes de lion, dans l'habit monacal, la patronne de Paris, le front ceint d'une couronne, tient d'une main le sceptre fleuronné, l'autre main ouverte comme celle des orants, sur le sceau de l'abbaye de Sainte-Geneviève, au douzième siècle. Le contre-sceau de ce même type nous offre son buste de face, en couvre-chef, nimbé.

Debout, sainte Geneviève nimbée, en couvre-chef et cotardie traînante et relevée, porte un livre et un cierge allumé. Mais le diable qui, d'après la légende, s'efforçait d'éteindre le cierge, n'est pas représenté; elle est, au contraire, accompagnée de saint Pierre et de saint Paul. C'est ainsi qu'elle est figurée dans les types des abbés de Sainte-Geneviève, Jean VI, en 1351, — Jean VIII, en 1386, — Étienne, en 1393, — Pierre, en 1440.

S. GENGOUL. — Le sceau du chapitre de Saint-Gengoul de Toul, en 1291 (fig. 336), nous offre le saint debout, revêtu d'une riche dalmatique frettée, tenant une palme et un livre.

Le chapitre de Saint-Gengoul de Heinsberg, en 1384, un peu plus fidèle à la tradition, l'a fait graver en guerrier, debout, armé d'une lance, la main sur un bouclier armorié.

S. GEORGES. — Les sceaux reproduisent saint Georges seul, ou combattant le dragon.

Seul, en chevalier du moyen âge, armé suivant les époques : avec la lance ou l'épée; son bouclier vu en dedans, puis marqué d'une croix; en heaume conique, ensuite carré, plus tard ovoïde; sur un cheval nu ou couvert d'une housse à la croix.

Nous citerons comme exemples les sceaux du prieuré de Saint-Georges d'Hesdin, en 1164, — de l'abbaye de Saint-Georges-des-Bois, en 1293, — du prieur de Saint-Georges de Grancey, en 1343.

Saint Georges combattant le dragon, qui rampe sous son cheval, et le frappant de sa lance dans la gueule, est représenté en homme d'armes sur les sceaux de l'abbaye de Saint-Georges-sur-Loire, en 1232, — du chapitre de Saint-Georges de Pithiviers, en 1415. Dans ce dernier type, on remarque à droite la jeune fille que le saint délivre.

Nous avons encore à mentionner les sceaux sur lesquels saint Georges combat le dragon dans le costume philosophique traditionnel, nimbé, tête nue, sans écu, le pallium flottant derrière lui. C'est ainsi qu'il est figuré dans les types de Pierre, cardinal du titre de Saint-Georges au Voile d'or, en 1255, — de l'official de Cambrai, en 1362, et ce signet est remarquable ; il provient de l'empreinte d'une pierre gravée. — Sur le sceau de Raphaël, évêque d'Ostie, en 1514, saint Georges frappe le dragon en face, comme un adversaire dans un champ clos.

S. Germain, évêque d'Auxerre. — Le saint, assis, tête nue, en costume épiscopal, tenant un livre et bénissant, se voit au sceau de l'abbaye de Saint-Germain d'Auxerre, en 1133.

Il est debout, mitré, crossé, avec son livre, dans un type de la même abbaye, plus avancé dans le douzième siècle ; — mitré, crossé, bénissant, sur le sceau du chapitre de Saint-Germain-l'Auxerrois, en 1266.

Le contre-sceau du même chapitre, en 1266, offre un buste, de profil, du saint nimbé et mitré, d'un beau caractère.

S. Germain, évêque de Paris. — Sur les sceaux de l'abbaye de Saint-Germain-des-Prés, en 1216 et 1695, l'évêque de Paris, à mi-corps, coiffé d'une mitre cornue, revêtu de l'habit sacerdotal, tient sa crosse et bénit. — Au contre-sceau de Pierre, abbé du même monastère, en 1315, il tient sa crosse et un livre.

On le rencontre en évêque, debout, mitré, crossé et bénissant, accompagné de saint Vincent, sur deux sceaux de Simon, prieur de Saint-Germain-des-Prés, en 1278 et 1283.

Sainte Gertrude. — L'abbesse de Nivelles est représentée debout, en guimpe, sous le vêtement monacal, tenant un livre et un bâton fleuronné ou une crosse, sur le sceau de Geertruidenberg, en 1357. Mais nous n'avons pas ici les rats qui, d'ordinaire, accompagnent la sainte.

S. Gervais et S. Protais. — Une représentation barbare de saint Gervais et saint Protais, debout, nimbés et tenant chacun une palme, se voit au sceau du chapitre de Séez, en 1278. — Dans le type du chapitre de Notre-Dame de Soissons, en 1231, les deux martyrs figurent agenouillés de chaque côté de la Vierge; Jésus les couronne (fig. 468).

S. Géry. — Le saint évêque de Cambrai est

représenté dans le vêtement sacerdotal, en buste, assis, debout ou agenouillé.

Assis, tête nue, crossé, il tient un livre ouvert, sur le sceau de la collégiale de Saint-Géry de Cambrai, en 1167. — Nimbé, mitré, crossé, il bénit, dans les types de cette collégiale, en 1290 et 1368.

Les contre-sceaux de ces deux types offrent son buste mitré.

Sur les sceaux de la même collégiale, en 1191, et de son prévôt Jean de Rœulx, en 1270, saint Géry, debout, mitré, crossé, bénit, ou frappe un dragon de sa crosse, quelquefois le foule aux pieds.

Le type de Pierre de Mailly, doyen de Saint-Géry de Cambrai, en 1312, nous offre le saint à genoux devant un autel, nimbé, mitré, les mains jointes; une main tient sa crosse derrière lui.

S. Ghislain. — En 1217, le sceau de l'abbaye de Saint-Ghislain représente le saint patron à mi-corps, nimbé, tête nue, en chasuble, crossé, tenant un livre.

Fig. 501.
D'après le sceau de l'abbaye de Saint-Ghislain, 1476.

Saint Ghislain à mi-corps, mitré et nimbé, tenant une croix processionnelle et bénissant, se voit au sceau de la même abbaye, en 1476. Près de la main qui porte la croix, on remarque un petit ours, allusion au surnom d'Ursidongus, et de l'autre côté du saint, une aigle.

L'ours et l'aigle accompagnent encore un saint Ghislain debout, mitré, en chape, crossé et portant une petite église, dans le type de Jean, abbé de Saint-Ghislain, en 1476.

S. Gilles. — La ville d'Édimbourg, en 1557, avait pris pour emblème saint Gilles, debout, nimbé, tête nue, en costume monacal, caressant une petite biche dressée sur ses pieds de derrière, réfugiée près de lui.

Fig. 502.
D'après le sceau
d'Édimbourg.
1557.

Sainte Gudule. — Nimbée, tête nue, les cheveux flottants, la vierge, patronne de Bruxelles, debout, tient une palme et porte une lanterne, dans les types de Plebannus, curé de Sainte-Gudule de Bruxelles, en 1427, et de Jean de Wemeldinge, curé de la même église en 1525.

S. Guillaume. — Un sceau de Jacques d'Orcamps, prieur des Blancs-Manteaux, en 1320, représente le fondateur de l'ordre des Guillemites debout, nimbé, en costume monacal, tenant un livre et appuyé sur un tau à poignée recourbée vers le bout.

Saint Guillaume, dans la même attitude et dans le même costume, porte un étendard, allusion à sa profession guerrière, sur le sceau du provincial des Guillemites de France, en 1554. Le saint passe pour avoir combattu les Sarrasins avec Charles-Martel.

Sainte Hélène. — La mère du grand Constantin, la sainte qui retrouva le bois de la croix, figure sur un sceau de Pierre, sous-doyen d'Orléans, en 1274. Agenouillée au pied d'un calvaire surmonté de trois croix, la tête ceinte d'une couronne, la sainte prie, tandis que de l'autre côté un ouvrier fouille le sol avec sa pioche. Dans un compartiment supérieur, Constantin, à cheval, portant la précieuse trouvaille, entre dans un monument surmonté d'un personnage céleste.

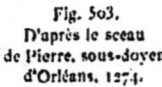

Fig. 503.
D'après le sceau de Pierre, sous-doyen d'Orléans, 1274.

S. Hilaire. — Le sceau de Guillaume de Bar, doyen de Saint-Hilaire de Poitiers, en 1387, représente le patron de ce chapitre, entre saint Pierre et saint Paul; debout, nimbé, il porte la mitre et la crosse, et il bénit.

S. Honoré. — On voit au sceau du chapitre de Saint-Honoré, à Paris, en 1308, le saint évêque debout, mitré, crossé, bénissant.

Sainte Honorine. — Debout, tête nue, en bliaud très ajusté, sans ceinture et dont les longues manches tombent jusqu'aux genoux, sainte Honorine tient un fleuron et un livre ouvert, dans les types du prieuré de Conflans, au douzième siècle et vers 1205.

S. Hubert. — Un sceau de l'abbaye de Saint-Hubert-en-Ardennes, en 1134, représente le buste du saint, de face, tête nue, les cheveux bouclés, nimbé, en chasuble et crossé. Il n'est pas accompagné de ses attributs de chasse, ni du cerf miraculeux.

S. Humbert de Maroilles. — Trois représentations du saint abbé nous sont offertes par les sceaux de l'abbaye de Maroilles, en 1162, en 1288 et en 1304. Saint Humbert, debout, revêtu du costume sacerdotal, mitré, crossé, bénit ou tient un livre. Dans le type de 1288, un cerf, marchant, rappelle la légende du cerf poursuivi par les chasseurs et qui se réfugia sous le manteau du saint.

S. Irénée. — Le martyr lyonnais, debout, dans le vêtement épiscopal, mitré, crossé, bénissant, se voit au sceau de Guillaume, prieur de Saint-Irénée de Lyon, en 1307.

S. Jacques le Majeur. — L'apôtre est figuré sur les sceaux revêtu de l'habit liturgique, en costume philosophique, en pèlerin.

A mi-corps, tête nue, nimbé, en chasuble, il tient un livre et bénit sur le sceau de l'abbaye de Saint-Jacques de Provins, en 1231; — en diacre, debout, tête nue, revêtu de la dalmatique, il tient un livre des deux mains, dans le type du prieuré de Saint-Jacques-de-l'Aumône de Blois, au quatorzième siècle.

Fig. 504. — D'après le sceau de l'abbaye de Saint-Jacques de Provins, 1352.

Le saint, en costume philosophique, assis sur un rocher au milieu des flots, la tête nue et nimbée, tenant une banderole portant les mots : SANCTUS JACOBUS, saisit un bâton que lui présente le

Christ, sur le sceau de l'abbaye de Saint-Jacques de Provins, en 1352.

Saint Jacques, en pèlerin, est d'ordinaire revêtu de deux tuniques et coiffé d'un chapeau. Il tient un livre et un bourdon, et porte en sautoir une gibecière. Quelquefois la tête est nue et, dans ce cas, nimbée.

Les sceaux reproduisent le type de pèlerin en buste, assis et debout.

Un buste de saint Jacques pèlerin, avec une coquille au chapeau et des coquilles attachées autour des épaules, se voit au sceau de l'hôpital Saint-Jacques d'Arras, en 1384.

Dans le type des proviseurs des pauvres de la paroisse de Saint-Jacques-de-Froidmont, à Bruxelles, en 1559, le saint est figuré revêtu de la chape, assis, le bourdon à la main.

Pour les pèlerins debout, nous citerons les sceaux de Saint-Goes-Hoek, en 1275 et 1309. — Dans le type de la confrérie des pèlerins de Saint-Jacques, à Paris, au quinzième siècle, sept pèlerins entourent le saint, tandis que deux anges volent au-dessus de sa tête.

S. Jean-Baptiste. — Les sceaux représentent l'image du Précurseur sous différents aspects : tantôt seul, avec l'ancien attribut des apôtres, le rouleau, la banderole, ou le livre ; tantôt montrant l'*Agnus*;

Fig. 505.
D'après le sceau de Saint-Goes-Hoek. 1275.

— d'autres fois baptisant le Christ. — Ils offrent aussi sa décollation, et représentent ensuite sa tête dans un plat.

Nous dirons tout d'abord, afin d'éviter les répétitions, que le vêtement extérieur de saint Jean-Baptiste est toujours fait de peau de bête. Que ce vêtement soit une pénule, le manteau des philosophes grecs ou une tunique, il est de peau de chameau. La tête nue et la barbe doivent également être considérées comme un caractère persistant.

Un buste du saint, de face et nimbé, le manteau attaché sur l'épaule, se voit au sceau du chapitre de Saint-Jean-au-Bourg de Laon, en 1285.

Il est debout, en manteau des philosophes, tenant un phylactère avec l'inscription : JOHANNES BAPTISTA, dans le type de l'abbaye de Saint-Jean de Valenciennes, en 1180; — debout, en pénule, tenant une banderole, dans le type de Guillaume, prieur de l'abbaye de Marcheroux, en 1219; — debout, en tunique, tenant un rouleau ouvert, sur lequel on lit : ECCE AGNUS DEI, au sceau de l'officialité de Florence, en 1280.

Plusieurs sceaux représentent le Précurseur debout, tenant un *Agnus* qu'il indique de la main droite. Sur les uns, il porte le manteau des philosophes, comme au sceau de la ville de Bourbourg, en 1326. — Sur d'autres, il revêt une tunique, qui tantôt s'arrête au genou, tantôt descend jusqu'aux pieds, souvent déceinte, quelquefois retenue par une ceinture. Nous citerons à ce sujet le type de Jean d'Aubusson, curé de Saint-Jean-en-Grève, en 1285.

Les beaux sceaux de la ville de Gand, en 1275, 1276, 1300 et 1303, reproduisent encore l'image de

Fig. 504. — D'après le sceau de la ville de Gand, 1275.

saint Jean, debout, en costume philosophique, montrant l'*Agnus,* et accosté de deux anges un encensoir à la main.

Lorsque nous avons parlé du Christ dans sa vie terrestre, nous avons montré saint Jean, debout, de profil, près du divin maître, couvert d'une pénule de peau, une main appuyée sur l'épaule de Jésus, et l'autre tantôt tenant une aiguière, tantôt élevée vers la colombe qui apporte du ciel l'ampoule du baptême.

Jean de la Houssaye, doyen du chapitre de Lille, en 1283, a fait graver sur son sceau la décollation de saint Jean-Baptiste. Le saint est à genoux, tête nue, devant la porte de sa prison ; près de lui, le bourreau brandit l'épée. — Dans un type de la ville de Perth, au quatorzième siècle, Hérodiade, debout, en couvre-chef et surcot déceint, attend que le bourreau accomplisse son œuvre.

Aux contre-sceaux des abbés de Saint-Jean de Valenciennes, Amauri, Simon et Jacques, en 1322, 1328, 1340 et 1348, le saint passe son buste par une fenêtre au haut d'une tour, tandis que dehors le bourreau saisit la tête et lève son épée.

Dans le type de la ville de Mezin, en 1243, la scène de la décollation, d'une simplicité presque symbolique, est exprimée par une tête que vient de couper un bras armé d'une épée.

Nous sommes ainsi conduit à mentionner les types qui figurent la tête de saint Jean dans un plat. Le chef du Précurseur se présente posé de profil, quelquefois de trois quarts, ou debout, émergeant du vase ; on le rencontre encore, mais rarement, couché de face, et comme vu par-dessus. Nimbé d'ordinaire, il est parfois accompagné de la main divine qui bénit.

La tête de profil se voit au contre-sceau de l'abbaye de Saint-Jean de Laon, en 1282. — Le sceau de l'hôpital du Temple, près Mondoubleau, en 1406, offre un exemple d'une tête couchée de trois quarts. —

Elle est posée debout au contre-sceau du chapitre de Saint-Jean-au-Bourg de Laon, en 1285. — Entourée d'un nimbe perlé, elle repose dans le plat, de face et comme vue par-dessus, au contre-sceau de l'abbé d'Eau-court, en 1315.

Fig. 507.
D'après
le contre-sceau
du chapitre
de Saint-Jean-
au-Bourg de
Laon, 1285.

S. Jean l'Évangéliste. — Le disciple aimé du Christ est représenté sur les sceaux, tête nue, nimbé, revêtu du costume philosophique qu'on donnait aux apôtres. Tantôt il écrit l'Évangile, tantôt il tient le calice d'où sort le dragon. En parlant du Christ, nous avons montré saint Jean au pied de la croix, partageant la douleur de Marie. Sous le nom de saint Jean-Porte-Latine, plongé dans une cuve, il reçoit en priant l'huile bouillante que deux mains, tenant chacune une buire, répandent sur ses épaules. Les sceaux le représentent encore sous la figure symbolique de l'aigle.

Dans le type de l'abbaye de Saint-Jean de Sens, en 1207, saint Jean écrit son Évangile, assis devant un pupitre.

Debout, il tient le calice d'où sort un dragon ailé, sur le sceau d'Angelo Capra-nica, cardinal du titre de la Sainte-Croix de Jérusalem, en 1470.

Fig. 508.
D'après
le contre-sceau
de Jean, abbé
de Cantimpré,
1313.

Un contre-sceau de Jean, abbé de Can-timpré, en 1313, offre l'évangéliste nu, à mi-corps, dans une cuve, recevant l'huile bouillante sur ses épaules.

L'aigle qui symbolise saint Jean a pour attributs ordinaires le nimbe, un livre, une banderole.

Sur le sceau de Hugues, doyen du chapitre de Péronne, en 1195, l'aigle tient dans ses serres un livre ouvert. — Elle tient un livre fermé dans le type de l'hôpital Saint-Jean-en-l'Estrée d'Arras, en 1314. — Le sceau de Baudouin, ministre des Trinitaires d'Arras, en 1260, figure l'aigle avec la banderole portant le mot JOHANNES.

Fig. 509.
D'après le sceau de Hugues, doyen du chapitre de Péronne, 1195.

S. JOSSE. — L'abbaye de Dompmartin, nommée aussi Saint-Josse-au-Bois, présente, en 1281, son patron debout, nimbé, les mains jointes, officiant devant un autel. La main divine bénit le calice. Au pied de l'autel, trois religieux à genoux semblent invoquer le saint.

Un autre type de la même abbaye, en 1303, nous offre saint Josse debout, de profil, revêtu de la dalmatique, s'appuyant sur un long bâton à pomme.

Fig. 510.
D'après le sceau de l'abbaye de Saint-Josse-au-Bois, 1281.

S. JULIEN. — Les sceaux de l'abbaye de Saint-Julien de Tours, en 1230, — du chapitre de Saint-Julien de Brioude, en 1317 et 1376, représentent la tête du martyr, qu'un bras armé d'une épée vient de décapiter. Dans le premier de ces trois types, le graveur a figuré les gouttes de sang qui ruissellent.

Le prieur de Saint-Julien de Versailles, en 1451, a préféré l'image du saint dans son triomphe. Debout, la tête nue, entourée d'un nimbe, armé de toutes pièces, saint Julien tient un pennon et un écu chargé d'une croix. — On voit le même saint triomphant, mais en costume philosophique, sur le sceau de l'abbaye de Saint-Julien d'Auxerre, en 1538. Debout, tête nue et nimbé, il porte sur sa main la colombe inspiratrice.

Au dix-huitième siècle, le sceau de l'hôpital de Saint-Julien de Cambrai offre un écu représentant saint Julien debout, les pieds dans les flots, tenant un bâton et une petite barque qui contient le Christ à mi-corps.

A la même date, les Augustins d'Amiens ont fait graver sur leur sceau la décollation de saint Julien. On voit, à gauche, une prison, et devant la prison, le saint en costume de guerre, décapité et tombé, avec cette inscription : SAINT JULIEN. Derrière le martyr, le bourreau tenant encore son épée est accompagné des lettres S. P. Q. R. (*Senatus populusque Romanus*). En haut, des nuages, des éclairs, la foudre qui détruit la prison, et plus à droite, un ange descendant du ciel, tenant une couronne et une palme.

SAINTE JULITTE. — Voy. S. CYR.

S. JUST. — Sur le sceau du chapitre de Saint-

Just de Lyon, en 1307, le saint patron est représenté assis, tête nue, en costume sacerdotal, tenant sa crosse et un livre ouvert.

Saint Just et saint Pasteur se voient à mi-corps au contre-sceau de Gilles Aycelin, archevêque de Narbonne, en 1306 ; ils sont nimbés, tête nue, revêtus du manteau des philosophes. Un ange, descendant du ciel, dépose une couronne sur la tête de chacun d'eux.

Fig. 511.
D'après
le contre-sceau
de Gilles Aycelin,
archevêque
de Narbonne, 1306.

L'abbaye de Saint-Just, au diocèse de Beauvais, a pris pour emblème, au quatorzième siècle, le martyre de son patron. Un bras armé d'une épée tranche la tête du saint à genoux, nimbé, les mains jointes. Sur une banderole qui entoure la tête de la victime, on lit : SANCTUS JUSTUS.

S. LAMBERT. — Les sceaux de l'abbaye de Liessies, en 1180 et 1278, représentent le saint évêque assis, tête nue, nimbé, en chasuble, crossé, bénissant.

Sur le sceau du chapitre de Saint-Lambert de Liège, en 1333 (fig. 512), le saint, nimbé, mitré, crossé et bénissant, est assis sur un pliant à têtes de chien, et recouvert d'une draperie que deux anges tendent derrière lui.

Le superhuméral, qu'on a considéré comme un attribut du saint, ne se voit pas avant le seizième siècle, comme, par exemple, au type du chapitre de Liège transféré à Louvain.

LA VIERGE ET LES SAINTS

Dans un type du doyen de l'église de Liège, en 1262, saint Lambert, officiant, est frappé de deux épées par deux personnages à mi-corps.

Fig. 512. — D'après le sceau du chapitre de Saint-Lambert de Liège, 1333.

Un martyre de saint Lambert figure encore dans le type de Jean des Canges, doyen du chapitre de Liège, en 1286. On voit, devant un autel, l'évêque de profil, nimbé, mitré, invoquant la Vierge, debout de l'autre côté de l'autel. En haut, deux bourreaux à mi-corps percent saint Lambert de leur lance.

Fig. 513.
D'après le sceau de Jean des Canges, doyen du chapitre de Liège, 1286.

S. LANDELIN. — Les abbés de Saint-Landelin de Crespin, Jean, en 1425, et Nicolas, en 1428, ont choisi pour sujet le saint debout, nimbé, tête nue, revêtu de la chape, tenant un livre et plongeant son bourdon dans une fontaine d'où l'eau jaillit aussitôt. Il est accosté de deux anges.

S. LAURENT. — Les sceaux figurent saint Laurent dans son martyre ou dans son triomphe.

Martyr, le saint, entièrement nu, étendu sur un gril, est béni par la main divine, au sceau de l'abbaye de Joyenval, en 1244; — ou bien, comme dans le type de Gui, cardinal du titre de Saint-Laurent, en 1270, il est encensé par deux anges, tandis qu'un bras céleste lui apporte une couronne.

Fig. 514.
D'après le sceau de Gui, cardinal du titre de Saint-Laurent, 1270.

Dans le type des Dominicains d'Arras, en 1303, la main divine apporte également une couronne au martyr; un bourreau active les flammes. — La composition comprend quelquefois deux bourreaux, l'un attisant le feu, l'autre muni d'un soufflet; c'est ainsi que le représente le sceau de Benoît de Babuco, chanoine de Tivoli, en 1322.

Saint Laurent glorieux, debout, tête nue, en diacre, le plus souvent nimbé, tient une palme et un gril. On en trouve un exemple dans le sceau de Pierre, cardinal du titre de Sainte-Marie *in Cosmedin*, en 1393.

S. LAZARE. — Nous laisserons à des érudits plus spéciaux le soin de décider quel est le personnage à mi-corps, sortant des flots, barbu, nimbé et couronné, revêtu d'une dalmatique, et tenant un fleuron à chaque main, que l'on remarque aux sceaux de l'hôpital de Saint-Lazare de Cambrai, en 1174 et 1388. Selon la *Légende dorée*, saint Lazare était d'origine royale.

Nous ne nous prononcerons pas davantage sur un autre personnage, debout, de profil, tête nue, sans nimbe, en costume philosophique, et paraissant discourir, qui se trouve sur les sceaux de la maladrerie de Laon, en 1177 et 1214. Il est accompagné du mot LAZARUS. Serait-ce Lazare le lépreux ? Nous n'oserions l'affirmer.

Fig. 515.
D'après le sceau de St-Lazare de Cambrai, 1388.

Quant aux représentations dont nous allons parler, c'est de Lazare de Béthanie, du frère de Marthe et de Marie-Madeleine, qu'il s'agit.

Plusieurs types nous font assister à sa résurrection.

Fig. 516.
D'après le sceau de la maladrerie de Laon, 1214.

Lazare, à mi-corps hors du sépulcre, revêtu d'une tunique, les mains jointes, tendues vers le Christ qui le bénit, se voit au sceau de Pierre de Chalon, archidiacre d'Autun, en 1302. — Enveloppé dans son suaire et tourné vers le Christ qui le bénit, Lazare est accompagné de Marthe et de Madeleine sur le sceau de Saint-Lazare de Paris, en 1264. — Ses deux sœurs assistent encore à sa résurrection dans le type de l'hôpital de Saint-Lazare de Beauvais, en 1477, et, de plus, le Christ est suivi de saint Pierre. En haut se lit l'inscription : LAZARE VENI FORAS.

Un Lazare seul, tout nu, une jambe déjà hors du sépulcre, se voit au sceau de la maladrerie de Corbeil, en 1263; à l'extrémité du tombeau, on remarque un tau. — Enfin saint Lazare en évêque mitré, crossé, bénissant, se voit au contre-sceau de l'hôpital Saint-Lazare de Beauvais, en 1477.

Fig. 517.
D'après le sceau de l'abbaye de St-Léger de Soissons, 1303.

S. LÉGER. — Que l'évêque d'Autun soit figuré en buste, assis, debout ou couché, tous les sceaux qui portent son image mentionnent la tarière, instrument de son martyre. Ainsi dans le type de l'abbaye de Saint-Léger de Soissons, en 1303, deux mains armées d'une tarière crèvent les yeux d'un buste mitré, de profil. — Sur le sceau du prieuré de Flixecourt, en 1426, un bourreau perce les yeux de saint Léger, mitré et nimbé, les mains jointes, couché sous des arbres.

Fig. 518. — D'après le sceau de la ville de Saint-Léonard, 1308.

S. LÉONARD DU LIMOUSIN. — La ville de Saint-Léonard, en 1308, a pris pour emblème son patron debout, tête nue et nimbé, tendant la main à un prisonnier agenouillé, au-dessus duquel sont des ceps attachés à une chaîne.

S. Louis. — Le saint de ce nom que nos monuments représentent s'appelle saint Louis de France : c'est le roi Louis IX. Ses attributs sont royaux. Il porte l'habillement fleurdelysé, la couronne et le sceptre.

Debout, nimbé, en dalmatique semée de fleurs de lys, saint Louis, entr'ouvrant sa chape des deux mains, abrite sous ses plis dix religieuses à genoux, sur le sceau des Dominicaines de Poissy, en 1374.

Fig. 519.
D'après le sceau des Dominicaines de Poissy, 1374.

Debout encore, drapé dans le manteau royal et tenant le sceptre, il indique à cinq personnages agenouillés la porte de l'hôpital des Quinze-Vingts, dans le type de cet établissement, en 1305.

L'abbaye de Saint-Louis de Nogent-l'Artaud, en 1367, le fait représenter dans le même costume, encensé par deux anges. Au-dessus du saint roi, six religieuses prient.

S. Luc. — Les sceaux ne nous offrent que la figure symbolique de cet évangéliste : le bœuf ailé, tenant quelquefois un phylactère au nom du saint.

On trouvera des exemples du bœuf ailé dans le type d'Humbert, patriarche d'Alexandrie, en 1354, — et dans celui des Dominicaines de la Thieuloye, près Arras, en 1425.

S. Lucien. — Godefroi, abbé de Saint-Lucien de Beauvais, nous offre, dans un type de 1366, le saint évêque debout, décollé et nimbé, retenant sa crosse avec le bras et portant sa tête des deux mains. Saint Messien et saint Julien, ses deux compagnons de martyre, décollés comme lui et portant également leur tête dans leurs mains, figurent aux côtés de saint Lucien.

Fig. 520.
D'après le sceau de Godefroi, abbé de Saint-Lucien de Beauvais, 1366.

S. Magloire. — Le saint évêque, assis sur un pliant, tête nue, vêtu du costume sacerdotal, crossé, tient un livre ouvert dans le type de l'abbaye de Saint-Magloire, en 1324.

S. Maixent. — L'abbaye de Saint-Maixent, en 1275, figure son patron assis, de profil, dans une chaière. Le saint, en costume monacal, nimbé, tête nue, portant sa crosse, semble bénir deux infirmes, l'un assis, l'autre debout et tenant un tau.

Fig. 521.
D'après le sceau de l'abbaye de Saint-Maixent, 1275.

S. Mammès. — Au sceau du chapitre de Saint-Mammès de Langres, en 1445, se voit un personnage debout, entre deux arbres, tête nue, nimbé, vêtu de la dalmatique, ayant à ses pieds, à droite, un cerf assis, et à gauche un loup ou un lion, également assis. C'est saint Mammès, dont un sceau du même chapitre offre, en 1307, le bras rapporté d'Orient du temps des croisades.

S. Marc. — Sur le sceau de Pierre, cardinal du titre de Saint-Marc, vers 1438, l'évangéliste, assis, tête nue, barbu, nimbé, revêtu du manteau des philosophes, écrit dans un livre que le cardinal, agenouillé, élève des deux mains. Derrière le saint on aperçoit le lion ailé, son symbole.

Les bulles des doges fournissent d'autres figures de saint Marc. Sur chacune d'elles, le saint, debout, de profil, nimbé, mitré, tenant le livre

Fig. 522.
D'après la bulle d'or de Pierre Gradenigo, doge de Venise, 1306.

de l'Évangile, remet au doge l'étendard de la république. Nous n'en citerons qu'une, d'un style tout à fait byzantin : la bulle de Pierre Gradenigo, en 1306.

Le lion symbolique, ailé, nimbé, tenant un livre, se voit au sceau de Brice, chantre de Saint-Géry de Cambrai, en 1208.

Fig. 523.
D'après le sceau du doyen de Saint-Marcel.
1281.

S. Marcel. — Le saint évêque de Paris est représenté debout, mitré, crossé, en chasuble, tenant un dragon attaché par le cou, sur les sceaux du chapitre de Saint-Marcel de Paris, en 1340, 1512. — Il tient le dragon enchaîné et le frappe en même temps de sa crosse dans les types du doyen et du bailliage du même chapitre, en 1284 (fig. 523), 1415 et 1416.

Saint Marcel figure en compagnie de saint Denis dans une Annonciation gravée sur le sceau de la chambrerie de l'évêque de Paris, en 1449 et 1453. Mais ici l'évêque bénit, il foule seulement aux pieds le dragon.

SAINTE MARIE-MADELEINE. — Nous étudions ici Madeleine de Béthanie, sœur de saint Lazare.

Fig. 524.
D'après le sceau de la léproserie de Sainte-Marie-Madeleine, près Bruges, 1267.

Les sceaux la représentent seule, à mi-corps ou debout, essuyant de ses cheveux les pieds de son divin maître, questionnant l'ange au tombeau du Christ, ou bien à genoux pendant l'apparition de Jésus. Tantôt, la tête recouverte d'un voile, elle porte un costume d'abbesse; tantôt on la voit drapée dans un ample manteau; d'autres fois sa tête est nue et ses cheveux flottants.

Seule, la Madeleine a pour principal attribut le vase de parfums qu'elle tient des deux mains, comme au sceau de la léproserie de Sainte-Marie-Madeleine, près Bruges, en 1267. — Elle porte en même temps une palme dans les types de Jean, prieur de l'abbaye de Vézelay, en 1267, — des Filles-Dieu de Paris, en 1328. — Elle tient seulement une palme, et lit debout devant un pupitre, dans le type du couvent de la Madeleine de Saint-Omer, en 1320.

Étendue sur le sol, Madeleine essuie de ses cheveux les pieds de Jésus, au sceau de l'Hôtel-Dieu de Rouen, en 1366.

On la voit à genoux, séparée par un arbre du Christ ressuscité, sur le sceau du chapitre d'Aigueperse, en 1307.

Gilles, évêque de Fanari (1), offre dans un type de 1362 notre sainte debout, nimbée, enveloppée jusqu'aux pieds de sa chevelure, son unique vêtement. Les auteurs citent trois saintes ainsi représentées : la Madeleine, sainte Agnès et sainte Marie l'Égyptienne.

Fig. 525.
D'après le sceau de Gilles, évêque de Fanari, 1362.

S. MARTIAL. — Assis, mitré, en chasuble, l'évêque de Limoges, tenant une croix processionnelle et bénissant, figure, en 1303, sur le sceau de l'abbaye de Limoges qui porte son nom.

Fig. 526.
D'après le sceau du prieuré de Saint-Martin-des-Champs.
1111.

S. MARTIN. — L'iconographie des sceaux représente l'évêque de Tours en buste, à mi-corps, assis, debout. On le voit officiant, ressuscitant les morts, partageant un manteau, en recevant un autre du ciel.

Un beau spécimen de saint Martin en buste, barbu, mitré et nimbé, se remarque au contre-sceau de l'abbaye de Saint-Martin de Laon, en 1380.

Les figures à mi-corps portent une date plus ancienne; on les rencontre sur les sceaux du prieuré de Saint-Martin-des-Champs, en 1144 (fig. 526), 1180. Le saint, tête nue, en chasuble, tient sa crosse et un livre. — Il bénit, dans le type de l'abbaye de Saint-Martin de Laon, en 1148.

Le saint, assis sur un arc-en-ciel, tête nue, crossé et bénissant, se voit au sceau de l'abbaye de Saint-Martin de Pontoise, en 1177. — D'autres types le représentent avec sa crosse et un livre souvent ouvert : ce sont les abbayes de Saint-Martin de Tournay, en 1173, — de Saint-Martin d'Ainay, en 1293. — Sur le sceau du chapitre de Saint-Martin de Tours, en 1215, il tient de la même main la crosse et le livre ouvert, et bénit de l'autre.

Assis, il porte la mitre dans les types des abbayes de Saint-Martin de Ruricourt, en 1190, — de Saint-Martin de Pontoise, en 1236.

Saint Martin debout, dans le costume épiscopal, est représenté crossé, presque toujours bénissant et nimbé : la tête nue, dans le type de l'abbaye de Séez, au douzième siècle; — mitré, sur le sceau de l'abbaye de Saint-Martin de Pontoise, en 1199. — Au lieu de bénir, il tient un livre sur le sceau de l'abbaye de Saint-Martin d'Ypres, en 1361.

La légende raconte que le saint, officiant à l'autel, aperçut au-dessus de sa tête un globe de feu. Le type d'Aubri Cornut, doyen de Saint-Martin de Tours, en 1233, rappelle cet événement. Au lieu du globe de feu, ce sont des flammes qui ont été figurées.

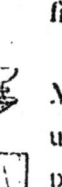

Fig. 527.
D'après le sceau
d'Aubri Cornut, doyen
de Saint-Martin de Tours,
1233.

Le sceau du chapitre de Saint-Martin d'Angers, en 1260, représente un évêque mitré, crossé, bénissant un personnage nu, également nimbé, sortant de son tombeau. Il met sans doute sous nos yeux une des résurrections attribuées au saint patron.

On voit sur les sceaux de la chambrerie de Saint-Martin-des-Champs, en 1387 et 1474, un évêque debout, mitré, crossé, embrassant un personnage, tête nue, debout devant lui. Devons-nous y reconnaître notre saint embrassant un pauvre ?

Saint Martin partageant son manteau est un sujet fréquemment répété. D'ordinaire, le saint, à cheval, coupe de son épée le vêtement dont le pauvre saisit un pan; celui-ci, nu jusqu'à la ceinture, est quelquefois appuyé sur un bâton; saint Martin, tête nue, souvent nimbé, est revêtu d'un surcot ceint. On reconnaît à certains manteaux une doublure d'hermine ou de vair, comme on pourra s'en assurer

Fig. 528. — D'après le sceau du chapitre de Saint-Martin d'Angers, 1260.

par les types de Courtrai et de Lombartzyde, en 1286, — de Biarritz, en 1351.

La scène se complique d'un assistant sur le sceau de Robert de Vernon, archiprêtre de Loches, en 1297. Un personnage, tête nue, vêtu du haubert et de la cotte d'armes, portant une lance et un bouclier armorié d'une croix, se tient debout devant le cheval. — Un bras seul, saisissant le pan du manteau, comme au sceau de la ville de Merck, en 1303, symbolise quelquefois le mendiant.

Fig. 529.
D'après le sceau de la chantrerie de Saint-Martin d'Hesdin, 1348.

Citons une aumône bien rare dans l'iconographie équestre du saint : sur le sceau de la chantrerie de Saint-Martin d'Hesdin, en 1348, saint Martin, à cheval, présente une coupe à un pauvre.

Mentionnons encore d'autres images peu fréquentes de saint Martin partageant son manteau. Le saint n'est plus à cheval ; il est à pied, debout, et devant lui, le pauvre tient d'une main le pan du vêtement. Ces figures de saint Martin à pied se rencontrent sur les sceaux du chapitre de Saint-Martin d'Angers, en 1232, — de Simon, chanoine de Tours, en 1241-1245. Ce dernier mentionne l'oie (l'oie de la Saint-Martin?), dont on a fait un des attributs du saint. On voit en effet, en haut, une oie touchant de son bec le nimbe du saint évêque.

Fig. 530.
D'après le sceau de Simon, chanoine de Tours, 1241-1245.

Le vêtement que le saint vient de partager lui est rendu tout entier pendant son sommeil, sur le contre-sceau du chapitre de Saint-Martin d'Angers, en 1303. Pendant que saint Martin dort étendu sur son lit, un personnage à mi-corps, nimbé, lui apporte du ciel un manteau.

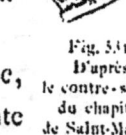

Fig. 541.
D'après le contre-sceau du chapitre de Saint-Martin d'Angers, 1303.

S. MATHIEU. — Un sceau d'Étienne, abbé de Clairvaux, en 1395, représente l'évangéliste debout, en costume épiscopal, nimbé, tête nue, avec la crosse et tenant un livre. — Dans le type de Guillaume, abbé du même monastère, en 1432, saint Mathieu porte la mitre.

L'ange symbolique, debout, tête nue, nimbé, ailé, vêtu d'une dalmatique, tenant la croix du triomphe et le livre de l'Évangile, figure sur le sceau du chapitre de Saint-Mathieu de Fouilloy, en 1350.

Fig. 542.
D'après le sceau du chapitre de Fouilloy, 1350.

Dans un type du même chapitre, au dix-septième siècle, saint Mathieu, tête nue, nimbé, à genoux devant un pupitre, écrit l'Évangile que lui dicte un ange volant devant lui.

S. MATHURIN. — Nous avons donné, à l'article des mauvais anges, le croquis du saint prêtre guérissant une possédée (fig. 459). Nous y renvoyons le lecteur.

S. MAUR. — Le contre-sceau des abbés de Saint-

Maur, Jean II, en 1293, — Jean III, en 1362, représente le saint debout, tête nue, nimbé, en costume monacal, retirant de l'eau le clerc qui se noyait.

Fig. 533.
D'après
le contre-sceau
de Jean III,
abbé de
Saint-Maur.
1362.

S. MAURANT. — Voy. S. AMÉ.

S. MAURICE. — Le saint, debout, tête nue et nimbé, revêtu du haubert et de la cotte d'armes, armé d'une lance et d'un bouclier armorié d'une croix, se voit sur le sceau de Guillaume de Nointel, chanoine de Tours, en 1293. Il est encore debout, mais coiffé de mailles et sans nimbe, dans le type du chapitre de Saint-Maurice de Tours, en 1368.

Saint Maurice figure à cheval, en costume de guerre du douzième siècle, sur les sceaux du chapitre de Saint-Maurice de Tours, en 1241, — de l'abbaye de Saint-Maurice d'Agaune, en 1261. Dans le premier type, le heaume coni-

Fig. 534. — D'après le sceau de Saint-Maurice de Tours, 1241.

que est nimbé, les pans du bliaud descendent jusqu'à terre, le saint tient l'épée. Dans le second, il porte la lance. — Les archevêques de Tours, de 1210 à 1267, offrent sur leur contre-sceau saint Maurice à cheval, armé d'une épée, coiffé d'un casque carré, dans tout l'attirail de guerre du treizième siècle. — Le contre-sceau de Jean de Faye, en 1210, mérite l'attention. Il est formé par une pierre gravée, dans laquelle le saint, armé d'une croix, combat le dragon.

S. Maximin. — L'évêque de Trèves figure à mi-corps, mitré, nimbé, crossé, en chape, tenant un livre, sur le sceau de Jean, abbé de Saint-Maximin de Trèves, en 1529.

S. Médard. — Un type de l'abbaye de Saint-Médard, au douzième siècle, représente son patron en évêque, coiffé de la mitre cornue, et bénissant.

S. Mellon. — Le saint debout, tête nue, en costume sacerdotal, crossé, bénissant, se voit au sceau de l'abbaye de Saint-Mellon de Pontoise, au douzième siècle.

Sainte Mergerie. — Guillaume et Jacques Bertrand, prieurs de Sainte-Mergerie, en 1339 et 1442, nous donnent sur leur sceau l'image de la sainte, tête nue, nimbée, tenant la croix du triomphe et une palme. Dans le plus ancien type, elle est debout, les pieds sur un dragon; dans celui de Jacques Bertrand, elle est assise sur un lion.

S. Nazaire et S. Celse. — Les deux martyrs sont représentés debout sur le sceau du chapitre de Carcassonne, un peu après 1224 (fig. 535). Nimbés, tête nue, revêtus d'un manteau et d'une tunique à jupe ornée d'une riche bordure, ils tiennent chacun à la main un petit attribut difficile à déterminer. — Dans un type du même chapitre, en 1248, les deux saints, tête nue, en tunique ceinte, sont assis vis-à-vis l'un de l'autre. Saint Nazaire porte un objet indistinct, et saint Celse lit dans un livre qu'il tient à la main.

Fig. 535.
D'après le sceau du
chapitre de Carcassonne,
après 1221.

S. NICOLAS. — Les sceaux figurent l'évêque de Myre dans le costume épiscopal, en buste, à mi-corps, assis, debout, tantôt seul, tantôt ressuscitant trois enfants, ou sauvant des mariniers du naufrage.

Saint Nicolas en buste, mitré, se trouve aux contre-sceaux de l'abbaye de Nicolas-aux-Bois, en 1294, — de Philippe, abbé d'Arouaise, en 1378.

Fig. 536.
D'après le sceau
de l'abbaye d'Arouaise.
1170.

Le contre-sceau de l'abbaye de Marcheroux, en 1283, le représente à mi-corps, mitré, crossé, bénissant.

Assis sur un pliant à têtes d'aigle, le saint figure au type de l'abbaye d'Arouaise, en 1170. Il porte la crosse et la mitre, et il bénit. — Il est encore assis dans le type de l'abbaye de Saint-Nicolas-aux-Bois, en 1203; mais au lieu de bénir, il tient un livre, et il a conservé la barbe.

Sur les plus anciens sceaux, tels que ceux de

l'abbaye de Saint-Nicolas-aux-Bois, en 1144, — de l'abbaye d'Arouaise, en 1153, saint Nicolas, debout, se présente tête nue, crossé, tenant un livre et bénissant.

Au treizième siècle, il prend la mitre, comme dans le type de l'Hôtel-Dieu de Melun, en 1275.

Il est encore mitré, crossé, bénissant, lorsqu'il ressuscite les trois enfants, comme au contre-sceau du prieuré du Val-des-Écoliers de Laon, en 1359; — ou bien lorsqu'il sauve trois mariniers dans une nef que deux démons s'efforcent de submerger, ainsi que nous l'avons dit lorsque nous avons parlé des mauvais anges.

Fig. 537.
D'après le contre-sceau du Val-des-Écoliers de Laon, en 1359.

Fig. 538.
D'après le sceau du chapitre de Saint-Omer. 1166.

S. OMER. — Dans tous les types figurant saint Omer, l'ancien patron de Thérouanne porte l'habit épiscopal; il tient sa crosse et bénit, à moins qu'il ne tienne l'écusson de la ville qui a pris son nom.

Les sceaux du chapitre de Saint-Omer, en 1166, — de la ville de Saint-Omer, en 1199, le représentent tête nue; sur le premier, il est assis; au second, debout.

Dans tous les autres types, il porte la mitre, soit qu'il bénisse comme sur le beau sceau de la ville de Saint-Omer, au treizième siècle, — soit qu'il tienne l'écusson chargé d'une croix à double traverse, comme au sceau de la même ville, en 1435, — soit encore qu'il porte un édifice surmonté de trois tours, dans le type de la ville, en 1399.

Sainte Opportune. — On remarque sur le sceau du chapitre de Sainte-Opportune de Paris, en 1268, une abbesse debout, de profil, nimbée, tenant sa crosse et un livre. C'est la sainte patronne du chapitre.

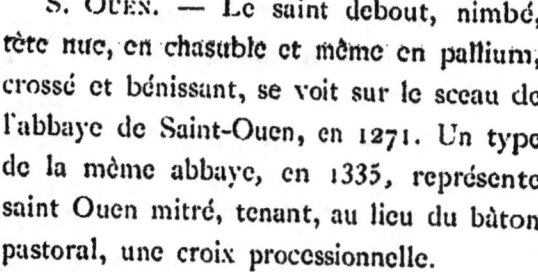

Fig. 539.
D'après le sceau du chapitre de Sainte-Opportune de Paris, 1268.

S. Ouen. — Le saint debout, nimbé, tête nue, en chasuble et même en pallium, crossé et bénissant, se voit sur le sceau de l'abbaye de Saint-Ouen, en 1271. Un type de la même abbaye, en 1335, représente saint Ouen mitré, tenant, au lieu du bâton pastoral, une croix processionnelle.

S. Pasteur. — Voy. S. Just.

S. Paul. — Nous dirons d'abord que l'apôtre revêt toujours le costume des philosophes. Il est nimbé ou sans nimbe, constamment barbu. On le rencontre en buste, debout et assis. Son attribut ordinaire est l'épée.

Une tête de saint Paul se voit au contre-sceau de l'abbaye de Cormery, en 1271.

Ses bustes forment les contre-sceaux de l'abbaye de Moissac, en 1266, — de Jacques, abbé de Cormery, en 1271. Sur le premier, il tient l'épée et un livre; sur le second, l'épée seule.

Saint Paul debout, tenant des deux mains un rouleau déplié sur lequel on lit : MAGNUS SANCTUS PAULUS, se voit dans le type du chapitre de Saint-Étienne de Metz, en 1379 et 1562.

Il s'appuie sur la poignée de son épée au contre-sceau de la ville de Metz, en 1604 ; — il tient son épée et un livre sur le sceau du chapitre de Saint-Paul, à Saint-Denis, en 1200. — Au lieu d'un livre, il tient un rouleau déplié dans le type de l'abbaye de Cormery, en 1271.

On le rencontre encore au pied de la croix, debout, tenant son épée, sur le sceau du cardinal Odet de Châtillon, en 1535.

Le chapitre de Saint-Pierre de Cassel, en 1236, a choisi pour sujet saint Paul assis, de profil, dans une chaière, lisant dans un livre qu'il tient des deux mains. Nous retrouverons bientôt saint Paul en parlant de saint Pierre, qu'il accompagne fréquemment.

Fig. 540.
D'après le sceau du chapitre de St-Paul, à Saint-Denis, 1200.

SAINTE PHARAÏLDE. — Jean Nilis, prévôt du chapitre de Sainte-Pharaïlde de Gand, a fait graver sur son sceau la vierge du Brabant, debout, nimbée, les cheveux flottants, une palme à la main, accompagnée de deux anges en prière.

S. PIAT. — On voit sur le sceau du chapitre de Seclin, en 1282, saint Piat debout, tête nue, nimbé, crossé, revêtu de la dalmatique, de l'aube et du manipule. Il tient une banderole sur laquelle on lit : TIMETE DOMINUM.

Le saint figure debout, en vêtement sacerdotal, tenant son test de ses deux mains, dans les types du chapitre de Seclin, en 1277, — de Gilles, doyen de ce même chapitre, en 1284, — de la nation de Picardie, en 1398.

Fig. 541.
D'après le sceau
de Gilles,
doyen du chapitre
de Seclin. 1284.

S. PIERRE. — Nous étudierons saint Pierre, seul ou accompagné d'autres personnages, dans le costume des philosophes ou sous le vêtement liturgique, tête nue, coiffé de la mitre ou de la tiare. Certains sceaux offrent sa tête seule, d'autres son buste. On le rencontre à mi-corps, assis, debout. Quelquefois il est seulement représenté par son principal attribut, les clefs. Saint Pierre porte toujours la barbe.

Un type du comtat Venaissin, au quatorzième siècle, reproduit la tête du prince des apôtres, nue et sans nimbe.

Le buste de saint Pierre, tête nue, se voit au sceau du chapitre de Saint-Pierre de Douai, en 1203; — au contre-sceau de Pierre IV, évêque de Saintes, en 1245, où il tient une clef. — Il est coiffé de la tiare et accosté d'une clef dans les types de Merville, au seizième et au dix-septième siècle.

Fig. 542.
D'après le sceau
du
comtat Venaissin.
XIV siècle.

Saint Pierre à mi-corps, dans le costume des philosophes, est accosté d'une clef sur le sceau du prieuré de Coincy, en 1205, — tient les clefs et bénit dans le type du chapitre d'Angoulême, en 1312, — tient les clefs et un livre au sceau de l'abbaye de Cluni, en 1209. — Au lieu du livre, il porte une croix dans le type du chapitre de Saint-Pierre de Liège, en 1399.

On le voit à mi-corps, en habit sacerdotal, tête nue, crossé, un livre à la main, sur le sceau de l'abbaye de Hasnon, au douzième siècle ; — mitré, portant ses clefs et bénissant sur le sceau de l'abbaye de Ferrières, en 1189 ; — paraissant sortir des flots dans le type du prieuré de Saint-Pierre de Mâcon, en 1307.

Fig. 543.
D'après le sceau de la ville de Bergues, 1199.

Le sceau de la ville de Crépy-en-Laonnois, en 1260, porte pour emblème le saint à mi-jambes, en costume philosophique, tête nue, nimbé, tenant ses clefs et relevant un pan de son manteau.

Nous citerons comme exemple de saint Pierre assis, en costume philosophique, le sceau de la ville de Bergues, en 1199. L'apôtre tient d'une main des clefs et un livre ouvert avec les mots S. PETRUS, et de l'autre main un fleuron. — Mentionnons encore le chapitre de Saint-Pierre de Gand, en 1254, qui le représente avec les clefs et un livre. — La croix remplace le livre sur le sceau de Guillaume, prévôt du chapitre de Lille, en 1218. — L'apôtre tient ses clefs et bénit dans le type de l'abbaye de Lagny, en 1336.

Le saint assis, en vêtement liturgique, tête nue et bénissant, se voit au sceau du chapitre de Lisieux, au douzième siècle ; — il tient un livre dans le type de la collégiale de Saint-Pierre-au-Marché de Laon, en 1371, — une crosse, dans celui de l'abbaye de Hasnon, en 1265, — une croix, sur le sceau du chapitre de Saint-Pierre de Rome, en 1304. — Coiffé de la mitre, il tient une banderole sur laquelle on lit : SANCTUS PETRUS, au sceau du chapitre de Cassel, en 1236. — Portant le bonnet pointu, il bénit sur le sceau du chapitre de Rennes, en 1314. — Les types de Jean, abbé de Saint-Étienne de Gand, en 1414, — de Guillaume, abbé de Saint-Pierre-le-Vif de Sens, en 1448, offrent l'apôtre revêtu de l'habillement papal.

Fig. 511.
D'après le sceau
du chapitre de Rennes.
1314.

Dans les images de saint Pierre debout, on retrouve les vêtements, les attributs, les gestes du saint assis. Nous nous contenterons de citer les spécimens les plus remarquables.

Le sceau de l'abbaye de Saint-Pierre de Melun, en 1180, le représente dans le costume philosophique, tenant ses clefs et bénissant. — Sous le même habillement, il porte ses clefs et un livre, au sceau de l'abbaye de Corbie, en 1293; — ayant à ses pieds un coq, il tient une banderole, dans le type du chapitre d'Anderlecht, en 1195.

L'anneau papal, qu'on désigne sous le nom d'*anneau du pêcheur*, représente saint Pierre nimbé, les vêtements flottants, dans une barque, jetant ses filets.

Dans le costume liturgique, il est tête nue et bénit, sur le sceau du chapitre de Lisieux, en 1202; — il porte la crosse dans le type du chapitre de Saint-Pierre de Douai, en 1203; — il tient un livre dans celui du chapitre de Saintes, en 1245. — On le voit mitré et bénissant au sceau du chapitre de Saint-Pierre de Beauvais, en 1222. — Le contre-sceau de Jean, abbé de Saint-Pierre de Gand, en 1254, représente le saint revêtu de la dalmatique du diacre.

Saint Pierre debout, en costume philosophique et tenant un livre, reçoit les clefs que lui remet le Christ, sur le sceau du prieuré de Saint-Pierre de Ruel, en 1240 (fig. 547).

Fig. 545.
D'après le sceau de l'abbaye de Corbie.
1293.

Fig. 546.
D'après le sceau du chapitre de Lisieux.
1202.

Lorsque saint Pierre est accompagné d'un priant, le saint, toujours dans le costume philosophique, bénit d'ordinaire, ou quelquefois prend le priant par la main, comme au sceau du chapitre de Saint-Pierre de Douai, en 1399.

Fig. 547.
D'après le sceau
de Saint-Pierre de Ruel,
1240.

La ville d'Ostende, en 1309, avait pris pour emblème saint Pierre tenant ses clefs et portant une petite église. Le saint, debout, tête nue, est revêtu d'une chape.

Les sceaux du chapitre de Lille, en 1426 et 1509, nous font assister à la scène du Lavement des pieds. Le saint n'a gardé que sa tunique. Nous l'avons reproduit (fig. 496) en parlant de Jésus dans sa vie terrestre.

Étienne, doyen du chapitre de Lille, en 1290, a choisi pour sujet saint Pierre visité par l'ange dans sa prison. L'apôtre, en costume philosophique, est assis, tête nue, tenant ses clefs. En haut, un ange

Fig. 548.
D'après le sceau
d'Étienne, doyen du
chapitre de Lille.
1290.

à mi-corps fait tomber ses chaînes et le prend par la main.

Saint Pierre crucifié la tête en bas, en longue tunique, accosté de deux clefs renversées, se voit au sceau de l'abbaye de Saint-Pierre d'Auxerre, en 1469 (fig. 549).

S. Pierre et S. Paul. — Tout le monde connaît

les bulles papales, et chacun a pu saisir, dans celles qui reflètent quelque sentiment artistique, les caractères particuliers aux têtes représentées : saint Pierre, avec la tête ronde, les cheveux et la barbe crépus; saint Paul, la figure allongée, le front un peu dénudé, le regard moins sévère, le poil plus soyeux.

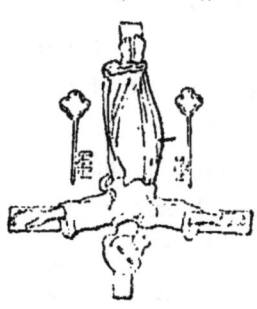

Fig. 549. — D'après le sceau de l'abbaye de Saint-Pierre d'Auxerre. 1169.

Les deux saints réunis gardent toujours la tunique ou le manteau des philosophes. Ils tiennent l'un les clefs, l'autre l'épée, et d'ordinaire chacun porte un livre, comme au sceau de l'abbaye de Saint-Symphorien de Beauvais, en 1267. — Dans le type de Roger, archidiacre d'Exeter, en 1200, un autel, surmonté de la main divine bénissant le calice, sépare les deux personnages.

Les exemples ci-dessus s'appliquent à saint Pierre et à saint Paul debout.

Fig. 550. D'après le sceau du chapitre de Nantes, XIIIe siècle.

A mi-corps, les deux apôtres sortent d'un nuage, dans le type du chapitre de Saint-Pierre de Chartres, au douzième siècle. Saint Pierre tient les clefs et un livre ; saint Paul, appuyé sur son épée, présente une banderole sur laquelle on lit : pavlvs. En haut plane la colombe divine.

Nous les rencontrons assis sur un bisellium, conversant ensemble, dans le type du chapitre de Saint-Pierre de Nantes, au treizième siècle (fig. 550).

Au contre-sceau de ce même chapitre se trouvent leurs têtes nimbées. Sous la tête de gauche on remarque une hache ; sous celle de droite une épée.

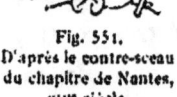

Fig. 551.
D'après le contre-sceau du chapitre de Nantes, xiiiᵉ siècle.

Les sceaux figurent encore saint Pierre et saint Paul accompagnant un personnage principal, ou paraissant le soutenir de leur présence. Ainsi les deux apôtres escortent la Vierge dans le type de Jean, abbé de Corbie, en 1420, — sainte Geneviève, sur le sceau de Jean, abbé de Sainte-Geneviève, en 1469. — Ils accompagnent Amédée de Talaru, archevêque de Lyon, dans son type de 1436

Il nous reste à parler des clefs, symboles de saint Pierre, que l'on rencontre seules sur certains sceaux.

Une clef, symbolisant le saint, se voit au contre-sceau de l'abbaye de Montiérender, en 1295. — La clef est tenue par un bras, dans le type de Jean, abbé de Hasnon, en 1311. — Ailleurs, ce sont deux clefs en pal, attachées ensemble, comme au contre-sceau du chapitre de Gand, en 1254. — ou tenues par un bras, au contre-sceau d'Ostende, en 1309; — ou bien, disposées en sautoir, elles sont unies par une chaîne, comme au type du concile de Constance, en 1415. — Enfin, le sceau de l'officialité de Beauvais, en 1230, nous offre un bras tenant les deux clefs de saint Pierre, en sautoir.

S. Protais. — Voy. S. Gervais.

S. Quentin. — Le martyr du Vermandois figure en buste, revêtu de l'habit sacerdotal, deux clous fichés dans les épaules, au contre-sceau de la ville de Saint-Quentin, en 1308.

On le voit assis sur une chaise de torture, le corps nu jusqu'à la ceinture, en tunique très courte, entre deux bourreaux qui lui enfoncent, avec un marteau, les clous dans les épaules; — les mains jointes, comme au sceau de Jean Bochet, doyen du chapitre de Saint-Quentin, en 1337; — les mains attachées à la chaise, comme dans le type de Pierre, abbé de Saint-Quentin de Beauvais, en 1503. — Sur un sceau du chapitre de Saint-Quentin de Maubeuge, en 1661, le martyr est seul, sur la chaise, le corps percé de quatre clous.

Le sceau de l'abbaye de Saint-Quentin de Beauvais, en 1503, figure le saint à genoux, décollé, étendant la main, que surmonte sa tête. Sur le tronçon du cou, une colombe nimbée agite ses ailes. — La décollation du saint par une main armée d'une épée nous est offerte dans le type de l'abbaye de Joyenval, en 1244;

par derrière, la colombe divine approche son bec de la tête du martyr.

Saint Quentin triomphant, debout, tête nue, nimbé, en tunique courte, ceinte à la taille et recouverte d'un manteau attaché devant la poitrine, tient une palme et une couronne, sur le sceau du chapitre de Saint-Quentin en Vermandois, en 1213. — Le type du chapitre de Maubeuge, en 1427, reproduit un sujet analogue. Le saint, les deux clous enfoncés dans les épaules, porte un manteau doublé de fourrure; il tient une palme et un livre.

Fig. 552.
D'après le sceau du chapitre de Maubeuge. 1427.

Une autre figure du saint, debout, tête nue, nimbé, en costume philosophique, foulant aux pieds le dragon et lui enfonçant dans la gueule un bâton fleuronné à banderole, se trouve au sceau de l'abbaye du Mont-Saint-Quentin, en 1180.

S. Remi. — Un type de l'abbaye de Saint-Remi de Reims, en 1363-1394, représente saint Remi assis, mitré, crossé, en pallium, bénissant. A gauche, près de la tête, la colombe apporte l'ampoule du baptême, et plus bas, du même côté, une tête de roi, la tête de Clovis, émerge d'une cuve baptismale. — La composition du contre-

Fig. 553.
D'après le contre-sceau de l'abbaye de St-Remi de Reims, 1363-1394.

sceau de la même abbaye (fig. 553) nous fait assister à la cérémonie du baptême royal. On voit au milieu, dans la cuve, Clovis à mi-corps, nu, couronné, les mains jointes. A droite, l'évêque, debout, mitré, en chasuble, élève le bras vers la colombe apportant l'ampoule; à droite et à gauche sont des assistants, dont l'un tient une croix processionnelle.

Sainte Rictrude. — La sainte, assise, tient un livre et sa crosse sur les sceaux de l'abbaye de Marchiennes, en 1167 et 1187. — Un type de la même abbaye, en 1224, la représente assise sur un édifice, l'abbaye qu'elle avait fondée, tenant un livre et un sceptre fleuronné.

Fig. 554.
D'après le sceau de l'abbaye de Marchiennes, 1224.

Sainte Rictrude figure debout, en abbesse, nimbée, portant une petite église et tenant un livre, sur les sceaux des abbés de Marchiennes, depuis Adam, en 1443, jusqu'à Pierre Piérart, en 1601.

S. Rombaud. — D'après la légende, le saint, faisant bâtir un monastère, fut tué à coups de pioche par ses ouvriers, auxquels il reprochait leur vie dissolue. Le sceau de Jean Robbyns, doyen du chapitre de Saint-Rombaud de Malines, en 1517 (fig. 555), rappelle ce tragique événement. Saint Rombaud debout, mitré, dans l'habit épiscopal, tenant une croix processionnelle à édicule, foulé aux pieds un de ses assassins ; celui-ci tient encore l'instrument meurtrier.

S. Satur. — Au douzième siècle, l'abbaye de Saint-Satur avait pris pour emblème le saint martyr, assis sur un banc, tête nue, nimbé, dans le costume des philosophes, tenant une palme. A droite, près de la tête du saint, on distingue une couronne.

Dans un type de la même abbaye, en 1308, saint Satur, tête nue, en manteau à capuchon, tient une palme et un livre.

Fig. 555.
D'après le sceau de Jean Robbyns, doyen de St-Rombaud de Malines, 1517.

S. Sauve. — Sur le sceau du prieuré de Saint-Sauve de Valenciennes, en 1163, le saint assis, tête nue, en costume épiscopal, tient sa crosse et un livre. — Il est assis, coiffé d'une mitre cornue, avec les mêmes attributs, dans le type de l'abbaye de Saint-Sauve de Montreuil, en 1224 ; — il bénit, dans celui du prieuré de Valenciennes, en 1289.

Il est représenté debout, mitré, crossé, bénissant, sur les sceaux du prévôt de l'abbaye de Saint-Sauve d'Albi, en 1303, — d'André de Chisy, prieur de Saint-Sauve de Valenciennes, en 1367. — Le type de ce même prieuré le figure, en 1685, tenant sa crosse et une hache.

S. Sébastien. — Un buste du saint, de profil, tête nue, en chlamyde attachée sur l'épaule par une fibule, se voit au sceau de l'abbaye de Manlieu, en 1264.

La confrérie de Saint-Sébastien de Valenciennes, en 1614, offre dans son type le saint debout, nu, les hanches ceintes d'une étroite draperie, attaché à un arbre et percé de quatre flèches.

Fig. 556. — D'après le sceau de l'abbaye de Saint-Sernin, 1385.

S. SERNIN. — Dans le type de l'abbaye de Saint-Sernin de Toulouse, en 1385, le martyr, nimbé, tête nue, est attaché par les pieds au cou d'un taureau.

Fig. 557. D'après le sceau du chapitre de Saint-Servais d'Utrecht, xvᵉ siècle.

S. SERVAIS. — La tradition veut que l'on représente saint Servais tenant une grosse clef. On le voit, en effet, pourvu de cet attribut, à mi-corps, nimbé, mitré et crossé, sur le sceau du chapitre de Saint-Servais d'Utrecht, au quinzième siècle.

S. SEVER ou S. SÉVERIN. — Saint Sever figure dans le type de l'abbaye de Château-Landon, en 1282. C'est un évêque debout, tête nue, crossé, tenant un livre ouvert.

Le sceau de Guillaume, abbé de Saint-Séverin, dans les Deux-Siciles, au quinzième siècle, représente le saint debout, tête nue, nimbé, en dalmatique, tenant sa crosse et un livre.

S. SIMPLICIEN. — En 1303, le sceau du chapitre

de Martigné-Brillant représente saint Simplicien à genoux, les mains jointes, tête nue, nimbé, en chasuble. La main d'un bourreau lui tranche le chef.

S. Sulpice le débonnaire. — Les sceaux de l'abbaye de Saint-Sulpice de Bourges, en 1235 et 1450, reproduisent la figure du saint évêque. Il est assis, tête nue, nimbé, tenant sa crosse et un livre. Un objet indistinct, posé sur la tête du saint le plus moderne, pourrait bien être la colombe inspiratrice.

Fig. 558.
D'après le sceau d'Antoine, cardinal du titre de Ste-Suzanne, 1417.

Sainte Suzanne. — Debout, en pallium, couronnée, sainte Suzanne tient une palme et un livre dans le type d'Antoine, cardinal du titre de Sainte-Suzanne, en 1417.

S. Symphorien. — On voit sur le contre-sceau de l'abbaye de Saint-Symphorien de Beauvais, en 1267 (fig. 559), le martyr debout, de profil, courbé en deux, les mains jointes; une main armée d'une épée lui coupe la tête.

Le saint debout, en dalmatique, décollé, tient sa tête dans les deux mains, au sceau de Jean Lucas, abbé de Saint-Symphorien de Beauvais, en 1505-1522.

Le type d'un autre abbé, Robert, en 1380, nous offre le saint triomphant. Debout, tête nue, les cheveux bouclés, en costume philosophique, saint Symphorien tient une palme et un livre.

S. Taurin. — A mi-corps, en chasuble, tenant une croix et bénissant, tel est le saint évêque figuré sur le sceau de l'abbaye de Saint-Taurin d'Évreux, en 1207.

S. Thomas de Cantorbéry. — Sur le sceau du chapitre de Crépy, en 1240, on voit le saint debout, nimbé, mitré, crossé, bénissant. — Le type du chapitre de Saint-Thomas-du-Louvre, en 1379, le figure tenant une croix processionnelle au lieu de la crosse.

Fig. 559. D'après le contre-sceau du chapitre de Saint-Symphorien de Beauvais, 1247.

Le contre-sceau du même chapitre représente sa mort. Saint Thomas à genoux, mitré, tournant le dos à l'autel, est frappé d'une épée à la tête par un homme d'armes.

Fig. 560. D'après le sceau de Boniface, archevêque de Cantorbéry, 1259.

Plusieurs sceaux répètent ce tragique événement. Le chapitre de Cantorbéry, en 1232 et 1263, l'a pris pour emblème. Deux hommes d'armes, dans le costume de l'époque, frappent le saint accompagné d'un acolyte portant une croix processionnelle. La main divine bénit le martyr.

Le type de Boniface, archevêque de Cantorbéry, en 1259, reproduit le même sujet. On aperçoit en haut le saint à mi-corps dans la gloire; au-dessus, le Christ bénissant.

Sur le sceau de la ville de Cantorbéry, au treizième siècle, la composition comprend quatre hommes de guerre armés d'épées; deux sont coiffés du heaume ovoïde. Saint Thomas à genoux, tête nue, les mains jointes, tourne le dos à l'autel; les deux premiers assassins le frappent à la tête. Nous retrouvons derrière l'autel l'acolyte tenant la croix et un livre.

S. Thyrse. — Voy. S. Andoche.

S. Tugdual. — Un évêque debout, mitré, nimbé, tenant avec son manipule un dragon qu'il frappe dans la gueule du bout de sa crosse, figure saint Tugdual dans le type du chapitre de Tréguier, en 1381. Au contre-sceau, l'évêque, bénissant, foule aux pieds le dragon.

Fig. 561. — D'après le sceau de l'abbaye de Saint-Tibéry, 1303.

S. Tibère ou S. Tibéry. — Le saint, qu'on appelle aussi Tiberge, tête nue, nimbé, les mains jointes, en dalmatique, agenouillé sur un rocher, exorcise un possédé dans le type de l'abbaye de son nom, au diocèse d'Agde, en 1303. De la bouche du possédé sort un démon ailé, de forme humaine. En haut paraît le Christ, dans une gloire soutenue par deux anges.

S. Urbain. — Le sceau de la vicomté de l'abbaye de ce nom, au diocèse de Châlons, reproduit l'image de saint Urbain assis sur un siège d'architecture à dossier. Le saint, nimbé, coiffé de la tiare, revêtu de la chape, tient la croix patriarcale et bénit.

S. Vaast. — Signalons d'abord un saint assis sur un arc-en-ciel, mitré, crossé, bénissant, au sceau de l'abbaye de Saint-Vaast, en 1195 et 1301.

Les types des abbés de Saint-Vaast, Jacques, en 1530, — Martin Asset, en 1532, représentent le saint patron debout, mitré, tenant d'une main une crosse à édicule avec le sudarium, de l'autre un livre ouvert. Un ours est assis à ses pieds. Sur deux supports latéraux, deux anges à genoux l'encensent.

Fig. 562. — D'après le sceau de Martin Asset, abbé de Saint-Vaast, 1532.

Sainte Valérie. — Debout, couronnée et nimbée, sainte Valérie tient un sceptre fleuronné et un globe, sur le sceau de l'abbaye de Chambon, en 1490. — Le contre-sceau représente son martyre : un bourreau tranche la tête de la vierge agenouillée.

S. Victor. — En 1235, le contre-sceau de Raoul, abbé de Saint-Victor, reproduit la tête du saint, de profil, nue et nimbée. — Elle est coiffée du grand heaume au contre-sceau de l'abbé Robert II, en 1254, — du heaume ovoïde, au contre-sceau de Guillaume Ier, abbé, en 1303.

Un buste de saint Victor de face, tête nue, en chasuble, tenant une palme et un livre, se voit au contre-sceau de l'abbaye de Montiéramey, en 1287.

Le sceau de l'abbaye de Saint-Victor de Marseille, en 1272, reproduit l'image du glorieux patron à mi-corps, tête nue, en chasuble, tenant une palme, la main gauche posée sur la poitrine.

Le saint en homme de guerre, debout, de profil, coiffé du heaume conique, l'épée à la main, armé du grand bouclier de l'époque, figure sur le sceau de l'abbaye de Saint-Victor, au douzième siècle. — Debout, tête nue, l'épée au fourreau, la main sur son écu, il remet deux clefs à un religieux à genoux, dans le type d'Ancel, chambrier de l'abbaye de Saint-Victor, en 1282. — Coiffé du heaume ovoïde et nimbé, il tient son écu et porte une petite église au sceau du sous-chancelier de l'abbaye, en 1404. — Nimbé, revêtu de l'armure de plates, la main à la poignée de son épée, il tient une lance dans le type du canton de Soleure, en 1602.

Fig. 563.
D'après le sceau de l'abbaye de Saint-Victor, xiie siècle.

Il figure encore debout, mais en guerrier de la Renaissance, portant le costume romain traditionnel, dans le type d'Antoine de Melphe, abbé de Saint-Victor, en 1545.

Le sceau de la prévôté de l'abbaye de Saint-

Victor, à Puiseaulx, en 1282, nous offre saint Victor à cheval, couvert d'une armure de plates, le bouclier et la housse portant les armes de l'abbaye : le *rais d'escarboucle fleuronné*.

Le saint à cheval, tête nue, nimbé, en costume de guerre de l'époque, l'épée à la main, armé d'un bouclier à la croix, écrase le dragon, dans le type de la ville de Marseille, en 1237.

On rencontre enfin un saint Victor, accompagné de sainte Couronne, sur le sceau du chapitre d'Ennezat, en 1317. Tous deux debout, tête nue, nimbés, dans le costume traditionnel, sont penchés l'un vers l'autre. Le saint tient une palme, la sainte un fleuron.

Fig. 564.
D'après le sceau de l'abbaye de Cerisy, 1222.

S. Vigor. — Le saint évêque de Bayeux, debout et penché, tient un dragon attaché avec son étole, et le frappe du fût de sa crosse, dans le type de l'abbaye de Cerisy, en 1222.

S. Vincent. — Les sceaux de l'abbaye de Saint-Vincent de Laon, en 1121 et au treizième siècle, représentent le saint à mi-corps, tête nue, nimbé, en chasuble, bénissant, tenant une palme ou un livre.

Une autre figure de saint Vincent à mi-corps, bien différente des précédentes, se voit au contre-sceau de la ville de Castres, en 1303 (fig. 565). Coiffé d'un chapeau, vêtu d'un surcot ajusté, tenant une croix processionnelle, élevant l'autre main, il semble sortir d'une châsse.

Saint Vincent assis, tête nue, nimbé, en chasuble, tient une croix et bénit, au contre-sceau de la même ville, au treizième siècle.

Fig. 565.
D'après le sceau de la ville de Castres, 1303.

Il est debout, de profil, tête nue, nimbé, en dalmatique, tenant une palme et une couronne sur le sceau du chapitre de Saint-Vincent de Mâcon, en 1228; — il tient une palme et un livre sur le sceau de l'abbaye de Saint-Vincent de Senlis, en 1384. — Revêtu de l'habit du diacre, comme dans ces derniers exemples, il porte un livre des deux mains et accompagne saint Germain, dans le type de Simon, prieur de l'abbaye de Saint-Germain-des-Prés, en 1278.

S. Vindicien. — Sur le sceau de l'abbaye du Mont-Saint-Éloi, en 1409, le saint assis, tête nue, nimbé, couvert de la chasuble, tient sa crosse et bénit. — Debout, mitré et nimbé, il tient une crosse à édicule et porte une petite église dans le type de Jean de Feucy, abbé du Mont-Saint-Éloi, en 1530.

S. Volusien. — Un sceau de l'abbaye de Saint-Volusien de Foix, en 1303 (fig. 566), représente le saint à genoux, d'une main tenant un livre et l'autre appuyée sur un tau, mitré, décapité entre deux arbres. En haut, son âme qui s'envole est recueillie par deux personnages célestes.

S. Vulmer. — Le saint debout, nimbé, sous l'habit religieux, la tête dans son capuchon, tenant un livre, appuyé sur un tau, dans une grotte entourée et recouverte d'arbres, figure dans le type de l'abbaye de Saint-Vulmer de Boulogne, 1303.

S. Wandrille. — En 1349, saint Wandrille assis, la tête nue et entourée d'un nimbe festonné, en chasuble, crossé, bénissant, figure au sceau de l'abbaye qui porte son nom. — Un autre sceau de la même abbaye reproduit, en 1536, saint Wandrille debout, tête nue, en habit monacal, tenant un livre et une banderole.

Fig. 566.
D'après le sceau de l'abbaye de Saint-Volusien de Foix, 1303.

Sainte Waudru. — Le chapitre de Sainte-Waudru de Mons, en 1218, a pris pour emblème la sainte debout et nimbée, dans le costume d'abbesse, tenant un livre et un fleuron.

S. Willibrord. — Les sceaux de Gravelines, en 1244 et 1328 (fig. 567), représentent le patron de la ville. Sur le plus ancien type on voit, dans une nef conduite par un timonier, saint Willibrord mitré, crossé, bénissant. Dans le type de 1328, un troisième personnage, tête nue et vêtu de l'aube, tient une croix processionnelle.

S. Winnoc — Debout, tête nue, nimbé, dans l'habillement sacerdotal, saint Winnoc tient sa crosse et un livre ouvert, au sceau de Jacques de Courteville, abbé de Saint-Winnoc de Bergues, en 1520.

Fig. 567. — D'après le sceau de Gravelines, 1328.

Ornement tiré du manuscrit français n° 2643, à la Bibliothèque nationale, xv° siècle.

TABLE ALPHABÉTIQUE

DES MATIÈRES

Achaire (Saint), 398.
Adoration des mages, 396.
Adrien (Saint), 398.
Agneau, symbole du Christ, 341.
Agnès (Sainte), 398.
Aignan (Saint), 398.
Ailette, 126, 203.
Albin (Saint), 399.
Aldegonde (Sainte), 399.
Allyre (Saint), 399.
Amand (Saint), 399.
Amé (Saint), 400.
Amict, 268-270.
Andoche (Saint), 401.
André (Saint), 401.
Anges, 363-375. — Séraphins, 363. — Saint Michel et saint Gabriel. 364-370.
Anneau, 294.
Annonciation, 395.

Antoine le Grand (Saint), 403.
Antoine de Pamiers (Saint), 404.
Argent (Sceaux d'), 9. — Matrices, 59.
Armet, 134.
Armoiries, 96, 116, 121, 127, 139, 142, 173. — Leur origine, 189-204. — Écu, 204-228. — Supports, 204-216, 228-232. — Cimiers, 217-228. — Brisures, 232.
Armure chevaleresque, 110.
Arnoul (Saint), 404.
Assomption de la Vierge, 397.
Aube, 270.
Aubert (Saint), 404.
Aubin (Saint), 405.
Augustin (Saint), 406.
Auréole, 321.

Bannière, 145, 159, 203, 255.

Baptême du Christ, 325.
Barthélemy (Saint), 407.
Bassinet, 134, 137.
Bathilde (Sainte), 407.
Bavon (Saint), 408.
Benoît (Saint), 408.
Benoîte (Sainte), 409.
Bernard (Saint), 409.
Bertin (Saint), 409.
Blason, 187.
Bliaud, 92, 111, 113, 243, 384.
Boîtes renfermant les sceaux, 17.
Bouclier, 139-145.
Bride du cheval, 168.
Brisures, 232.
Broigne, 111.
Bronze (Sceaux de), 11. — Matrices de sceaux en bronze, 60.

Calixte (Saint), 410.
Camail, 119.
Camail (Ordre du), 161-164.
Casque, 127-139.
Catherine (Sainte), 410.
Catherine de Sienne (Sainte), 411.
Cécile (Sainte), 411.
Ceinture, 97 ; — de chevalerie, 120.
Célestin (Saint), 412.
Celse (Saint), 439.
Cervelière, 115.
Chainse, tunique de femme, 92.
Chanfrein, 182.
Chape, 291.
Chapeau, 101, 103.
Chaperon, 243.
Chasse (Costume de), 237.
Chasuble, 281-287.
Châteaux, 254-260.
Chaussures, 105, 294, 386.
Cheval. — Son harnachement, 164-185. — Prix et noms des chevaux au moyen âge, 166. — Cheval de chasse, 238.
Chevaliers. Leur habillement. Leurs armes offensives et défensives, 109-189.
Christ. Iconographie, 316-340. — Symboles du Christ, 341-356.
Christophe (Saint), 412.
Cimiers, 137, 217-226. — Volet, lambrequins, 226.
Cire (Sceaux de), 11-13. — Précautions pour en assurer la conservation, 13-17.
Claire d'Assise (Sainte), 413.
Clément (Saint), 413.
Clotilde (Sainte), 414.
Cloud (Saint), 414.
Coiffure, 100-103, 296, 383.
Colombe, symbole du Saint-Esprit, 360.
Contre-sceau, 40. — Ancienneté du contre-sceau royal en France, 41. — Formes, 43. — Couleurs, 44. — Dimensions, 44. — Noms, 45. — Authenticité provisoire donnée aux actes par le contre-sceau, 50.
Corneille (Saint), 414.
Costume royal, 77-89 ; — sacerdotal, 267-307 ; — chevaleresque, 109-189 ; — de chasse, 237-240 ; des maires et échevins, 241-254 ; féminin, 92-109.
Cotardie, 94, 238, 244.
Cotte, 93, 244, 254.
Cotte d'armes, 116, 203.
Couronnes des rois, 81-84 ; — des reines, 104. — Couronne de la Vierge, 383.
Crépin et Crépinien (Saints), 415.
Crépine, 101.
Croix, 319, 329, 336, 342, 345.

Crosse, 299, 305.
Cyprien (Saint), 415.
Cyr (Saint), 415.

Dalmatique, 79, 272-275.
Démons. Différents types employés sur les sceaux, 375-378.
Denis (Saint), 416.
Dieu le père. Iconographie, 308-315.
Dominique (Saint), 417.
Donatien (Saint), 419.

Échevins. Costume, 241-254.
Écu, 139-145, 202. Sa figure, ses supports, 204-216. — Écu droit, 204-208. — Écu penché, 208. — Formes : à pointe arrondie, 228 ; en losange, 228 ; en bannière, 229 ; ronde, 230 ; en palette, 230 ; hexagone, 231 ; ovale, 231 ; de fantaisie, 231.
Éleuthère (Saint), 419.
Élisabeth (Sainte), 419.
Éloi (Saint), 420.
Émilion (Saint), 421.
Énarmes, 140.
Épée, 148-157.
Éperon, 145-148.
Étienne (Saint), 421.
Étole, 275-278.
Eucharistie (Le Christ dans l'), 356.
Eustache (Saint), 425.
Eutrope (Saint), 425.
Euverte (Saint), 425.
Évangélistes, figures symboliques, 332.
Évêques (Costumes des), 267-306.
Évrard (Saint), 426.
Évroult (Saint), 426.

Faron (Saint), 426.

Félix (Saint), 426.
Femmes. Vêtement féminin, 91-109.
Fermail, 96, 292.
Firmin (Saint), 426.
Florentin (Saint), 427.
François d'Assise (Saint), 427.
Front (Saint), 429.
Fuscien (Saint), 429.

Gabriel (l'archange), 368.
Gall (Saint), 429.
Gamboison, 115.
Gants, 99, 293.
Geneviève (Sainte), 429.
Gengoul (Saint), 430.
Genouillères, 118.
Georges (Saint), 430.
Germain, évêque d'Auxerre (Saint), 431.
Germain, évêque de Paris (Saint), 432.
Gertrude (Sainte), 432.
Gervais (Saint), 432.
Ghislain (Saint), 433.
Gilles (Saint), 434.
Glaive, 159.
Gloire, 321.
Gonfanon, 158, 342.
Gorgerette, 115.
Graveurs. — De la fabrication des matrices de sceaux, 68.
Gudule (Sainte), 434.
Guiche, 140.
Guillaume (Saint), 434.
Guimpe, 102.

Hachements, 227.
Haquenées, 165.
Harnachement du cheval, 164, 185.
Haubergeon, 119.

Haubert, 111, 112, 114.
Heaume, 128.
Hélène (Sainte), 434.
Héraldiques (Figures), 16, 189-204.
Hilaire (Saint), 435.
Honoré (Saint), 435.
Honorine (Sainte), 435.
Housse, 179-185, 203.
Hubert (Saint), 435.
Huchet, 238.
Humbert de Marolles (Saint), 435.
Huque, 103, 197, 245.

Iconographie. Dieu le Père, 308-315. — Dieu le Fils, 316-357. — Le Saint-Esprit, 358-362. — Les Anges, 363-378. — La Vierge et les Saints, 379-484.
Irénée (Saint), 436.

Jean-Baptiste (Saint), 437.
Jacques le Majeur (Saint), 436.
Jean l'évangéliste (Saint), 441.
Josse (Saint), 442.
Julien (Saint), 442.
Juliette (Sainte), 443.
Just (Saint), 443.
Justice (Main ou bâton de), 84.

Lacs de soie et autres, 20, 34.
Lambert (Saint), 444.
Lambrequins, 226.
Lance, 157.
Landelin (Saint), 445.
Laurent (Saint), 446.
Lazare (Résurrection de), 326.
Lazare (Saint), 446.
Léonard (Saint), 448.
Louis (Saint), 449.
Luc (Saint), 449.
Lucien (Saint), 450.

Lys (Fleur de). Origine de son emploi dans les armes de France, 194-204.

Main bénissante, 309, 319.
Maires. Costume, 241.
Mammès (Saint), 452.
Manipule, 279-281.
Manteau des rois, 80; — des femmes, 98; — des échevins, 244, 385.
Marcel (Saint), 452.
Marc (Saint), 452.
Margerie (Sainte), 459.
Marie-Madeleine (Sainte), 452.
Martial (Saint), 453.
Martin (Saint), 453.
Mathieu (Saint), 457.
Mathurin (Saint), 457.
Matrices de sceaux. — Leur matière, 55-59. — Leur forme, 60. — De la garde des matrices, 61. — De leur renouvellement, 64-66. — Matrices fausses, 67. — Fabrication des matrices, 68.
Maur (Saint), 457.
Maurant (Saint), 458.
Maurice (Saint), 458.
Maximin (Saint), 459.
Médard (Saint), 459.
Mellon (Saint), 459.
Michel (Saint), 364.
Mitre, 295.
Monogramme du Christ, 352.

Nasal, 129-131.
Nazaire (Saint), 459.
Nefs, 251.
Nicolas (Saint), 460.

Oliphant, 238.

Omer (Saint), 461.
Opportune (Sainte), 462.
Or (Sceaux d'), 8. — Matrices, 59.
Oraire, *orarium*, 278.
Ordres de chevalerie. Ordre du Camail, 161-164.
Ouen (Saint), 462.

Pallium, 288-291, 318.
Passion (Instruments de la), 328-336.
Pasteur (Saint), 462.
Paul (Saint), 462.
Pélican, symbole de la Rédemption, 332, 353.
Pennon, 159.
Pharaïlde (Sainte), 463.
Phylactères, 370.
Piat (Saint), 463.
Pierre (Saint), 464-471.
Plomb (Sceaux de), 10-13.
Pluvial, 291.
Poisson, symbole du Christ dans l'Eucharistie, 357.
Porc-Épic (Ordre du), 161-164.
Pourpoint, 120.
Protais (Saint), 432.

Quentin (Saint), 471.

Remi (Saint), 472.
Rictrude (Sainte), 473.
Rois. Leur costume, 77-89. — Mérovingiens, 77. — Carolingiens, 77. — Capétiens, 78-89.
Rombaud (Saint), 473.
Rondelles, 118.

Saint-Esprit (Le), 358.
Sambue, 107.
Sandales, 294.

Satur (Saint), 474.
Sauve (Saint), 474.
Sceau. — Définition, 5. — Matière, 6-13. — Conservation des sceaux de cire, 13-17. — Forme, 18-23. Dimensions, 24. — Apposition, 25-34. — Du sous-sceau, 35. — Chartes à plusieurs sceaux, 36, 37. — De la préséance du sceau, 38-40. — Contre-sceau, 40-45. — Authenticité, 46-52. — De l'emprunt du sceau, 53. — Du changement de sceau, 54. — Matrices, 55. — Différents types. Type de majesté, 78. — Type héraldique, 187. — Type naval, 249.
Sceptre des rois, 84 ; — des reines, 104 ; — de la Vierge, 381.
Sébastien (Saint), 474.
Selle d'armes, 171-179.
Sernin (Saint), 475.
Servais (Saint), 475.
Simplicien (Saint), 475.
Soie (Lacs de), 20, 34.
Suaire, 279.
Sudarium, 300.
Sulpice le Débonnaire (Saint), 476.
Supports de l'écu, 207-216. — Support unique, 210. — Supports doubles, 211-216. — Supports multiples, 216.
Surcot, 93, 238, 244, 254.
Symbolisme, 307-379.
Symphorien (Saint), 476.

Tassette, 125.
Taurin (Saint), 477.
Thomas (Saint), 477.
Thyrse (Saint), 478.
Tibère ou Tibéry (Saint), 478.
Tortil, 137.

Tressoir, 101.
Trompettes, 260, 265.
Trône, 86, 320.
Tugdual, 478.
Tunique des rois, 79. — Tunique des femmes, 92-109. — V. Costume.

Urbain (Saint), 478.

Vaast (Saint), 479.
Valérie (Sainte), 479.
Victor (Saint), 479.
Vierge (La). Différents types employés sur les sceaux, 380. — L'Annonciation, la Naissance de Jésus, l'Adoration des Mages, la Présentation au Temple, l'Assomption, le Couronnement, 380-398.
Vigor (Saint), 481.
Vincent (Saint), 481.
Vindicien (Saint), 482.
Voile, 383, 389.
Volet, 138, 226.
Volusien (Saint), 482.
Vulmer (Saint), 483.

Wandrille (Saint), 483.
Waudru (Sainte), 483.
Willibrord (Saint), 483.
Winnoc (Saint), 484.

Ornement tiré du manuscrit latin n° 9472, à la Bibliothèque nationale, xv° siècle.

TABLE ANALYTIQUE

INTRODUCTION

Définition du sceau. — Sa raison d'être. — Ses différents noms...	5
Matière des sceaux.	6
Sceaux d'or.	6
Sceaux d'argent.	9
Sceaux de plomb.	10
Sceaux de bronze.	11
Sceaux de cire.	11
Conservation des sceaux de cire	14
Sceaux à collet.	14
Sceaux vernis.	14
Cire pétrie avec des poils, de la ficelle	15
Cuvettes	15
Chemises.	15
Sceaux cousus dans du parchemin.	16
Cire plaquée étalée en croix.	16
Tresses de parchemin, de paille, de jonc, de cordelette	16
Boîtes en fer-blanc.	17
Boîtes en bois.	17
Boîtes en ivoire, en argent, en vermeil.	17

Forme des sceaux. 18
   Sceaux ronds. 18
   Sceaux en ogive. 19
   Sceaux ovales. 19
   Sceaux en écu. 19
   Sceaux polygonaux. 20
   Sceaux en losange. 20
   Sceaux festonnés, en étoile, tréflés, carrés ou losangés, à appendices. 21
   Sceaux rectangulaires. 22
   Sceaux piriformes. 23

Dimensions des sceaux. 24

Apposition du sceau. 25
   Sceaux plaqués. 25
   Sceaux pendants 29
      Lanières de cuir 29
      Fils de soie, de chanvre, de laine; tissus. 29
      Doubles queues de parchemin 29
      Simples queues. 30
      Sceau attaché au milieu de l'acte. 34

Du sous-sceau 35

Chartes à plusieurs sceaux. 36

De la préséance du sceau 38

Du contre-sceau. 40
   Ancienneté du contre-sceau royal en France 41
   Causes de l'adoption du contre-sceau. 42
   Formes du contre-sceau. 43
   Couleur du contre-sceau. 43
   Dimension du contre-sceau 44
   Rapports du contre-sceau avec le sceau 44
   Sceaux plaqués avec contre-sceaux. 45
   Noms du contre-sceau. 45

De l'authenticité du sceau. 46
   Attestation d'authenticité 49
   Sceaux déposés dans les abbayes. 49

Concession des sceaux publics 49
Degrés d'authenticité des sceaux du même personnage. 50
Authenticité provisoire du contre-sceau. 50
Insuffisance de certains sceaux. 51
Sceaux perdus ou détruits. 51
Attaches n'ayant jamais porté de sceaux 52
Marque des doigts remplaçant une image gravée. 52

De l'emprunt du sceau. 53

Du changement de sceau. 54

Matrices de sceaux. — Leur matière 55

Forme des matrices. 60

De la garde des matrices. 61
Du renouvellement de la matrice. 64
Des matrices après la mort de leur possesseur. 66
Des matrices fausses. 67
Des graveurs et de la fabrication des matrices 68

LE COSTUME AU MOYEN AGE

Costume royal ou de majesté 77

Mérovingiens. 77
Carolingiens 77
Capétiens. 78
La chevelure. 78
La barbe. 79
L'habillement. 79
La couronne 81
Le sceptre et le bâton de justice. 84
Le trône. 86

Vêtement féminin. 91

Les deux tuniques. 92
La ceinture. 97
Le manteau 98
Les gants. 99
La coiffure. 100

HABILLEMENT CHEVALERESQUE 109

  L'armure. — § 1. Onzième et douzième siècles 110

    Broigne 111
    Haubert 112
    Bliaud 113

  § 2. De 1200 à 1350.

    Grand haubert 114
    Cotte d'armes 116
    Rondelles, genouillères 118

  § 3. De 1350 à 1500.

    Haubergeon 119
    Camail 119
    Pourpoint 120
    Armure des membres 123
    L'armure entière 123
    L'ailette 126
    Le casque 127
    Le bouclier 139
    L'éperon 145
    L'épée 148
    La lance 157
    Ordre du Camail ou du Porc-Épic 161
    Le cheval et son harnachement 164
    La bride 168
    La selle d'armes 171
    La housse 179

TYPE HÉRALDIQUE 187

  Origine des armoiries 189

  L'écu, sa figure, ses supports 204

    Écu droit 204
    Écu penché 208
    Exemples de support unique 210
    Exemples de supports doubles 211

  Volet, lambrequins 226

  Formes diverses de l'écu 228

Écu à pointe arrondie. 228
Écu en losange. 228
Écu en bannière. 229
Écu rond. 230
Écu en palette. 230
Écu hexagone. 231
Écu ovale. 231
Écu de fantaisie. 231
Des brisures. 232

VÊTEMENT DE CHASSE. 237

MAIRES ET ÉCHEVINS. 241

TYPE NAVAL. 249

VÊTEMENT SACERDOTAL. 267

L'amict 268
L'aube. 270
La dalmatique. 271
L'étole. 275
Le manipule. 279
La chasuble. 281
Le pallium. 288
La chape. 291
Les gants et l'anneau. 293
Les sandales. 294
La mitre. 295
La crosse. 299

LES TROIS PERSONNES DIVINES. 307

Dieu le Père. 308
Dieu le Fils 316
  1° Iconographie du Christ 316
  2° Symboles 341
    La croix 344
    Le monogramme du Christ. 352
    Le pélican 353
    Le Christ dans l'Eucharistie. 356
Le Saint-Esprit. 358

LES ANGES.	363
LA VIERGE ET LES SAINTS.	379
La Vierge.	380
La Vierge seule.	380
La Vierge mère.	386
Les Saints, selon l'ordre alphabétique.	398
TABLE ALPHABÉTIQUE DES MATIÈRES.	485

Les bordures, les lettres initiales et les culs-de-lampe ont été empruntés aux manuscrits de la Bibliothèque nationale et à ceux des bibliothèques de Laon et de Soissons. On s'est servi, pour ces derniers, des belles publications de M. Édouard Fleury (*Les Manuscrits à miniatures de la bibliothèque de Soissons. — Les Manuscrits à miniatures de la bibliothèque de Laon*).

FIN

Paris. — Typ. PILLET et DUMOULIN, 5, rue des Grands-Augustins.

Contre-sceau de Louis VII, roi de France, en duc d'Aquitaine.
Il est vêtu du grand haubert, habillement de mailles qui le couvre de la tête ax pieds,
et coiffé d'un casque conique à nasal. 1141.

www.ingramcontent.com/pod-product-compliance
Lightning Source LLC
Chambersburg PA
CBHW050556230426
43670CB00009B/1152